中国外部经济环境研究丛书

全球智库观点

(No.2)

主　编／张宇燕
副主编／何　帆　张　斌

社会科学文献出版社
SOCIAL SCIENCES ACADEMIC PRESS (CHINA)

　　本书是张宇燕主持的社科基金重点项目"未来十年世界经济格局演变趋势及我国发展战略调整研究"(课题编号 12AZD054) 的成果

目　录
contents

聚焦中国·经济

1

聚焦中国·政治

聚焦中国·外交

世界热点·宏观经济

世界热点·财政

世界热点·货币政策

世界热点·国际贸易

世界经济治理

全球智库观点（No.2）

聚焦中国·经济

导读◀◀

本文分三种情形分析了中国经济的再平衡路径，认为最有可能的调整路径是投资增长出现一定下降，而消费增长出现一定上升，但是相比最优状态仍有调整空间。

中国经济的再平衡路径

文 Nicholas R. Lardy and Nicholas Borst **编译** 熊爱宗

随着中国新一届领导人上台，经济再平衡问题再次被推到台前。中国的经济学家已经达成广泛共识，改革是必需的，不确定的只是改革的内容和步伐。

为了更好地理解中国经济再平衡如何展开，可通过未来数十年内中国投资、消费以及净出口的变化勾勒出几种可能的情形。不同情形下，平均 GDP 增长率、投资占 GDP 份额、房地产在经济中的角色都是不同的。这并不是说再平衡一定会发生，但如果改革停滞甚至倒退，目前大规模的失衡仍可能持续，这虽然会促进短期 GDP 高速增长，但是却会导致日后的纠正更加痛苦。

悲观情形

在悲观情形下，投资增长将会出现显著放缓，同时消费增长也将会出现减速，二者增速的下降将导致 GDP 增速出现明显放慢。尽管 GDP 增速大幅下滑，但再平衡调整却几无进展。这意味着投资增长的大幅下降并不足以实现有效的再平衡，必须配合消费的快速增长。

乐观情形

在乐观情形下，未来十余年内投资增长将实现更缓慢的下降，然而，与上一情形不同的是，消费的持续强劲增长将对 GDP 增长形成支撑。如果中国可以快速地采取一系列合适的消费促进改革政策，这一情形将很可能实现，届时，投资占 GDP 的份额将会出现更大幅度下降，而 GDP 增速将会达到 8%（见表 1）。

表 1　中国经济再平衡的调整情形

单位：%

再平衡情形	平均 GDP 增速（2013～2021 年）	投资占 GDP 份额（2021 年）	居民房地产投资占 GDP 份额（2021 年）
悲观情形	5.1	45	7.8
乐观情形	8.0	40	7.5
中间情形	7.3	42	7.6

中间情形

这一情形介于以上两种情形之间，但仍趋向较为乐观的一面。在该情形下，投资增速稳步下降，但是不会像悲观情形那样下滑得那么快，而消费增速出现稳步上升，但是又不会像乐观情形那样上升得那么迅速。这将使得经济增长居于一种较为低速的状态，再平衡调整进展也不是很明显。

中间情形类似目前中国的情况。投资增速正缓慢下降，而消费对于经济增长的促进作用日益重要。然而，这方面的改革进展较为缓慢，这也意味着消费仍有很大的增长潜力。

值得注意的看点

再平衡是一项长期工程，失衡已经累积了十余年，不可能在一朝一夕解决。试图快速实现再平衡的悲观情形，由于 GDP 增速下降如此剧烈，以致投资占 GDP 的份额才下降了 2 个百分点，仍处于较高水平。

如果新一届领导人采取强劲的政策改革措施，乐观情形是可以达到的。实现强劲消费增长仍有巨大的空间，实际私人消费在未来十余年内平均每年可以扩张 10% 左右，2011 年就曾上升超过 11%。

重要的是，在过去两年时间里，由于实际投资增长率低于过去 10 年的平均水平，实际消费增长率已经超过过去 10 年的平均水平，这也证明了稳健的消费增长可以抵消投资增长的放缓。从目前的情形来看，再平衡的最可能路径是中间情形，虽然并未出现一些分析家预计的经济崩溃，但是也使得中国失去了一个快速增长、更快提高其居民生活水平的机会。

本文原题名为"Paths Toward Rebalancing the Chinese Economy"。本文作者分别为彼得森国际经济研究所研究员和研究助理。本文于 2012 年 11 月 8 日刊于彼得森国际经济研究所网站。

导读 ◄◄

　　中国经济再平衡迫在眉睫。彼得森国际经济研究所（Peterson Institute for International Economics）的两位研究员认为目前中国经济过高的投资占比和被抑制的消费需求是难以持续的。为了应对经济失衡，中国需要改善利率、外汇和能源价格体系。

中国经济再平衡的路线图

文　Nicholas R. Lardy and Nicholas Borst　编译　陈博

经济再平衡的迫切性

　　在过去的数年间，中国领导层一再强调目前中国的经济发展模式是不平衡而且不可持续的。他们正确地意识到过往的发展模式建立在投资的过度增长以及对消费的压抑之上。资本密集型的增长造成了经济体的严重扭曲，这将带来资本分配的失衡以及资产泡沫。

　　但中国经济的再平衡要求新一届政府拿出切实的行动，其中包括消除价格管制、开放金融市场等根本性的政策转向。同时，大量的资源必须从制造业和房地产业转移到私人消费者和服务业上。市场必须发挥更大的主导作用。挑战是严峻的，但并非不可克服。行动越快越好。

再平衡的政策措施

　　要想改革中国经济的增长模式，注定是一个非常漫长的过程。但幸运的是，大致的方向是清晰的。目前的经济体存在三个方面的严重价格扭曲，分别是利率、汇率和能源价格。社会保障体系的不足和严重的收入不平等又加剧了这方面的失衡。由于经常账户失衡在近几年已经逐步改善，因此利率改革有着更高的优先级。

利率改革

利率问题和汇率息息相关。2004~2011年，央行对外汇市场进行了大量干预，导致货币超发。为了应对由此带来的通胀压力，央行不得不提高存款准备金率进行冲销，同时出售央票以回收流动性。央行对商业银行存放在账户中的存款准备金会支付一定的利息，但这个利息通常低于市场水平，这使得商业银行不得不承受一个隐形成本。为了确保银行的利润率并且避免20世纪90年代末出现的大规模坏账事件，央行对借款利率设定了上限，同时为贷款利率设定了下限。这个存贷差将流动性冲销的成本转嫁到家庭头上。自2003年以来，中国储户面对的实际利率基本上为负。

另一个维持低利率的原因在于阻挡热钱的流入。这在一定程度上有助于国内金融市场的稳定。

利率自由化在一定程度上会提高存款利率。银行不得不相应提高借款利率。这将使得中国的投资收益下降，有助于改变过分依赖投资的局面。

另外，存款利率的增长还能提振消费。首先，更高的存款利率提高了居民收入。其次，高存款利率有助于降低储蓄率。这一点和直觉相反。Lardy曾经论证过，大部分中国储户的积蓄是为了应对不时之需，而提高存款利率能促进他们降低存款金额。最后，更高的贷款利率有助于降低投资密集型的企业生产，增加对劳动力的需求，从而创造更多就业。

但目前利率市场化的进程仍然较为蹒跚。一旦借贷成本上升，可能会伤害到中国的企业。目前企业的总负债水平达到GDP的100%。但好处是，一些难以借到资金的中小企业在利率改革之后可能会有所改善，因为银行会更有动力借贷给他们。但一些效率低下的企业将不得不被淘汰出市场。

汇率改革

人民币升值有两个好处。首先，出口增速将会下降，同时进口将提高。出口企业的利润下降将有助于更多的资源流入服务业。其次，更加灵活的汇率机制意味着央行的外汇市场干预可以放缓，也就为利率市场化创造了条件。近期央行减小了外汇干预幅度是一个较好的信号。

但问题是央行可能会重启大规模的外汇干预。之前人民币升值压力降低很大程度上是因为受困于欧债危机的西方经济体使得中国的外需下降。商业银行的外汇存款上升。2011 年第三季度到 2012 年第二季度期间，外汇存款增长了 58%（1490 亿美元）。但这个趋势在 2012 年下半年骤然停止。在未来，对人民币的需求可能会进一步回升，从而促使央行重新大幅度介入外汇市场。

能源价格

人为压低的能源价格成为中国对工业企业的一种隐性补贴。中国国家发改委是主要的价格调控机构。当国际油价上升到 80 美元/桶时，国内零售价格封顶，使得炼油和售油利润开始下降；当油价超过 130 美元/桶时，炼油厂也呈亏损状态。两大油企在 2007～2008 年，2011 年至 2012 年上半年都出现了亏损。同样，电价在煤炭价格上升时也会受到管制。如果考虑资金成本的话，这种隐性补贴的数额就更大了。因为大多数能源企业的资本回报率非常低。以五大电力企业为例，其资本回报率仅为 0.61%。

这样的价格扭曲鼓励了工业企业的发展，并抑制了服务行业。服务业在 2002 年占 GDP 的比值为 41.5%，但此后就停滞不前，增长缓慢，在 2002～2011 年增长不超过 2 个百分点。目前的占比比其他同等发展中国家低了约 10 个百分点。

转移支付和收入再分配

更健全的社会保障体系有助于降低家庭的应急性储蓄水平，并助推消费增长。尽管中国政府宣布在 2020 年前建立完善的社保体系，但目前中国的社保、养老和健康支出只占 GDP 的 5.7%。而同水平的发展中国家这个数字一般都是中国的两倍以上。如果新社保体系的支出是由更多的税费来资助的话，那么家庭的消费模式不会有太大改变。更可行的办法应该是国有企业进行更多的分红。但现在的情况是除了分红较低以外，大部分的分红又被注入企业中，进行回报极低的投资。

改善收入不平等也有助于经济的再平衡。中国的基尼系数达到 0.47 左右，意味着不平等较俄罗斯和美国为高，大致与尼日利亚和墨西哥相近。在上一届政府执政期间基尼系数实际上有所扩大。

改善收入差距最有效的方法莫过于进一步市场化，减少资本所有者的收入，提升工资水平。工资收入占 GDP 水平在 2003 年经济结构大规模扭曲后不断下降。合理的水平应该为 55% 左右，而目前这个数字低于 50%。

再平衡的算术

一方面，中国的投资占 GDP 比重常年保持在 40% 的水平，2011 年已经达到 48% 的巅峰。没有哪个经济体能长期保持这样的态势。另一方面，外贸净出口的增长也已经逐步放缓。有鉴于此，私人消费必须快速增长以保持一个合理的整体增速。日本、韩国、泰国和中国台湾在投资高峰时期的 GDP 占比大约为 39%、40%、43% 和 39%。中国的合理水平应该为 38%。但即便如此，这也是一个较高的投资水平。一旦户籍制度放开后，城市移民将正式成为居民，那么对城市基础设施的需求增长有助于将投资保持在 GDP 35% ~ 40% 的水平。

由于将生产要素从一个产业转向另外一个产业必然带来摩擦和损耗，因此更合理的转型应该是渐进式的，并且允许服务业增速超过工业增速而不是将现有的工业生产要素转移到服务业上。投资占比下降 10 个百分点是一个合理的预期，这意味着在 10 年内每年下降 1 个百分点。房地产投资尤其需要放缓以避免房地产泡沫。2011 年房地产实际投资占 GDP 比重为 9.4%，站在了一个脆弱的高点上。7% 应该是一个比较正常的水平。

做一个简单的算术。如果要保持经济 7.5% 的实际增长率，同时将投资占比减少到 38%，那么投资的增长在接下来几年需要从现在的 13.9% 降低到 8%，最终在 10 年内降低到 3%。为了抵消投资减速的影响，消费必须得到提振。为了保持总体增速，消费必须以 9.7% 的速度增长，意味着比 GDP 总增速高 2 个百分点左右。2007 ~ 2011 年，实际 GDP 增速为 10.5%，而私人消费增速为 9.5%。为了达到保增长的目的，这说明私人消费需要从落后于 GDP 整体增速转为高于整体增速，中间大概有 3 个百分点的跨度。

可行与否

一个挑战在于，这种转型会导致就业和工资的下滑，从而影响消费的增长。但这是一个错误的直觉。在每一单位的资本投入下，服务业比资本密集型的工业带来的就业要更高。2011 年的数据显示，中国的服务业平均工资也较工业为高。

　　另一个担忧是消费增长难以达到预期的增速。但事实上根据 Barnett, Myrvoda and Nabar 在 2012 年的测算，中国在长期压抑消费的基础上，消费在过去 10 年里每年实际增长仍然保持在 8.5% 的水平，并自 2007 年以来平均每年增长 9.5%。

　　中国台湾的经验也显示提振消费不是不可能的。台湾的早期增长同样是不平衡的，消费占比从 20 世纪 50 年代的 75% 下降到 1986 年的 47%。20 世纪 80 年代台湾开始了再平衡过程，消费占比在之后再次回到 60%。再平衡期间，消费增速快于 GDP 整体增速 1.6 个百分点。同时，投资也保持了原来的增速。但台湾的投资本身占 GDP 比重仅为 22%，而对大陆来说，投资增速必须放缓才能提高消费的占比。

　　在这个过程中台湾也实行了利率和汇率自由化，并且进行了国企改革等措施，这将成为中国大陆经济再平衡的有力参考。

　　本文原题名为"A Blueprint for Rebalancing the Chinese Economy"。本文作者为彼得森国际经济研究所研究员。

导读 ◀◀

　　近 10 年来，中国的投资率节节高升，从 30% 上升到 45%，成为经济增长的主动力。然而，这种增长模式并不平衡，中国也意识到改革势在必行。本专栏分析了问题所在与调整方法，认为要压低投资率，必然造成潜在 GDP 与实际 GDP 的巨大缺口；要想避免缺口，却并不容易。

世行专栏：投资与中国经济增长

文 Andrew Burns，Theo Janse van Rensburgr 等　编译 纪洋

投资节节高

　　过去 30 年，中国的增长模式非常成功。概括一下，其模式要点有三个：居高不下的投资率、迅速积累的资本存量、强劲增长的生产率。三剑合璧，中国达到了年均 10% 的经济增速。

　　经济起飞时期，中国的投资与储蓄格外引人注目，占到 GDP 的 30% ~ 35%。21 世纪以来，投资率创下新高，占 GDP 比例高达 40%。2008 年金融危机袭来，中国政府强势出场，其财政与货币刺激政策再度推高投资率，使其跃升至 GDP 的 45%。

　　如此高的投资率着实罕见。日本、韩国都曾有过经济起飞阶段，但是，这两个国家的投资率从未突破 40%。因此，中国的投资率之高，可谓空前。

增长应平衡

　　既然投资率节节高升，投资的增长贡献率必然也跟着上涨。近 10 年 10% 的经济增速中，有 50% 是投资的功劳。另外，大量投资形成新增资本，中国的资本产出比也迅速上升，近 15 年里已经增加了 25 个百分点，且未来增势不减。然而，在一个平稳增长的经济体中，资本产出比应该保持不变。

中国显然不是这样，它的增长模式并不平衡。

中国的学界与政界都已意识到问题所在，开始呼吁更为平衡的增长模式，不仅应降低整体投资率，还应转变投资与消费结构——增加服务部门与人力资本方面的投入。这种转变能否实现，是中国目前最大的挑战。

调整不容易

转变增长模式的难点，在于压低投资率。在相当长的时间内，投资增速都需要低于 GDP 增速；而较低的投资增速，意味着中国潜在产出增速会逐渐下降。不过，潜在产出增速仅由投资水平而不是由投资增速决定，所以，潜在产出增速的下滑将平稳且缓和；然而，实际产出增速却受到投资增速而不是投资水平影响，所以，实际产出增速的下滑，恐怕会是急剧又猛烈的。

这样一来，实际产出增速与潜在产出增速之间，很容易形成巨大的缺口。中国若想避免这个缺口，只有两个办法：或者让投资增速下降得极其缓慢，拉长调整时间，从而使消费模式有充分的时间转变，用消费拉近实际与潜在 GDP；或者让消费迅猛增长，使 GDP 的支柱由投资变为消费，这样投资的调整过程就无足轻重了。

然而，两个办法都是知易行难。按照方法一，调整时间过长，难保经济在近期不出问题；按照方法二，突然强制转变消费模式，其执行难度可想而知。即便在中国，政府长期为经济掌舵导航，想实现上述转型也是举步维艰。

本文原题名为 "Investment and growth in China"，是世界银行《全球经济展望》报告中的专栏文章。报告主要作者 Andrew Burns 和 Theo Janse van Rensburgr 为世界银行经济学家。本报告全文于 2013 年 1 月发表于世界银行网站。

导读 ◀◀

　　如果说，世界对中国的影响为国人关注，那么，中国对世界的影响在当下的国际舞台上无疑更加夺人眼球。中国作为全球系统性重要国家，中国经济增长的外溢效应值得探究。本文是 IMF 外溢政策分析报告，探讨了中国投资增速放缓将对世界经济产生怎样的影响。

中国投资减速的世界影响

文 Ashvin Ahuja and Malhar Nabar 　编译 杨盼盼

投资主导的经济增长模式

　　中国的经济增长与其高投资息息相关，从历史的视角来看，在过去的十多年中，投资对经济增长的贡献几乎达到50%。在全球金融危机之后，中国采取了大规模的经济刺激计划，这一计划进一步推高了投资需求。除此之外，城市化进程、房地产市场、高端制造业和服务业的发展也是投资促进增长的新渠道。

　　投资结构的演变也在改变中国的进口篮子，进而影响向中国出口的国家。随着中国制造业的发展，中国的进口产品结构中机械产品的进口占比是逐年下降的。为了应对上述投资需求，进口结构中的原材料（矿物和金属）的占比一直在上升。中国投资的未来走向必然将影响这些以中国作为最终出口目的地的贸易伙伴国。

投资下降的溢出效应——基于跨国面板数据的分析

　　中国投资的下降究竟将在多大程度上影响其他国家？我们可以用实证研究对这一问题给予经验上的回答。投资的溢出效应被定义为一个国家向中国的出口规模占 GDP 的比重与中国固定资产投资增速的乘积，其中，前者可以用来衡量一国经由贸易渠道的风险暴露程度，而后者则可以反映中国的投资变动。

我们的测算结果表明，中国投资的下降会对许多国家产生显著的影响。这其中，自然包括了对原材料出口较为依赖的国家，例如巴西、印度尼西亚、澳大利亚、伊朗、哈萨克斯坦、沙特、赞比亚、智利。据测算，中国的投资如果放缓1%，那么将使这些国家的经济增长放缓0.08%~0.38%。而对于与中国贸易往来较为密切的东亚新兴市场经济体，这一溢出效应则更加明显。中国投资放缓1%将带来中国台湾地区经济增长下降约0.9%，韩国和马来西亚下降约0.6%，泰国下降约0.4%，菲律宾下降约0.2%。中国的投资放缓还将影响出口规模较大的发达国家，使德国经济增长放缓约0.1%，日本放缓约0.15%。

投资下降的溢出效应——基于 G20 国家的要素增强型向量自回归模型的分析

我们在第三部分中，采用了更为复杂的要素增强型向量自回归模型。之所以采用这一模型，是因为一个国家的经济运行和经济决策是非常复杂的，其中总是存在着不可辨识、无法一概而论的指标，而这些指标对于经济的运行至关重要。由于自由度的问题，传统的向量自回归模型（甚至面板模型）无法将这些因素完全考虑在内。因此，通过搜集大规模的经济数据，形成大样本的模型，能够更好地提炼中国固定资产投资变动对于 G20 经济体方方面面的影响。我们的模型在以下几个方面有了更进一步的发现。

第一，中国投资放缓的冲击将带来 G20 国家的经济增长普遍放缓，放缓的程度取决于该国资本品产出占 GDP 的比重。平均而言，中国投资放缓冲击带来的负面影响在最高时可以使得 G20 国家加权 GDP 下降约 0.2%。

第二，中国投资放缓将带来 G20 国际贸易的放缓。这一后果的直接传递渠道与第一个结论中所述的一致。但同时，还有一个间接渠道，即中国投资放缓带来的 G20 经济体的放缓将影响多国内需，进而进一步恶化贸易需求。

第三，中国投资的放缓对于全球通货膨胀的影响是较为温和的。投资放缓将主要带来铁矿石、铝、铜、铅、镍和锌等非能源型大宗商品的价格下跌，下跌幅度为3%～9%。这将带来总体价格水平下降2%～5.5%。但是中国投资的放缓对原油价格的影响是不显著的。

本文原题名为"Investment – Led Growth in China：Global Spillovers"。本文作者均为国际货币基金组织（IMF）亚太地区研究部研究员。本文于2012年11月刊于IMF网站。

导读 ◀◀

在金融危机期间，中国政府为刺激经济，通过地方政府投融资平台和信托公司等大举借债，使中国的债务规模过于庞大。本文认为，中国亟须推进财政改革，为地方政府提供可持续的融资模式。

中国永不停息的刺激政策

文 Nicholas Borst 编译 孔莹晖

在结束对华第四条款磋商后的新闻发布会上，国际货币基金组织第一副总裁大卫·利普顿指出，中国的政府债务已经达到 GDP 的 50%，广义财政赤字（augmented fiscal deficit，包括传统的财政赤字和地方政府投融资平台的赤字）达到 GDP 的 10%。他强调中国需要进行全面的财政改革。

在全球金融危机期间，中国政府的经济刺激政策使地方政府投融资平台大量涌现。政府通过这些平台从银行大举借债，进行大规模的基础设施建设，在全球经济持续动荡的背景下，保持了经济增长。大部分基础设施建设项目发挥了很大的作用，并形成长期的经济收益。但是上述借贷融资结构并不完善，地方政府的银行贷款期限相对较短且缺乏透明度。许多新建项目存在严重的期限错配，导致项目长期收益为正，但缺乏足够的现金流来偿还短期贷款。

审计署 2011 年的审查数据表明了问题的严重性。2010 年，中国地方政府债务高达 10.7 万亿元人民币（相当于 GDP 的 26.5%）。从那以后，只有不完整的地方政府借贷的数据。中国银监会主席尚福林在 2012 年底指出，地方政府投融资平台的银行贷款为 9.3 万亿元，相对 2010 年基本上没有变化。这与控制地方政府的银行贷款来保证净债不再增加的官方政策相符。

无法从银行获得新的贷款后，地方政府开始转向其他融资渠道。近年来，信托公司和企业债券开始成为地方政府主要的融资来源。

IMF 构建了广义财政赤字的指标来衡量地方政府借债的实际规模。广义赤字不仅包括银行、债券和信托，还包括扣除搬迁安置成本后的土地收益。该指标包括卖地收入的理由是，卖地相当于"一次性"将国有资产私有化。

10% 的广义财政赤字率表明，中国持续的反周期刺激措施大大超出了中央政府的预算赤字（GDP 的 1.6%）。在金融危机期间，美国的赤字性支出在 2009 年达到峰值，略低于 GDP 的 10%，随后迅速下降。

从金融危机开始至今已有五年，中国仍依靠高额财政赤字来维持经济增长。中央银行开始意识到该战略的风险，并努力控制地方政府借贷的规模和范围。然而，许多控制财政赤字的措施反而将地方政府推向了更不透明的融资渠道，例如向信托公司借债。

考虑到部分项目会形成正的资金流，最终政府债务规模可能会有所减小。但是中国正面临在经济相对疲软时期政府债务迅速增加的困境。通过增加对地方政府借债行为的限制来减缓债务积累的速度会进一步降低经济增速。所有这些问题都表明，中国亟须进行财政改革，为地方政府提供可持续的融资模式。

　　本文原题名为"China's Never – Ending Stimulus"。作者 Nicholas Borst 是彼得森国际经济研究所的助理研究员。本文于 2013 年 6 月 9 日刊于 PIIE 网站。

导读 ◀◀

　　2013 年的中国经济处在一个关键的十字路口。从近期的经济表现数据来外推未来发展趋势的做法，将对中国不再可行。中国想要维持高速稳定的增长，改变经济增长模式至关重要。这意味着，中国可能将要经历自 20 世纪 80 年代以来最为深刻的一次政治改革。中国是否会陷入中等收入陷阱，将取决于政府是否愿意实施这些改革。

中国和外推法的终结

文 George Magnus **编译** 茅锐

　　鉴于中国经济越来越成熟，其增长速度逐渐放缓并不奇怪。在全球金融危机爆发前的 20 年中，促成中国经济发展的条件是无与伦比的。这些条件包括加入 WTO、打通城乡劳动力流动、扩招高中、将投资率推高至 50% 等。因此，许多中国奇迹不可复制。尽管近年来中国经济已触底复苏，但其潜在增速放缓将无法避免。现在需要回答的是两个问题：第一，经济增速将放缓多少？第二，转型能否顺利实施？对于第一个问题，5% 的年增长率可能迟早会到来。对于第二个问题，答案则更依赖于推测。答案的不确定性主要在于中国经济增长需要转变模式，即"再平衡"，而这本质上是个政治问题。

增长的新模式

　　无论如何，中国都必须实现再平衡。尽管充满疑虑和不确定性，这一行动已经开始。在 2011 年，资本性支出对经济增长的贡献率仅为 48%，是 2001 年以来首次低于 50%。与此同时，贸易顺差走弱，2012 年上半年，季度环比增速已放缓至 6%。宽松的融资条件和政府基建政策的转向推动了持续至 2013 年的经济复苏。在此过程中，领军产业从房地产、建筑业和建材业逐渐转向基建投资、工业生产和库存。但是，就再平衡而言，这样的增长模式是错误的。2012 年，尽管下届总理李克强最近说"城镇化必须成为经济增长最重要的引擎"，但投资对经济增长的贡献率又回到了 55%。

从国民经济核算的角度看，劳动力对增长的贡献已基本耗竭。最近公布的数据表明，2012 年中国劳动年龄人口首次出现下降，预示着未来经济增速下滑将不可避免。随着经济再平衡的推进，物质资本积累对经济增长的贡献率将显著降低。而全要素生产力的增速现在已从 21 世纪初期的 4.5% 大幅回落至 2%。

从国民收入角度看，50% 的投资率和资本－产出比的快速上升已成为中国再平衡的关键议题。与过度投资的概念不同，这与人均资本存量无关，不能用低收入或中等收入国家等概念来解答。问题的本质在于，2000 年以后，中国投资的增速显著加快，而与此同时，可持续增长率则从高位迅速滑落。

以投资为核心的增长模式意味着，中国只有通过再平衡和提高生产力，才能避免投资率迫近 60% 以维系现在的经济增速。许多人都相信，打破投资泡沫是不可避免的。但问题在于，即使将投资率降低至 40%，如果不警惕增长模式转变中的有关问题，尤其是在经济增长趋势放缓时可能出现的特殊问题，结果仍可能是灾难性的。而这与金融体系本身无关。

明斯基来到东方？

西方国家现在已经明白，信贷密度的提高将推高投资密度，从而给金融稳定带来威胁。向明斯基致敬！但在中国，信贷密度提高本身就是问题。纯粹的银行信贷在 10 年前还占全部信贷的 90%，但现在信贷已更多地来自社会融资。社会融资占 GDP 的比重已从 2008 年的 140% 上升至 2012 年的 210%，这是与中国人均收入水平相当的所有国家中的最高值。企业是债务信贷扩张的主体，而地方政府则是其他信贷的主要拉动力。

出于国有企业和地方政府融资平台的利益考虑，信贷创造越来越多地转向新兴或监管较弱甚至没有监管的领域。这包括信托和外币贷款、银行承兑票款、大部分来自地方政府的企业债券、非金融股权买卖、非正规借贷和理财产品。许多产品的期限既短，收益又高，吸引了大量储蓄。只要资产价格不断上涨，它们就将持续为基建和房地产项目融资。即使债务即将到期，仍可能通过这些方式融到资金，而储蓄者根本不关心能否拿回他们的本金。这听起来很熟悉吧？这在中国已变得越来越普遍。

成功的再平衡之路

IMF 和其他机构早已声明，经济再平衡的关键在于政府。具体来说，政府不应继续扮演生产、分配和交易的主导者，而应当成为企业、竞争、新兴服务业的润滑剂，提供高质量的教育，并促进创新。市场和要素价格的自由化是这一战略的关键。这有助于纠正土地、资源、货币和资本等多方面的扭曲。

为推进再平衡，政府还应积极致力于减小收入和社会差距，降低人们享受基本医疗、医保、养老和收入保障的门槛。如果李总理将城镇化作为经济增长新引擎的设想能够实现，政府的以上工作将更加重要。因为，这与中国目前 2.5 亿的流动人口息息相关。尽管户籍制度改革现在已经被提上议事日程，但目前仍是一个"烫手山芋"。土地改革和产权建立也屡被提及，因为土地交易是解决移民和收入问题的前提。这些改革都离不开政府的作用。

本文原题名为"China and the end of extrapolation"。本文作者 George Magnus 是 VOX 的经济顾问。本文于 2013 年 1 月 31 日刊于 VOX 网站。

导读 ◀◀

　　近期，中国央行表露出要加快推进利率市场化改革的意愿，主流观点认为此举可以提高资源配置效率，并降低储蓄率和减少经常账户盈余。但本文认为，提高资源配置效率需辅以其他改革措施，而利率改革可能会导致储蓄和经常账户盈余进一步增加。

中国的利率改革，能带来什么？不能带来什么？

文 魏尚进　**编译** 孔莹晖

　　近期，中国央行表露出要加快推进利率市场化改革的意愿。无论在国内还是国外，这都带来了提高资源配置效率以及减少中国的"过度"储蓄和经常账户盈余的希望。

　　对提高资源配置效率的希望是合理的，但仅依靠利率改革无法实现该目标，而需辅以一些不受央行控制的改革措施。对大幅减少经常账户盈余的希望根本就是错的，终将落空。

怎样才能提高资源配置效率？

　　当前的利率机制设定了存款利率的上限，这相当于向储户征税，同时设定了贷款利率的下限。该机制最大的受益者是大型国有银行，因为存贷利差给它们带来了丰厚的利润。而最大的受害者是需要承担隐性税收的储户和面临更高资金成本的企业（尤其是私营企业）。

　　利率改革很可能导致（实际）贷款利率降低和（实际）存款利率上升（名义利率还取决于通货膨胀预期）。因此，利率改革必然会提高资源配置效率的看法似乎合乎逻辑。

　　然而，在缺乏进一步国企改革的情况下，利率市场化反而使得资源配置效率更低。具体来看，国有企业经常过度投资，因为其高级管理层不仅能据此提高利润，还可以从投资规模中得到奖励。如果利率市场化降低了资金成本，他们对规模的迫切追求会使得过度投资更加严重。由于国有企业在使用自然资源时无须支付市场价格，且无须全额负担危害环境的社会成本，上述问题就会变得更为严峻。

简而言之，必须进行国企改革，并强制国有企业为使用环境和自然资源而支付充足的社会成本，这样才能提高资源配置效率。但其中一个挑战是，这些改革都在央行的职权范围之外。

利率改革会大幅降低中国的经常账户盈余吗？

在一些华盛顿智库中流行着一种理论，认为当前的利率机制是中国高储蓄率和经常账户盈余的罪魁祸首。该理论假设，较低的实际存款利率使得人们提高存款率来弥补其利息收入的损失，并导致经常账户盈余（Lardy，2012）。根据该理论，利率改革能大幅减少中国的经常账户盈余。

该理论无论是在逻辑上还是在现实中均不正确。逻辑上，较低的利率会产生两种作用相反的效应。一方面，由于储蓄的回报下降，人们会减少储蓄。另一方面，由于利息收入减少，人们感觉变穷，可能会减少消费并增加储蓄。其净效应并不明确，而事实证据及对人们实际的储蓄选择的数据分析均明确表明，第一个效应起主导作用，即较低的利率导致较低的储蓄率。否则，美国超低的利率水平会导致储蓄激增。这意味着低利率并不是中国高储蓄率的原因。利率改革很可能会导致储蓄和经常账户盈余进一步增加。

中国的经常账户盈余并不是一个谜，有两个重要的原因。

其一，中国在2001年底加入世界贸易组织（WTO），并降低国内资本回报率，促使中国在六七年的过渡时期中，将更大比例的资本投资于国外资产。作者与鞠建东、石康的研究表明，该因素解释了经常账户盈余的1/3。

其二，自2002年起，中国适婚青年男女比例的上升。男女比例失调导致年轻男性及其父母增加储蓄，以提高其在婚姻市场的竞争力。这也增加了企业储蓄，因为更多的有未婚儿子的父母及更多的年轻男性成为企业家。考虑到难以获得银行贷款，新的企业家和小企业必须通过自身储蓄来为企业的经营和发展筹资。笔者在与张晓波、Qingyuan Du的研究中估计，该因素解释了经常账户盈余另外的1/3（Qingyuan Du、魏尚进，2013；魏尚进、张晓波，2011）。

诚然，还有其他因素在起作用，但或许它们所起的作用较小。这些因素一起解释了经常账户盈余剩下的1/3。

由于与加入 WTO 相关的渐进改革已完成，该因素产生的盈余自然减少。相反，由于在未来的几十年，男女比例失调会加剧，该因素产生的盈余在短期内不会消失。总之，利率改革虽会带来许多好处，但不能使经常账户盈余降低。

本文原题名为"Hopes and false hopes in China's interest – rate reform"。作者魏尚进是哥伦比亚大学金融学与经济学教授。本文于 2013 年 6 月 25 日刊于 VOX 网站。

导读◀◀

　　美国货币市场共同基金与中国理财产品有着很多相似之处。二者都是目前各自市场上短期融资的重要手段，同样都能为储户提供高于银行储蓄利率的收益。但是二者都存在着巨大的道德风险，如遇违约是否能够得到补偿和政府干预都不可知。通过了解美国货币市场共同基金的产生与发展过程，有助于我们更好地理解中国理财产品市场，并做出合理及时的调整，促使中国的金融系统更加健康稳定运行。

影子银行会成为金融不稳定的因素：美国经验对中国的借鉴

文 Nicholas Borst 编译 孙东

　　银行的功能是将短期存款转化为长期借款，为存款人提供流动性。经验告诉管理者一些规则：行动必须服从于明显的安全性，执行法定准备金率，为存款者保本（保护储户原则），最后贷款人制度。没有这些保护措施，短期存款便会屈从于银行的运转以致使整个金融系统发生动摇。然而，这些年来，金融创新已经使短期资金池超出了这些保护措施。这些影子存储行发挥着和传统存款相似的作用——从个人和企业中吸收短期资金，然后向借款人提供信贷。

　　在美国，影子存款采取的是货币市场共同基金，而这种像基金一样的资产不受存款保险保护，缺乏金融缓冲，并且没有最终贷款人保障。在中国，影子存款是理财产品——一种作为传统储蓄资产对立面的短期金融产品，大多数都是无保障的，因此也缺乏如传统储蓄一样明确的政府支持。在美国和中国，影子存储的起源都是监管套利，这为传统投资者提供了一个可以绕开传统存款限制的渠道。传统存款的利率，由于受到控制，在两国都低于当时的市场利率。影子存款的出现为储户提供了一种方便并且感觉上很安全的存款方式，同时能提供比传统存款更高的利率。这是因为它们不需要那些强加于银行并需要银行支付高额成本的银行监管费用。

影子存款在中国和美国都已成为资金的重要来源，特别是在短期融资市场。这些存款也是影子银行系统的组成部分，大部分的投资者很容易参与其中。而货币市场共同基金几十年来都被认为稳定而收益缓慢增长，全球金融危机彻底改变了这种看法。商业票据市场遭受的损失相对较小，这加快了资金从货币市场共同基金出逃的速度，导致投资者损失，并冻结了美国的短期融资市场。危机揭示了影子存款的风险，增加了金融的不稳定性的事实。

中国最近出现的影子存款发展非常迅速，与此而来的是银行的新增信贷增长急剧下降。在短短几年中，理财产品已经从一个小规模的金融专门产品，变成了在中国各大银行广泛传播并由零售客户广泛参与的产品。即使小规模的违约可以通过政府调控来避免，道德风险在理财产品市场还是广泛存在的。因此，这个市场有待被一次真正的危机来考验。美国管理影子存储的经验可以为中国金融发展提供方向和经验。

美国货币市场共同基金的发展

美国第一个货币市场共同基金创立于 1971 年。其创建的催化剂是短期利率和受控制的存款利率之间的不匹配。20 世纪 70 年代由于出现通胀峰值，市场短期利率大幅高于储蓄存款规定的最高水平。因此，储户可以通过购买美国国债等低风险资产，来赚取比储蓄存款更高的回报。投资者开始从传统的储蓄转移到如证券等收益更高的领域。货币市场共同基金作为规范中小投资者的行为、提供投资渠道的新型投资理财工具，应运而生。

大萧条时期通过的两项法案——1933 年的《格拉斯－斯蒂格法案》和1921 年的《麦克法登法案》，使得货币市场共同基金得以出现。《格拉斯－斯蒂格法案》的条例 Q 禁止银行向储户提供利息，并且赋予美联储可以设置定期存款利率上限的权力。条例 Q 背后的原因是银行界 20 世纪 30 年代的激烈竞争导致银行业在大萧条时期的崩溃。通过设置一个最高利率，可以阻止银行向储户提供不可持续的高利率，并发放有风险的贷款，进而保证其净利润。

《麦克法登法案》是另一个促使货币市场共同基金迅速发展的条件。这项联邦立法最初是为了给国有银行和州立银行同等的竞争基础。在这项法案之前，一些州立银行在其州内允许开办分支机构，而国家银行则不行。为了避免这项限制，许多国有银行放弃其国有身份，并且离开美联储系统。《麦克法登法案》强迫各州赋予国有银行和当地银行相同的开办分支的权利，意图消除这一竞争劣势。这让国有银行和州立银行同等竞争，但也阻止了州际银行业务，因为大多数州均限制此业务，而国有银行只能遵守州立银行规则。1956 年的《银行控股公司法案》禁止一个总部在某一州的银行控股公司收购另一个州的银行，进一步限制了州际银行业务。

货币市场共同基金在 1940 年的《投资公司法案》下注册为投资公司，并由美国证券交易委员会（SEC）管理，并不遵从传统银行的利率和州际管理。这一监管上的不同，让货币市场共同基金得以迅速发展。此前所设立的存款利率上限原本不是一个大问题，因为其一般在均衡的存款和国债利率之上。然而，20 世纪 70 年代短期存款利率的增加改变了这一格局，资金开始涌入货币市场共同基金。没有了在州际操作上的限制，一旦货币市场共同基金开始从传统存款中吸收资金，它们就可以变成全国性的企业。

管理上的限制使得银行与货币市场基金相比处于相对劣势。《麦克法登法案》和《银行控股公司法案》被 1994 年的《Riegle - Neal 的洲际银行和分支效率法案》所废除。《格拉斯 - 斯蒂格法案》的条例 Q 被 1980 年的《存款机构放松管制和货币控制法案》所废除，至 1986 年上述法案逐步提高存款利率。1982 年的《圣日耳曼存款机构法案》允许银行以货币市场存款账户的形式提供可供选择的货币市场基金。

尽管提高了利率，减少了对洲际银行业务的限制，货币市场共同基金仍然继续发展，这是因为一些管理上的优势。首先，货币市场共同基金不需要向美国联邦存款保险公司（FDIC）支付存款保险。其次，货币市场共同基金不需要支付美联储的存款准备金。最后，相对于银行，货币市场共同基金不需要像银行一样设立维持资本缓冲需要的资金，这降低了成本。这些优势意味着货币市场基金向储户支付更高的利率。

整个货币市场共同基金的峰值在 2008 年达到 3.76 万亿美元，相当于特许存款机构总资产的 32%。货币市场共同基金占 GDP 的比例在 2008 达到峰值 26%，到 2012 年下降到 17%。

中国理财产品的发展

理财产品是中国的一个金融创新，它把一系列金融资产打包，然后直接卖给企业和散户。它们大多数是短期的，并与货币市场共同基金的投资标的相重合，如商业证券、短期债、银行间借贷和回购协议。不同于美国的货币市场共同基金，一些中国的理财产品也投资于具有风险的资产和非流动性资产，包括债务、股票和长期债。

尽管在结构上有所不同，理财产品仍类似于货币市场共同基金。虽然它们不像货币市场共同基金那样具有流动性，因为它们是有明确到期日的封闭基金，不可以通过支票支付。然而，理财产品的主体在本质上是短期的。66%的理财产品不到三个月就会到期，只有一小部分理财产品超过一年。所以，相对来说，理财产品对于储户来说具有一定流动性。银行设计理财产品的结构，以使其可以在季度的存贷比检查之前到期，因此它们可以转变成银行的正常存款。然而，实际上，这些基金不再是传统的存款，而更像是一种货币市场共同基金。

如同货币市场共同基金，理财产品处于政府担保之外。中国缺乏像美国一样的正式的存款保险系统，但传统的银行存款受到政府的明确保障。在20世纪90年代出现不良资产的恐慌后，大量的政府资金被投入到银行系统就表明了这一点。人们普遍相信，如果一个主要的银行遇到了麻烦，政府会防止储户损失存款。大多数的理财产品（至少在理论上）都以不受这种直接担保的形式出现。2/3的理财产品没有资本担保，这意味着如果违约，银行没有任何责任。85%的理财产品不保证支付利息。如果理财产品的违约不会威胁整个金融系统，政府不大可能来接手。这样就导致投资到理财产品的存款面临着从收益到本金两方面的风险，而这在传统银行存款中并不存在。

2004年，中国的商业银行开始出售理财产品。一开始，外币计价的理财产品最受欢迎，这有可能反映了在外币持有者之间投资的复杂状况。2004年共发行了127种不同的理财产品。2008年人民币理财产品开始激增，全年共发行6753种理财产品，而到2012年发行量已经超过32000种。

理财产品的总量已经非常惊人。到2008年，银行发行的理财产品大概有1万亿元人民币；到2012年末，总量已经明显地上升到7.1万亿元人民币。此外，还有1万~1.5万亿元人民币的非银行发行的理财产品，多由信托公司和经纪公司发行。合在一起，理财产品总量相当于中国GDP的17%，与货币市场共同基金占美国GDP的比重相近。然而在此次危机后，货币市场共同基金在美国的份额已经下降了，而在中国的理财产品仍在迅速增长。

理财产品投资于相对多样的资产。根据 2012 年的数据，理财产品 32%
的资金投资于债券市场和货币市场；21% 投资于银行资产（通常以协商价格
投资于其他银行）；另有 30% 的资金流入到由贷款和其他形式债权构成的信
用产品市场，这部分是银行把贷款证券化并移出其资产负债表；11% 的理财
产品资金直接投资于股票；剩下的资金进入到"其他"领域，包括建筑投
资、信托和经纪公司投资，以及金融衍生品。

在最近几年，理财产品已经成为中国经济中一种重要的融资渠道。在资
产方面，银行发行的理财产品粗略等同于信托和保险部门，并且两倍于基金
部门。理财产品的增长导致传统借贷作为融资渠道在中国经济中比例的快速
下降。在 2002 年，银行信贷占中国所有新增融资的 96%；而到 2013 年的 3
季度，这一比例仅有 52%。

驱动理财产品快速增长的原因是针对中国低利率政策的监管套利。中国
人民银行设立了储蓄存款的利率上限。这一政策的产生源于消除大规模外汇
市场干预的影响，并同时保持银行的利润。为了抵消这一干预带来的通货膨
胀，央行持续增加存款准备金率。为了补偿银行把大量资金投入到这些低产
出领域，央行为银行设置了存款利率上限和贷款利率下限，建立了一套健康
的利差幅度。这一利率结构已经为银行产生了创纪录的利润。

但是这种利率政策对于存款者没有好处。在过去的几十年中，存款利率
经常低于通货膨胀率，导致储蓄者存款的实际利率为负。中国的储户一直在
寻找高回报的储蓄替代品。由于股票市场持续熊市和资本管制，传统存款的
主要替代品是房地产投资和理财产品。由于房地产一般都规模很大且不易流
动，理财产品可以让投资者拥有更加流动的感觉，并且能让他们感受到一种
类似于存款的安全感。银行个人客户占理财产品购买者的 2/3。

中国的银行迅速地扩张其理财产品业务。由于它们所能提供的存款利率
是固定的，银行可以利用理财产品来吸引并保留资金。在 2012 年，银行发
行的三月期理财产品的平均利率为 150 个基点左右，比银行三月存款利率高
66%。对于小城市的商业银行，这种差距会更大。理财产品所提供的高利率
可以防止储户把钱取出，银行可以构建很多种产品，这样它们就可以及时到
期从而使银行的存贷比达到要求。

即使那些支持理财产品的管理者也清楚其存在两方面的风险：投资者受
教育水平参差不齐和不受管理的证券化。投资者受教育水平是一个重要的问

题，这是因为很多理财产品的购买者忽略了潜在的风险。大多数理财产品是由银行出售的，包括许多第三方产品。尽管中国大型的商业银行缺乏正式的存款保险体系，商业银行还是有明确的政府支持。许多投资者认为理财产品即使由第三方发行，但也是由这家银行出售的，所以也应该相应受到保护。结果是道德风险在理财产品市场普遍存在。尽管银行已经采取了一些行动来提醒理财产品所存在的风险，但由于投资者的受教育水平不足，他们仍会相信理财产品是安全的。

不受监管的证券化是大多数管理者认为的另一个风险区域。中国官方层面的证券化是很低的。21世纪初，中国曾提出过与此相关的一项试点计划，但是由于金融危机的到来而暂停，直到2012年才小规模地复苏。而在官方的计划之外，中国的银行由于受到贷款份额限制和存款增长疲弱的驱使，把理财产品作为一种增加贷款的方式。理财产品被用于促进银行债务资产的证券化。经常借助于银行间市场，银行可以把它们从资产负债表中去除，然后空出资金去进行新的贷款。信托公司也促进了这种不受控制的证券化过程。这些公司使用从理财产品中获得的资金去购买重新包装后的银行债务，同时向第三方扩大银行信贷。这种借款和信托产品的证券化活动占理财产品投资的25%。由于中国银监会（CBRC）已经越来越加强对银信合作的管理，这种行为已经从信托公司扩展到证券和保险公司。不受控制的证券化的动机之所以存在，不仅是因为受制于存贷比，也是因为官方的证券化一直受到限制。

在执行层面，银行管理者一直致力于跟上理财产品的快速增长。银监会对于理财产品最初的管理是在2005年颁布的《商业银行个人理财业务管理暂行办法》。从2010年开始，就不断有新的规章来应对不断膨胀的理财产品市场。银行被要求取消极短期理财产品，尤其是短于一个月的。管理者已经取消了包含信托和委托贷款在内的理财产品，并同时颁布了要求向投资者揭示潜在风险的新规则。银行已经被禁止发行基于银行间市场存款的理财产品。信托公司（理财产品资金的主要接收方）已经被禁止投资担保公司、小额贷款公司和当铺，因为这些组织存在着巨大的风险。最近银监会又出台了新的条例，禁止理财产品投资于不在银行间市场和证券交易所交易的资产，同时也对资产池理财产品进行限制。这些管制政策的目标都是一个快速进化的理财产品市场。

中国可以从美国经验中学到什么？

在不到 10 年的时间里，中国的影子存款系统已经在规模和功能上类似于美国的货币市场共同基金。理财产品的出现成为中国短期金融市场重要的融资渠道，而这一情况可能在未来几年还会持续。考虑到这些相似之处，中国可以借鉴美国的经验来促使其金融系统健康发展。

第一，被高度管理的基金仍有可能出问题。不同于传统观点，美国的货币市场共同基金之所以没有出问题，是因为对它们的管理很宽松。在可购买的资产和个人投资者风险敞口方面，货币市场共同基金从过去到现在一直是高度受限的。在全球金融危机之前，货币市场共同基金是只允许投资到被国家认证的评级机构评为最高的两个级别的短期债券。而第二级别的只能占到一家基金总资产的 5%。如果是面向个人购买者，那么第二级别的资产只能占基金总资产的 1%。与此相比，中国的理财产品资金更加广泛地投资于多种多样有风险的资产，有更严峻的偿还期失调问题，而个人购买者也更多。

美国货币市场共同基金的资金流失被高评级商业票据的损失所加剧。而有意思的是，如果管理者很严厉地管控货币市场共同基金的投资方向，反而会造成一种负面反馈——基金管理者会去购买可得的最有风险的资产从而获得高回报。如果在资产的实际风险和风险评估上存在差异，那么一个基金可能表现得更为脆弱。

管理者可能会继续控制理财产品的投资领域，使它们面临和货币市场共同基金同样的问题。例如，银监会最近出台的指导方针表明，不能有超过 35% 的资金投入到非标准债务资产。这可能会降低一些理财产品所面临的流动性风险，但并不能消除管理者可能忽视的风险。过去曾出现当短期的高回报公司债出现违约的时候，一个货币市场共同基金发生挤兑的情况。回顾过去，金融产品的错误评级会带来系统性的风险。中国的评级产业虽然发展迅速，但是还有很多的缺陷。很多企业发行的企业债风险要高于其评级所揭示的。强迫理财产品去购买高评级债券以减少风险只有在评级是合理的时候才会有作用。管理者在这些领域管理得越严格，就越会有人冒更大的风险去拉拢评级系统进行融资。

第二，理财产品在利率自由化后仍将持续发展。许多分析师和管理者乐观地认为目前理财产品的高速增长是因为传统存款的低利率。中国储蓄者的目的是寻找高回报。只要这种动力存在，中国的理财产品还会有爆炸性的增长。

此外，即使中国在未来几年实现利率自由化，理财产品到那时已经有了相当大的规模并获得了投资者的注意，他们还是会继续投资理财产品。在美国，货币市场共同基金在银行利率和州际业务的监管条例停止之后，仍然在规模和重要性上持续增长。货币市场共同基金通过监管套利，无须支付存款保险费、存款准备金以及资本储备，可以提供更高的回报。

在中国推行利率自由化的同时，理财产品也在持续寻找自己存在的方式。中国目前正在规划一个全国性的存款保险系统。如果理财产品能不受其约束，那么它将继续保持相对于传统存款的竞争优势。并且，银行为了能够获得规模效益及从存款中获得价差，有足够的动力继续推出理财产品。这些因素都表明理财产品将永久地成为中国金融系统一部分。

第三，影子存款易受到银行挤兑的损害。在全球金融危机之前，货币市场共同基金被认为是一种相对稳定的短期融资池。投资者把他们的钱投入这些基金中，得到比存款储蓄只高一点的回报。而货币市场共同基金会投资到一些像现金一样看起来不会受损的资产。

金融危机表明，在经济和金融不稳定的时期，短期金融池相对小的损失会在很短时间内导致挤兑。美国货币市场共同基金因为持有雷曼兄弟银行的商业票据，遭受了相当于其资产1%的损失。当这家基金在赎回政策上加入一些限制的时候，恐慌迅速传播到其他的货币市场共同基金。在一周内，大约3000亿美元资金逃离了货币市场共同基金，这迫使大量资产被减价出售，商业票据市场被冻结。美国财政部和美联储进行大量干预才稳定了其短期融资渠道。

中国大多数理财产品短期的本质使它们容易遭受到相似的风险。一次对理财产品违约的曝光会促使大量的投资者撤回，他们不会购买新的理财产品，而是将资金投到传统存款中。最近曝光的一次理财产品"将近违约"事件是由上海华夏银行的雇员出售的欺骗性产品。在投资失败后，政府强压华夏银行和中发担保解决这一问题。在最初不承认任何责任之后，这两家公司最终返还了投资者的本金，但没有支付利息。我们很容易看到投资者被强迫接受了实际上的损失，他们对于理财产品的投资信心会迅速下降。

投资者在现有的理财产品期满后不会继续购买新的理财产品，将会造成大规模的资金从理财产品市场撤回，这会对整个中国经济造成巨大的压力，因为很多没有信用资格的公司和银行都依赖这些短期融资。由于理财产品不只投资于货币市场，去杠杆化行动也会影响到债券市场、信托公司、经纪公司、地产开发商和地方投融资平台，它们很多都依赖理财产品来进行融资。

一些分析师认为由于从理财产品中取回的资金有可能回到银行，对经济的总体风险是可以忽略的。然而这忽略了美国货币市场共同基金在金融危机期间的教训。货币市场共同基金的钱并没有退出美国的金融系统。实际上，很多储户只是把投资到商业票据和国债的货币市场共同基金转移到只投资国债的货币市场共同基金中。然而，因为银行并不想进入已经由于货币市场共同基金撤回而功能失调的短期融资市场，这些市场的信用被冻结了。这些钱没有离开金融系统，但是并没有阻止整个经济体的信用市场陷入冻结和危险。同样，中国的银行也不愿意借款给理财产品资金撤回而出现负面影响的经济部门。这个结果对于一些使用高杠杆来进行融资的企业是灾难性的。

结论

金融的发展是在政策的理想性和可行性之间不断的反应中进行的。在美国，相对于快速发展的金融系统，大萧条之后提出的对于银行的保护性措施，很久才会发生改变。结果就是，非银行金融机构开始提供货币市场共同基金来作为存款的替代品，向购买者提供更高的利率。政策制定者最后取消了对于存款利率的限制以减少银行在面对货币市场共同基金竞争时的不利因素。然而，货币市场共同基金由于不需要存款保险、存款准备金和资本储备，继续保持着监管上的优势。通过稳固的资产净值报告以及基金发起人周期性的救助，货币市场共同基金使投资者认为这些产品是稳固安全的投资选择。这些基金发展得太大以至于大而不倒，在全球金融危机时期需要美国政府的担保。行业利益在努力阻止改革的尝试，而这些改革可能会降低货币市场共同基金所面临的道德风险。

在中国，政策制定者为了让银行保持利润而设定了固定的利率，同时又通过汇率政策来抵消这些强加在银行上的影响。为了在如此低的利率水平下吸收并保持存款，银行创造了短期的流动性投资产品来提供更高的利率，也就是我们所说的理财产品。

理财产品一般由银行发行或第三方公司发行，由银行代售，规模迅速变大，并且成为中国经济中重要的短期融资工具。在中国，由于利率控制改革进行得十分缓慢，很多人认为理财产品是利率自由化的一种替代方式。然而理财产品的发展并不是没有风险的。就像货币市场共同基金，理财产品是一种影子存款，起到了存款的作用，但却不能向投资者提供如存款一样受到保护的金融产品。所以，当遭遇金融困难时，投资者会重新评价这些产品的风险，这个资金池很容易受到快速收缩的影响。结果就是，一种潜在的金融不稳定性已经在中国经济中生根发芽。当理财产品的规模不断增加的时候，管理者需要考虑这些非正式利率自由化的风险是否超过了收益。

从长期来看，解决理财产品所带来的风险是迅速推进利率自由化。市场指向的存款利率能够为储户提供一个真正为正的利率，这会帮助大家降低对于理财产品的过分热情。同时，管理者应当尝试减少理财产品市场上的道德风险。特别需要指出的是，所有银行发行的理财产品应当以某种合适的方式反映在银行的资产负债表上。不考虑法律上的问题，非担保理财产品在大范围地违约时很有可能造成银行负债。因此，让银行没有资金缓冲就发行理财产品是不明智的。强迫银行为理财产品提供准备金将会降低利率，并促进银行将理财产品投资于高质量的资产。中国的影子存款是最近几年才出现的，但其增长速度已经超过了美国。金融部门的改革和强力审慎的管理如果不及时出现，那么中国的影子存款将继续增长，这是中国金融不稳定的潜在因素。

本文原题名为"Shadow Deposits as a Source of Financial Instability: Lessons from the American Experience for China"。作者 Nicholas Borst 是彼得森国际经济研究所研究员。本文于 2013 年 5 月刊于彼得森国际经济研究所网站。

导读 ◀◀

　　中国的银行被认为"大而不倒"，本文认为通过建立有限存款保险制度可以改变这种看法，并增加金融系统的抗风险能力。存款保险的计划已经提上议程，但如何设定标准及如何选择具体的路径，面临诸多争议。

大而不倒：存款保险与中国国有银行

文　Ryan Rutkowski　编译　许平祥

　　中国的银行往往被描述为"大而不倒"，部分原因在于政府对储户进行了隐性的完全担保。在1998年海南发展银行因为房地产泡沫而破产时，政府曾经有过这种先例。当时，海南发展银行的存款仅占中国全部存款的0.06%，但当该银行的储户把存款向工行转移时，中国人民银行仍然出手救助了该银行所有的储户。因为政府担心任何非完全救助，都有可能导致全国性的银行恐慌。目前，中国政策制定者希望通过建立显性的有限存款保险制度来弱化这种印象。1993年，中国人民银行曾提出存款保险议题，但是并没有发布和批准任何实质性的计划。现在，存款保险计划似乎越来越接近实现。5月，国务院批准将存款保险制度作为2013年金融改革项目之一。6月，中国人民银行在2013年金融稳定报告中称"实施存款保险是一项紧迫的事项"。

　　虽然显性存款保险在银行倒闭情况下仅能补偿数量有限的存款，但是它可以在危机时增强对市场稳定的信心。通常的操作手法是在银行支付的保险费基础上创立一只基金，并由该基金对存款进行保险。该基金确保政府随时有资金对陷入困境中的银行迅速采取反应并提供救助，由此防止某一银行破产造成全国性的银行挤兑。

美国在 1934 年大萧条期间最先推出存款保险计划，用于恢复大众对银行体系的信心。此后，111 个国家先后采用了显性的有限存款保险制度。但中国仍然是一个局外者。

2013 年，国务院和中国人民银行旨在推进银行体系的增量市场改革，如存款利率的市场化。但有人担心存款利率的市场化竞争将会导致 198 家中小银行的存款流入五大国有银行。虽然，中国政府已经把五大国有银行的股权持有比例从 2002 年的 71.1% 下降到 2012 年的 51.3%，但存款者仍然把这些银行视为"大而不倒"。中国人民银行认为通过显性存款保险计划，中小银行所面对的存款利率市场化风险将会得到有效降低。

推出一个可信的显性存款保险制度，对于中国而言，说起来容易，做起来难。目前，中国是拥有最大存款基数的国家之一。2010 年，中国银行的存款/GDP 为 119.4%，而印度尼西亚和墨西哥则分别为 39.4% 和 17.2%。排除城市型的国家新加坡和中国香港，在亚洲唯一拥有庞大存款且可以用于比较的国家是日本。日本在 1971 年推出其显性有限存款保险计划时，银行的名义存款余额/GDP 为 126.4%，2010 年为 202.3%（见图 1）。

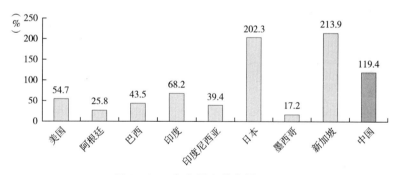

图 1　2010 年各国存款余额/GDP

然而，任何显性存款保险计划肯定都会低于储户期望，它可能很难让储户相信将存款放到城市或农村商业银行与存入大型国有商业银行一样安全。例如，如果在 2003 年推出存款保险计划，存款保险基金要达到 1.35% 的存款比例需要 10 年时间，并且要花费 1.1 万亿元人民币。由此，会导致国内银行部门的资产收益率下降 14%，从 1.13% 降到 0.97%。此时，该基金将大到足以覆盖比较大的城市商业银行的破产，比如北京商业银行；但仍不足以覆盖占全国存款比例 2% 的中国民生银行破产风险，更不用说占比为

12.2% 的建设银行（见表 1）。

表 1　中国各银行存款占全国存款的比例（2011 年）

单位：%

银　　行	存款规模
中国建设银行	12.20
民生银行	2.00
北京银行	0.80
重庆银行	0.50

　　根据一些投资银行估测，中国可以通过设定一个比大多数国家更低的存款保险覆盖率来启动该计划。巴克莱银行认为，中央银行将覆盖不低于人民币 50 万元的存款或 99.7% 的存款账户。许多国家的存款保险覆盖了同等比例的存款账户，但很少国家能拥有中国这样庞大的账户数量。中国的银行账户中不高于 50 万元人民币的仅占全部存款额的 46%。墨西哥与中国情况非常接近，其覆盖了 99.9% 的存款账户，但仅覆盖 58% 的全部存款（见表 2）。

表 2　2010 年各国存款保险覆盖程度

单位：%

	以价值计算的份额	以账户数计算的份额
美国	79	99.7
阿根廷	29	94.9
印度	33	92.9
印度尼西亚	61	99.9
日本	71	98.9
墨西哥	58	99.9
中国 *	46	99.7

* 为巴克莱银行估计。

资料来源：金融稳定委员会。

　　一个低的保险覆盖水平，可能更容易启动存款保险基金。如果中国采用类似于阿根廷的路径，设定保费率为 30 个基点和 5% 存款覆盖率的目标，该保险基金将在 20 年内形成足够应对某一大型国有银行破产风险的能力。如果财政部注入启动资金，其步伐将会更快。

但是，低覆盖率将会导致银行体系出现什么后果呢？目前尚不清楚谁持有那些超过 50 万元人民币的银行账户。中国比较严重的收入不平等意味着有些富人持有大额的银行账户。由于金融市场的扭曲，中产阶级有存一大笔钱充当购买住房的首期款的传统。企业也是如此，2012 年非金融企业的存款占到所有存款余额的 35%。

如果高净值的家庭和企业由于保险覆盖规则的改变而把资金从银行系统中转移出来，那么所有的银行将举步维艰。即便在低覆盖率水平下，银行都会受到存款保险的负面影响。巴克莱银行估计，一个 0.5% 的存款覆盖率目标和 8 个基点的费率，2014 年中国民生银行的利润将下降 1.15%。如果银行还得应付存款基础的侵蚀，影响肯定会更糟。正是这些担忧使得显性存款保险计划 20 余年裹足不前，但是现在中国有机会迈出重要一步。在历史上，许多国家通过随时间逐步减少覆盖率而成功地进行了有限存款保险计划。在1996 ~ 2002 年，为了应对危机，日本进行了非完全存款保险计划。但是，它首先针对定期存款，然后逐渐扩大到普通存款。另外一个可供替代的选择方案是，中国可以采取印度尼西亚的路径，并且为超过 50 万元人民币的存款账户进行额外保险。

无论中国的存款保险采取什么样的步骤，存款保险计划都将会被仔细斟酌，并按照时间表逐步实施。中国人民银行和国务院已经把存款保险放到2013 年的金融改革议程之中，但是还没有披露任何细节。我们认为，出台相关政策将包含在多年规划中，是一个缓慢的过程。当前，中国的银行体系表现出来的就是"大而不倒"的状况。

本文原题名为"Too Big to Fail：Deposit Insurance and Chinese State Banks"。本文作者为彼得森国际经济研究所研究员。本文于 2013 年 7 月刊于 PIIE 网站。

导读 ◄◄

　　中国银行间市场利率飙升引起了全球性恐慌，影响了银行风险和信贷产品的发行。在中国经济增长疲软的情况下，李克强总理强调关注金融风险，不会出台新的刺激计划，而是更多借助市场来解决。利率市场化将会迫使那些过去享受低利率的国有企业进行降低融资成本和提高生产率的改革，以应对市场竞争，从而"暗中"实现对国有企业的改革。

中国可以"暗中"进行国有企业改革

文　Nicholas R. Lardy　编译　魏强

　　2013年6月底，中国银行间市场短期利率大幅攀升至历史新高，一度引起了全球性的市场恐慌。并由此引起了人们对一系列问题的质疑和猜测，比如，中国政府对货币政策的掌控能力、中国未来的经济增长前景和新一代领导人（习近平主席与李克强总理）的经济改革路线等。

　　虽然现在利率已经回落，但是人们现在已经形成了一种理念。那就是，中国人民银行（PBOC）的行动过于仓促；同时，在短期货币市场运转失灵时，央行的反应又过于迟缓。有些研究人员甚至认为央行和市场之间在政策上存在严重的沟通不足。这就导致银行间市场的一些交易存在违约风险，甚至某些小的金融机构存在倒闭的风险。

　　但是此观点并没有充分的根据。央行认为信贷在利率上升前已经过度增长。并且，中国银监会正在制订新的规则来限制"影子银行"的发展。尤其是通过有限度管理短期高息贷款，对富有争议的理财产品制订监管标准，使之与银行间市场融资的关联性更强。

　　中国央行故意放任利率的上升，警告中型金融机构不要到银行间市场进行过度短期融资，为长期项目放贷。央行传递出来的信息是，商业银行需要更好地管理自身的流动性风险，并且，央行仍有其他一系列备用工具可以改善流动性。由于流动性紧张的局面正在减轻，一些金融机构面临倒闭风险的局面也正在缓和。

这一事件并不能进一步加剧对中国经济下滑预期的担忧。中国第一季度经济疲弱，以此很容易推测出中国第二季度经济状况继续萎靡，原因众所周知——许多行业由于产能过剩导致投资增长缓慢、需求疲软、出口增长平平。

银行间市场利率的飙升已经导致其他短期利率的上升，并且暂时制约了一些长期信贷产品的增长。比如，一些企业债券的发行计划被迫推迟。但是，利率的上升并没有预测出银行信贷的持续普遍收紧，并且导致其他的长期资金募集困难，从而拖累经济增长。增长可能还会进一步放缓，然而这主要是实体经济的原因，而不是信贷市场发展的问题。

确实，这个事件对于中国新的领导阶层的经济改革路线来说通常具有正面意义。李总理在最近的讲话中已经明确表示，不会为了应对经济增长，而启动新一轮的刺激计划。他宣称进一步刺激政策的空间已经非常有限，将会产生新的风险和问题。恰恰相反，他认为中国应该更多依靠市场来维持经济增长。

这次改革的关键部分就是逐步推行利率市场化，这意味着最终废除存款利率的上限。利率管制导致过去几十年的低利率环境。

中国货币市场最近传递出来的信息，意味着更广范围内的利率改革即将到来。这就要求那些大量举债的企业，未来只能靠缩减成本和提高生产力来保持盈利。

这对于那些最近几年资产收益率已经大大下降、财务损失显著增加的国有企业而言非常重要。然而，国有企业改革问题还没有明确进入领导层的改革时间表中。而利率市场化将会迫使他们"暗中"改革。对于那些不能维持盈利的公司，随着利率的上升将不得不出售其资产，最终被更强的竞争对手所收购或者直接破产倒闭。

同时，利率市场化改革将会进一步引导信贷投向更有价值的中国企业，推进经济的增长。此次利率改革将更加有利于私营企业，这些私营企业的平均资产收益率是目前国有企业的三倍。

当然，那些在过去几年的利率环境中受益的银行将抵制改革，杠杆率最高的那部分企业也会反对改革。

中国新一代政治领导人能否冲破既得利益集团的阻挠，将是决定未来改革能否成功的最重要因素，也是新一代领导人在未来 10 年的任期中能否保证经济持续稳定增长的关键所在。

本文原题名为 "China Could Reform Its State Businesses by Stealth"。本文作者为彼得森国际经济研究所研究员。本文于 2013 年 7 月刊于 PI-IE 网站。

导读 ◄◄

　　彼得森研究所近期发布了一篇长达 66 页的工作论文，高屋建瓴地描述了全球贸易的特点、趋势与挑战。作者特别指出，中国的重要性不容忽视。那么，在全球贸易体系中，中国将处于什么位置？将起到什么作用？又将带来何种挑战？作者一一作答。

中国与全球贸易的未来

文 Arvind Subramanian and Martin Kessler **编译** 纪洋

"伪"超级贸易体

　　1995 年，克鲁格曼（Krugman）指出，20 世纪中后期，出现了超级贸易体，比如新加坡、中国香港、中国台湾和马来西亚，它们的出口已经超过 GDP 的 50%。这是之前见所未见的，即便是在全球贸易的第一个全盛期（1913 年），稳坐第一把交椅的英国也仅有 18.5% 的出口占比。

　　然而，克鲁格曼对"超级贸易体"的定义或许不够精准。具体来讲，超级贸易体可以从两个角度衡量：第一，是国际视角，关注该贸易体在全球贸易中的分量；第二，是国内视角，关注其贸易量在该国经济中的分量。克鲁格曼显然只用了第二个标准。他提到的区域经济总量都不大，难以对全球贸易产生什么影响。如果加上第一个标准，这些贸易体就都无足轻重了。

真正的贸易巨人——中国

　　直到 20 世纪末，真正的超级贸易体才浮出水面，这就是中国。从国内视角看，现在中国贸易占 GDP 比例约 50%，2008 年曾达到 62.2%，是一个足够高的比例；从国际视角看，考虑到中国的经济规模与收入水平，其贸易超过国际平均水平近 60%，是名副其实的国际贸易贡献者。

把当下的中国与其他贸易体做一下对比，中国的重要性将更加明显：1975年，美国处于全盛期，其贸易占GDP比例为16.1%，比国际平均水平约低35%；1990年，日本如日中天，其贸易占GDP的20%，比国际平均水平低50%。或许，在国际范围内，只有1913年的英国可以与中国一拼，它当时出口占GDP的12%，比国际水平高84%。但是，把贸易占GDP比例与国际贸易贡献率都考虑在内，中国无疑是空前的贸易巨人。

有人做过简单的测算，到2030年，中国出口将占到整个世界的16%～17%，是美国的3倍，是德国的4倍，成为主导全球贸易的最强力量。对全球贸易的任何分析，都必须特别考虑中国的影响。

中国挑战之一：穷邻富己？

20世纪，中国成功地压低人民币汇率，推动出口，带动增长。然而，在未来20年内，随着中国成为最大贸易国，这种行为至少有两重危险。

首先，对于其他中等收入国家，中国是强大的对手。这些国家的增长依赖贸易与国外市场，中国的汇率政策对它们的增长造成威胁。除非中国改变政策，否则此类贸易争端不会减少。

其次，中国正在成为兵家必争的全球市场，而非单纯的世界工厂。对于低收入国家，对中国出口是推动经济的重要途径。然而，如果中国继续压低汇率，压低自己的购买力，它永远不会成为一个巨大的进口商。低收入国家的增长机会，将被中国政府的汇率政策扼杀。如此一来，贸易冲突在所难免。

中国挑战之二：谁进谁退？

在贸易谈判中，双方各让一步，互惠互利，才可能达成协议。这就意味着，势均力敌、背景相似的对手，有着相似的让步空间，有着等价的互惠利益，更容易联手合作。然而，未来世界最大的两个国家——中国与美国并不是这样的。

让我们回首"二战"之后的贸易体系。当时，美国与欧洲是全球最重要的力量，它们的市场开放度相似，即便在不开放的领域，它们的封闭程度也是相似的。这样的对称结构为互惠互利提供了便利。最终它们携手建立了新的贸易体系。

然而，如今，美国与中国的开放程度极其不对称。在服务业、技术、政府采购领域，中国政府控制了大部分经济活动。根据 2012 年的一项估算，中国在服务业的政策封闭程度是美国的 3 倍。这就意味着，在未来的贸易谈判中，中国可以提供给美国的"额外开放"很多；而美国能给中国的很少。

因此，中国的谈判筹码不仅来自它的经济规模与贸易规模，更来源于它的封闭程度。随着中国人均收入的提升，其国内市场愈发诱人，中国的谈判力量将进一步增加，中美谈判将更加不平衡。

在不远的未来，美国制造业空心化加剧，更加依赖服务业，它将不得不出口服务，以助力经济增长。到那时，中国成为美国出口服务业的重要目标，而中国这一部分市场是封闭的。在谈判桌上，倘若中国仍不愿开放市场，而美国已经没有什么封闭市场可以额外开放给中国，美国很可能扬言封闭市场，以威胁中国。中国若不妥协，两国的贸易冲突将波及整个世界。

中国与全球贸易的未来

未来全球贸易的首要问题是：中国愿不愿意放开政策，开放市场。一旦认识到中国空前的重要程度，及其与日俱增的谈判力量，我们应该明白，左右中国政策的可能性，已经越来越小了。当下的中国，今非昔比。如何与中国携手合作，是全球贸易不可忽视的议题。

本文原题名为 "The Hyperglobalization of Trade and Its Future"。本文作者分别为彼得森研究所（PIIE）的高级研究员与研究分析员。本文的初稿为"走向更好的全球经济"项目（Toward a Better Global Economy Project）的一个章节，经修改于 2013 年 7 月发表在 PIIE 网站。

导读 ◀◀

　　奥巴马在2013年的国情咨文中宣布美国将展开与欧盟自贸协定的谈判，而新任国务卿克里的首次出访也选择了欧洲。这引起学界和思想界的广泛关注和讨论。美国为何需要一份跨大西洋的自贸协定？本文对此进行了论证，并分析了其面临的挑战及可能的前景。

《欧美自贸协定》谈判会让美国转向欧洲忘记中国吗？

文　William A. Galston　编译　彭成义

　　当大家都在谈论美国转向亚太时，人们常会忽略奥巴马在2013年国情咨文中提出建立欧美自贸区的决定。这种忽略将是一种战略失误。事实上，美国和欧洲有能力制定可以改变游戏规则的政策去提振大西洋两岸的经济。这不仅有助于跨大西洋盟友更有效地应对中国崛起，而且也将填补全球贸易谈判未果带来的空白。

　　对中国过去10年快速崛起的关注掩盖了欧洲和美国的实力及其彼此的重要性。比如在2011年，欧美仍占全世界国内生产总值的一半、全球出口量的25%和全球进口量的32%。美国的人均GDP约为5万美元，欧盟为3.2万美元，远远超出人均GDP 9000美元的中国。美国对欧盟的出口额是对中国出口额的3倍，欧盟对美国的出口则是对中国出口的2倍。美国和欧盟的商品贸易总额在2012年达6500亿美元，比21世纪初增长了68%。

　　此外，美国和欧盟是世界上领先的两大服务业经济体。在2011年，美国服务贸易总额的38%出口到欧盟，其服务进口则有41%来自欧洲。2001~2011年，美国对欧盟的服务贸易出口从102亿美元增加至225亿美元，增长了1倍以上，并在2012年保持了持续上升的势头。

　　此外，美国和欧洲也相互视为最受欢迎的直接投资地点。自2000年以来，美国对欧洲的投资一直稳占外国对欧直接投资的56%，而欧洲对美直接投资占外国对美直接投资的71%。中国经济的快速增长并没有从根本上改变这种局面，比如自世纪之交以来，美国投资荷兰的金额为投资中国的14倍，投资英国的则为投资中国的11倍之多。

当然，问题就在于该自贸区协议能否谈成。从美国国内政治的角度来看，前景还是不错的。由于欧洲的劳工、环境和监管标准与美国相当，那些阻碍与发展中国家签订双边协议的因素就不会起作用。而且美国几乎所有的州都与欧盟有重要的贸易往来，这也为在国会寻求一个广泛的政治联盟奠定了基础。

不过，重大障碍也是存在的。达成共同的监管标准就绝非易事，因为双方在这一领域具有非常不同的目标和规范。比如欧洲的政府合同采购对外国公司就比美国更加开放一些，这很可能会遭到美国的反对，尤其是一些国防承包商。农业方面的挑战尤其大。欧洲的农业补贴制度比美国的更扭曲，它们对转基因作物几乎禁止，而这在美国农业中变得日益重要。如果欧美自贸协定不能让欧洲为美国农产品敞开大门，那就必死无疑，这是美国两党的共识。

从这个意义上说，达成协议的最大障碍可能来自法国。法国农业将会损失较多，而且它的文化保护主义也将抵制来自美国影视产业的压力。当然，鉴于法国的经济不景气和失业率上升，如果欧洲其他主要经济大国都同意将增长放在第一位的话，法国可能也会最终选择加入。

鉴于形势的发展，达成欧美自贸协议是有可能的。据悉，奥巴马对欧美自贸区谈判的支持是在最后时刻才加进2013年国情咨文的，但是它很可能成为此次咨文中最重要的一句。

　　本文原题名为"Obama's Pivot to Europe：Forget China. An EU trade deal would be the real game – changer"，作者为布鲁金斯研究所高级研究员，于2013年2月20日刊在Brookings网站。

导读 ◀◀

　　中国是否加入跨太平洋伙伴关系协议（TPP）是许多国家非常关注的问题，本文分析了当期中国加入 TPP 的外部环境和条件，认为大多数 TPP 成员国期望中国能以一种更为广泛的亚太贸易体制加入 TPP，从而加速实现亚太经合组织（APEC）一直所期望的亚太自由贸易区（FTAAP）。

跨太平洋伙伴关系协议（TPP）：中国往何处去？

文　Jeffrey J. Schott　编译　李想

　　所谓亚太贸易协定，如果不包括中国在内就是不全面的。而目前，中国并没有参与到跨太平洋伙伴关系协议（Trans – Pacific Partnership，简称 TPP）中，但中国的加入已成为这一贸易协定的发起国和那些寻求参与 TPP 对话的国家共同关注的问题。

　　事实上，TPP 的成员国已经在贸易和投资上与中国有了广泛的联系，并想使这种联系在将来显著增强。此外，随着它们朝向亚太经济合作组织（APEC）在亚太地区实现自由贸易和投资这一长期目标迈进，它们也很希望中国能够参与到与 TPP 成员国的新一轮贸易谈判中。反过来，维持与 TPP 市场的良好联系也给中国带来了利益：将那些在接下来的一年能够较好地加入谈判的国家包括在内（2012 年有墨西哥和加拿大，2013 年可能有日本和韩国），TPP 市场涵盖了中国商品贸易的 40%。APEC 领导人致力于长期一体化战略，中国的参与对于这一主动行动的长期可行性来说的确至关重要。

　　短期内，中国可能在与 TPP 成员国接洽之前寻求并深化其与亚洲邻国的联系。这是中国出于政治优先性考虑的结果，也是因为它缺乏寻求一个全面贸易协定的准备和意愿。

　　一个高标准的 21 世纪的贸易协定比在亚洲国家间形成的贸易协定更加

全面、更具法律效力。一些观察者认为 TPP 成员国实际上倾向于将中国排除在它们的一体化协定之外。他们争论说，在国内政策的透明性和政府介入纪律的严苛性上，门槛会被设定得很高。其他人则将这一论证向前推进了一步，声称美国正试图将中国挤出 TPP，并努力"遏制中国"以降低中国在该区域的经济和政治影响。

对于那些习惯听到美国官员责难不公平的中国贸易行为的人来说，听到对美国试图通过巩固与中国邻国的全面贸易协定以"遏制"或"包围"中国的谴责，似乎有些不太适应。美国的贸易官员显然更喜欢谈论美国对中国的贸易执法行动，而不喜欢把中国纳入亚太地区的"自由贸易"谈判中。而且，鉴于新的国际贸易执法中心已经建立起来并开始运作，他们会比以往更加强调贸易诉讼。

我们没有看到能够证明中国正作为一个更广泛的遏制战略的一部分而被排除出去的证据。但如果所谓的"遏制战略"继续被谈论下去，就必须要有一个简短的反驳了。

遏制论是站不住脚的，这有以下几个原因。首先，最显然的，无论是在经济上还是政治上，一个贸易协定根本就不可能"遏制"住一个大国。其次，美国政府需要中国的合作，以应对世界经济所面临的无数问题以及由亚洲新兴核国家带来的安全挑战。两国需要齐心协力，因此，就必须处理由它们商业联系广度和深度的拓展所带来的不可避免的摩擦。最后，亚洲也没有任何一个国家想要遏制中国。在过去几十年中，亚太地区实现的贸易和投资一体化惠及了所有 TPP 成员国，即使这会给各国本土的制造业造成强有力的挑战。正确的应对方法应该是利用贸易协定，配合本国的经济改革，提升当地产业生产率，从而更好地在国内外与中国企业竞争。

在任何情况下，中国都不准备实施和执行正在 TPP 谈判中的那类义务。因此，至少在目前看来，有关封锁中国参与谈判的通道的提法，都是没有实际意义的。

但是，由于中国加入世界贸易组织（WTO）后进行了广泛改革，以及参与了许多优惠贸易协议，横在中国和预期达成的 TPP 协议之间的鸿沟不是不可逾越的。

中国需要进行大量改革以加入 WTO，因此，相比大多数发展中国家，其边界壁垒的约束性更小。然而，能影响贸易和投资的政府政策的透明性问题、国内政策和管制的不透明和歧视性问题、扭曲的生产补贴和汇率管理问题等，都是中国加入 TPP 的明显障碍。

其次，中国已经和 9 个 TPP 成员国当中的 4 个国家（智利、新西兰、秘鲁和新加坡）达成了贸易协定，与东盟成员国则有更广泛的协议，并与澳大利亚有正在进行中的谈判。可以肯定的是，在覆盖范围的广度和改革深度方面，这些自由贸易协定（FTAs）质量参差不齐（虽然最近与新西兰的协定扩大了服务的覆盖范围，并且包含了对一系列国内政策的约束）。展望未来，从 2012 年 5 月开始的与韩国的 FTA 谈判，也应会推进中国的改革，即使这一合约不太可能像韩国与美国和欧盟的 FTA 那样全面。再加上可能的与日本和韩国的三边谈判，这些都有助于中国在中期与 TPP 协议国建立更为实质性的联系。

但中国最终是否会选择加入 TPP，为 APEC 长久以来致力打造的亚太自由贸易区（FTAAP）开路，仍是个未知数。我们怀疑中国和美国可能会出于自身政治原因和经济目标的考虑，以一种混合的方法来融合 TPP 中的元素，并以一种亚洲内部的路径来实现贸易一体化。这种协议可以建成 FTAAP，将其作为区域内一体化硬条约和软条约的保护伞，并在不削弱 TPP 带给各协议国贸易和投资的活力的前提下，将这两大经济力量联结起来。

总而言之，就融入 TPP 的标准和规范这一点来说，中国是有进展的。然而，它仍需努力执行有效的贸易政策和国内改革，以遵从一系列能够被 TPP 协议国接纳的责任。而在初始 TPP 协议被签署和执行之前，中国还没有准备好这样做。大多数 TPP 成员国的期望是这样的：在接下来的几十年中，中国能以一种更为广泛的亚太贸易体制加入 TPP，加速 APEC 所期望的 FTAAP 的实现。

本文原题名为 "The Trans – Pacific Partnership：Whither China？"。本文作者为 PIIE 研究员。本文于 2012 年 8 月 13 日刊于 PIIE 网站。

导读◀◀

吸引外资并鼓励出口是中国改革开放以来的重要政策，但这其中包含着大量出口补贴，也多次因此招致其他国家的抗议。本文分析认为，中国的出口补贴和传统补贴不同，更倾向于补贴纯出口商，也就是将大部分产品销往海外的企业。这一政策在鼓励出口的同时，也变相保护了国内的低效企业。

中国的纯出口商补贴：出口导向型保护主义

文 Fabrice Defever and Alejandro Riaño 编译 陈博

在过去的 10 年里，尽管美国、欧盟、加拿大和其他国家一再对中国的出口补贴提出质疑，但总体而言，外界对整个补贴体系的认识依然不甚清晰。特别是很多人并不知道这些补贴往往是和公司的性质挂钩的。不少补贴只专门针对那些大部分产品都用来出口的企业。这类补贴可以被称为纯出口商补贴。

纯出口商补贴

这样的政策使得不少中国制造业公司将它们大部分甚至全部产品出口到国外。2000~2006 年，超过 1/3 的中国制造业出口公司将它们 90% 或以上的产品出口。相比之下，从图 1 可见，不到 2% 的法国出口企业有这样的出口强度。根据 Bernard 等人在 2003 年的测算，美国的这个数字仅为 0.7%。

纯出口商补贴的影响

这类补贴不但鼓励出口，同时，它还保护了中国的国内企业，使之免于国际竞争。这和传统的出口补贴不同。

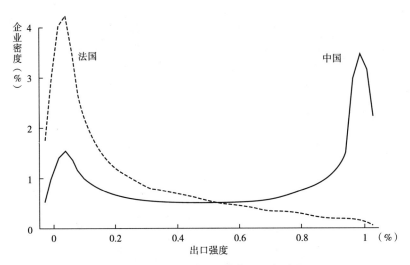

图 1   中国和法国企业的出口强度对比

在中国向市场经济转型的过程中，鼓励出口的同时保护国内市场，使之免受国际竞争的影响一直是中国政策的基石之一。从 20 世纪 70 年代起，中国一直被认为实行了贸易双轨制。在这个制度下，出口导向型企业和高度受保护的国内市场并行。Feenstra 在 1998 年的论文中将其描述为经济上的"一国两制"。

从根本上来说，这个体制使得中国国内消费者面临更高的商品价格，而海外消费者则能够享受到便宜的受补贴产品。我们的研究显示，取消这些补贴能使中国的福利提升 3%，而其他国家则下降 1%。

哪些企业受益于这类补贴？

由于这类补贴为数众多，而且其中一些为期短暂，使得我们很难描绘出整个补贴体系。但我们确定了三种公司类型。根据中国 2000～2006 年实行的法律法规，这三类公司是最有可能受到优惠待遇的。但这要求它们必须出口自己所生产的大部分商品。它们包括外商投资企业、专业出口公司（比如加工贸易企业）和自由贸易区内的私营企业。

表 1 是 1991～2008 年各类企业的营业税水平。可以看到税收体系明显有利于纯出口商。对于境内的中国企业，法律上规定的营业税率是 30%。但外商投资企业只要出口超过 70% 的产品，就能享受到 15% 的低税率。如果这些企业坐落在自由贸易区内，它们的税率更是低至 10%。甚至对于中国企

业来说，只要出口强度大于70%，同时位于自由贸易区内，它们就能享受到10%的低税率，无论它们的产权结构是怎样的。

表1　中国企业营业税（1991～2008年）

单位：%

出口/销售额比例	国内税率	自由贸易区	
		经济特区	沿海开发区
境外投资企业			
高于70	30	15	24
低于70	15	10	10
生产企业			
高于70	30	15	15
低于70	30	10	10

另一个例子是出口加工企业。它们的国内销售面临严格限制。它们能够从海外进口零关税产品，只要这些原材料是用来加工并出口的。一旦这些产品在国内销售的话，它们就要缴纳关税以及增值税。更重要的是，它们必须从省级商业主管部门和海关获取进口许可证。如果不成功的话，它们很可能将面临产品价格30%～100%的罚款。

公司层面的证据

在我们的数据中，上述三种受益企业的出口量占所有企业出口的90%。图2显示了这三种企业的出口强度分布，以及除它们以外其他企业（不在自由贸易区内，也不属于外商投资或加工企业）的情况。纯出口商在加工贸易企业中最为多见。而对于外商投资和自由贸易区内的企业来说，出口和内销的比例相对平衡。而这三类之外的企业和其他国家所观察到的情况类似，只出口很小一部分产品。

新形式的保护主义

通过吸引跨国企业落地并鼓励它们出口，中国保护了国内的低效率企业并且促进了出口。鼓励出口加工企业和设立自由贸易区也是为了同样的目的。

相比之下，传统的出口补贴形式会使国内企业在出口企业扩张的时候受

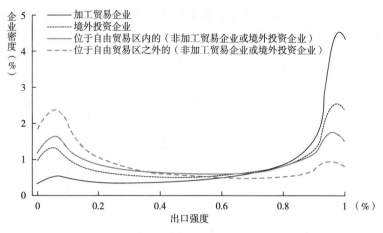

图 2　各类企业的出口强度

到威胁。例如，后者中效率最低的企业会退出出口市场，转向内销市场。

而纯出口商补贴在促进出口的同时也保护了效率低下的内销企业。另外，中国的消费者在这个政策之下受到了负面影响。为了提供补贴，消费者的总体支出下降了，并面临着更少的选择和更高的价格。而其他国家的消费者能够选择更多更便宜的商品。取消这些补贴有助于提高中国消费者的福利，但会使海外消费者面临更高的价格。

"十二五"规划的一个主要目标就是提振内需。而取消纯出口补贴将会是这个转型重要的第一步。

　　本文原题名为 "China's pure exporter subsidies：Protectionism by exporting"。作者为诺丁汉大学学者，该文章于 2013 年 1 月 4 日刊于 VOX 经济评论网站。

导读 ◀◀

　　通过厘清中欧光伏争端的来龙去脉，本文深入分析了这场争端背后欧盟和中国之间的冲突，以及欧盟成员国和欧盟委员会之间的冲突。

中欧光伏贸易争端：说辞与现实

文 Simon J. Evenett　**编译** 朱振鑫

　　2012 年 6 月 25 日，代表约 20 家光伏产品生产商的欧洲光伏制造商联盟（EU ProSun）提出申诉，随后欧盟委员会于 9 月 6 日正式对中国光伏产品发起反倾销调查。9 个月后的今天，欧委会可能将对中国光伏产品征收 47% 的临时关税。和其他金额较小的反倾销案不同，2011 年中国对欧光伏出口额高达 210 亿欧元。

　　德国、英国等 17 个成员投了反对票。尽管欧盟征收临时关税时不需要成员国同意，但 12 月 6 日关税终裁时仍需要成员国同意。美国已于 2012 年开始对从中国进口的光伏产品征收关税。

　　近年来，很少有贸易争端引起这么大的关注。李克强访问欧洲时，表示坚决反对这一决定。默克尔也表示"将尽一切努力避免征收关税……（因为）这不符合我们的信条"。法国工业部长持不同态度，他认为"使用保护主义的国家需要接受对等的待遇，中国就是其中一个"。欧委会贸易代表 De Gucht 表示"中国人对成员国施压对我不起作用"。中国欧盟商会发布报告称，中国政策已使欧盟企业的销售额损失了 175 亿欧元。

　　我们应如何看待这场争端？大家的说辞符合现实吗？有什么新现象？

中国：违规者？受害者？两者兼有？

　　欧委会表示，中国光伏产业的倾销不是孤立的问题，而是政府广泛干预经济的后果。贸易代表 De Gucht 在各种演讲中强调这一点。他最近表示：

"中国的很多行业都存在倾销，只要看一下中国的五年计划就能发现不少。""这件事情关系到中国是否尊重一系列公平竞争的规则和惯例，关系到我们能否接受他们任意地倾销。"

这种观点有些站不住脚，因为欧盟也干了很多以邻为壑的事。2008年以来，欧盟及各成员国共实施了116项损害中国商业利益的举措，现在只有16项已被废除。尤其有趣的是，这些措施中有50项涉及对欧洲企业的不合理贸易补贴。

从很多方面来看，欧盟政府对私人企业的支持和中国很像。欧盟的补贴不局限于某一行业，也不一定透明。比如，汽车购置上的优惠融资条件是一个重要的竞争优势，这使某些领先的汽车制造商可以依靠自己内部的银行，以很低的利率从欧央行借款。最近，法国政府进一步为 Banque PSA Group 提供担保，该银行主要向标志及雪铁龙提供融资服务，政府担保可使其为购车者提供优厚的贷款条件。

和在中国一样，欧盟各国政府对企业的支持来自很多方面，包括对银行进行不透明的政府干预。欧盟的法规对政府援助几乎没有限制。说这些并不是为了否认中国政府的干预，但是作为独立的观察者应该质问："欧盟是不是在以五十步笑百步？"如果中国政府不顾及情面，大可拿欧盟的干预做文章。

欧盟的贸易政策：团结力量大？

通常认为，欧盟在贸易政策上是一个鼻孔出气。但实际上并不是。尽管欧盟委员会负责牵头，但很多关键议程仍需要经过成员国同意。成员国否决欧委会的提议并非没有先例。2013年5月21日，各成员国就否决了一项对从马来西亚、中国台湾、泰国、印度和印度尼西亚进口的 PET（一种称为聚对苯二甲酸乙二醇酯的塑料材料）征收关税的提案。

此外，研究表明，这种机制可以使成员国发挥更大的影响力，也间接为贸易伙伴国政府影响欧委会贸易政策创造了条件。通过整理 1991~2003 年的反倾销案投票数据，Evenett 和 Vermuslt（2005）发现，最初的 15 个欧盟成员分化成了三组。

第一组：葡萄牙、法国、意大利、希腊和西班牙在 85% 的情况下都支持限制进口。第二组：英国、卢森堡、荷兰、芬兰、德国、瑞典和丹麦最多只以 1/6 的概率支持进口限制。第三组：比利时、奥地利和爱尔兰的投票倾向摇摆不定，它们的投票大多是为了换取更广泛的外交利益（见图 1）。

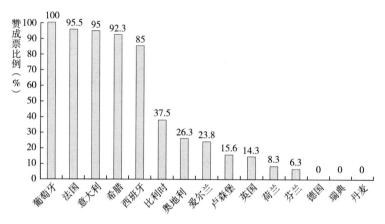

图1　欧盟成员国对限制倾销品进口的投票情况

各成员国之间的分化由来已久。这表明欧盟的反倾销政策主要受政治因素影响，技术层面的影响因素只是次要的，这和官方希望外界想象的样子不太一样。

Evenett 和 Vermlust（2005）还描述了欧委会拉拢成员支持的六个步骤。该研究重点强调了布鲁塞尔的闭门磋商会议——从研究结果看，虽然对初裁结果的报道显示，有如此之多的成员反对征收光伏反倾销税，但这并不意味着欧委会没有能力在终裁前争取到必要的支持。同样，面临反倾销税的贸易伙伴也并非无计可施。作者列出了他们可能为此采取的八种战术，包括直接游说成员。

随着中国越来越强大，欧盟也越来越担心关税会引发贸易报复。实际上，在 2013 年 5 月 27 日中国商务部副部长与欧委会贸易代表 De Gucht 的会谈中，中国派到布鲁塞尔的代表已发表了如下声明："如果欧盟临时征关税，发起对中国无线通信网络的调查，中国政府不会袖手旁观，我们将采取必要的措施捍卫国家利益。尽管中欧双边贸易争端正在扩大升级，但中国政府仍将尽最大努力，力求达成共识、避免贸易战，但这需要欧盟方面保持克制、加强合作。"

言辞强硬，但仅是恐吓吗？最近，有研究分析了中欧外交关系对欧盟成员对华出口份额的影响。与大家担心报复的心态相反，那些总是向欧委会申诉中国倾销的欧盟成员——在其他条件相同下——对华出口份额反而更高。此外，派部长出访北京较多的成员出口份额也相对较高。对中国采取"双重人格"的策略看上去很奏效（Evenett, Fritz and Wermelinger, 2013）。

未来，中国的贸易报复可能会更加强硬，欧洲企业可能已经成为主要目标——但是，就大家关心的总出口量来说，关于中国非公平贸易政策的申诉似乎是有好处的。所以，欧洲就不公平贸易案例进行的商业外交可能不仅限于中国的倾销与补贴。

不同寻常

在此案例中，与政策相关的三个问题浮出水面，这也是政府与分析师可能考虑的：

- 首先是关于供应链的问题。

考虑到购买光伏产品的欧盟企业竞争力将受进口关税的影响，反倾销是否符合政治逻辑？过去，政府一直希望牺牲最终消费者的福利换取不公平贸易，但若是牺牲了出口导向型企业呢？有人认为，拥有广泛供应链的产业只在保护主义中占很小一部分（Baldwin, 2010）。但是，光伏供应链背后的大规模贸易似乎并没有阻止欧盟和美国的反倾销行动。我们对危机时期保护主义的理解是否需要重新界定？

- 其次，除了发起双反调查，贸易大国是否有更好的方式应对不公平贸易？

金融危机时期，欧盟采取了广泛的干预措施，现在应该考虑如何逐步退出这些危机时期的干预，并采取更合理的替代政策。

- 最后，在光伏案中，西方试图阻止中国在全球公共品上免费搭车，比如开放的贸易体系。

这里又牵涉方法的问题。假设现在的双重策略——在自由贸易协定谈判中排除中国，同时有针对性地使用关税打击中国出口——促使中国寻求与欧美展开更广泛的谈判，结果会如何？西方确实没有办法在现行贸易规则下采取策略了吗？他们曾经从中获得了如此多的利益。中国是否会认为西方在虚张声势呢？

本文原题名为"China – EU solar panel trade dispute: Rhetoric versus reality"。本文作者为圣加伦大学经济学教授。本文于2013年6月5日刊于 VOX 网站。

导读 ◀◀

　　不久前，中印举行了双边经济战略对话。本文认为，在外交关系中，贸易状况的影响不容忽视。当前，中印贸易不平衡日益严重，对两国经济关系构成挑战。但印度也不难从中国发现机会，迎头赶上。

中印贸易：龙吃象还是象追龙？

文 Biswajit Dhar　**编译** 纪洋

　　在全球经济版图上，中国与印度的分量越来越重，两国关系也越来越重要。2012 年 11 月 26 日，第二次中印战略经济对话在印度新德里结束。媒体多以"龙象共舞"作为本次对话的主题，而本文将从数据出发，探讨究竟是"龙象共舞"，还是"龙象相争"。

贸易滚雪球

　　过去 10 年，中印官方曾试图达成"自由贸易协定"，但是民间阻力重重。印度商会担心中国的产品太便宜了，一旦中印之间的关税降低，印度产品将失去竞争力。印度还曾对中国发起一系列反倾销调查。最终"自由贸易协定"不了了之。

　　官方无法用"协定"加强两国经济联系，但无论关税怎样，两国之间的贸易量还是越来越大。10 年前，中印贸易额还不到 30 亿美元；而 2011 年，已经跃升到 756 亿美元，增长了 24 倍。从 2009 年开始，中国已经成为印度最大的贸易伙伴。目前，中印贸易占到印度总贸易量的 12%。

天平在倾斜

　　从贸易总量来看，中印似乎在跨进"龙象共舞"的时代，互通有无，携手共进。然而，若细看贸易结构，我们将发现其中的巨大隐忧。

按进出口的方向，中印贸易可以分成两部分：印度对中国的出口（即中国从印度的进口），中国对印度的出口（即印度从中国的进口）。中印贸易的增长，很大程度是源于后一部分。10年前，中国对印出口仅为20亿美元，2012年已涨至575亿美元，增长了28倍。与此相反，印度对中国的出口却停滞不前。这样一来，印度从中国的进口猛涨，对中国的出口不变，双边贸易不平衡就会迅速扩大。印度较高的贸易赤字充分说明了这一点：一方面，从绝对值来看，印度贸易赤字已达390亿美元，是印度对中国出口量的两倍有余；另一方面，从增长率来看，印度2011年的赤字水平，比一年前翻了一番，赤字扩大的速度实在令其寝食难安。

除了贸易量不平衡，两国贸易的商品结构也很不平衡。印度对中国出口的商品中，原材料和中间商品占到90%以上，换句话说，印度在为中国这个世界工厂准备原料，中国的产品附加值本来就不高，印度比中国更低。与此相反的是，在中国对印度的出口中，原材料和中间产品仅占不到40%。虽然这一比例十数年前也曾经高达70%，但自从中国限制原材料出口后，这一比例就飞速下降了。综合看来，印度就这样从中国进口高附加值产品，向中国出口低附加值产品。

上述两种不平衡相叠加，印度似乎无法从中国这里得到"双赢"。贸易关系作为两国经济联系最直接的信号，应该引起关注。贸易的不平衡，很容易导致双边关系紧张。重要的是，不少中国评论员也持同样观点。

挑战与机遇

然而，妄下结论，为时尚早。除了挑战，印度亦不难从中国找到机会。

2008年之后，中国开始反思自己的发展模式。单单靠出口来拉动增长，实在不可持续，再加上10年经济增长推高了中国工资，中国的出口竞争力必将下降，世界工厂早晚要迁址。而印度正是一个不错的备选基地。

在印度对中国出口中，虽然原材料与中间产品所占比例极大，但近几年里，原材料占比正在下降，中间产品占比正在上升，2008~2011年，中间产品比重已增加到占总产品的34%。这似乎说明，通过中国，印度正在越来越积极地参与到全球生产中。长此以往，印度或能成为第二个世界工厂，印度应该为即将到来的这种变化做好准备，以从中获得最大的利益。

本文原题名为"Managing India – China trade ties"。本文的作者为发展中国家科研与信息中心（Research and Information System for Developing Countries）主任。本文于 2012 年 12 月 3 日发表于 livemint 网站，后被智库 RIS 转载。

导读 ◀◀

　　PIIE（彼得森国际经济研究所）一直是人民币汇率问题坚定的批评者，但是，在危机发生之后，中国的经常账户顺差迅速修正，就连一向严苛的 PIIE 也不得不承认，人民币实在已经不应该被纳入严重低估的范畴。但是，汇率问题的偃旗息鼓并不意味着再无其他可批判的内容，本文就是一个全新的批判框架。

PIIE：没法让人民币升值了，可我们还有别的

文　Joseph E. Gagnon　编译　杨盼盼

四大法宝

　　美国经济要重回充分就业水平恐怕需要六年以上的时间，从奥巴马政府传来的尽是悲观的论调。在我们看来，美国刺激经济有四大法宝。

　　法宝一：在稳定通货膨胀前提下的宽松货币政策。

　　法宝二：在债务水平可持续的前提下采取扩张的财政政策。

　　法宝三：美联储干预外汇市场，积累外汇储备，使美元被低估，从而提升竞争力。

　　法宝四：严控资本的流入。

启动法宝三——美国也来操纵货币？

　　美国政府在法宝一和法宝二方面花去了多年精力，却收效甚微。是时候启动法宝三了。一国外汇储备的合意规模是三个月的进口值，据此，美国的外汇储备应达到 7000 亿美元，但是美国现在的外汇储备仅有 520 亿美元，

因此，通过干预外汇市场增加外汇储备不失为一个重要的选择。

美国的外汇储备主要包括欧元与日元，但是这两个地方的经济已经够糟糕了，如果再增持它们的货币作为外汇储备，势必遭到官方部门反对，因为这将带来欧元与日元的升值压力，进而挤压它们的出口。

另一个选择是买人民币，不过中国的资本市场开放十分有限，持有人民币资产很不容易。除人民币之外，没有哪个单一货币有如此之大的市场深度任由美国购买。

因此，我们提出，美国应当充实外汇储备一篮子货币，在这其中，可以包括丹麦、中国香港、马来西亚、新加坡、韩国、瑞士和中国台湾的货币，这些货币都是现今遭到操纵最严重的货币。除此之外，美国还应当向日本明确表示，如果日本央行继续放水，美国就将在外汇市场干预对冲日元的贬值。

启动法宝四——重回资本管制？

法宝四也该启动了。美国应当考虑对流入本国的资金征税或提出限制条款，特别是对中国这种官方操纵汇率还不让外国持有本国资产的国家。

这些政策将促进美国的就业。正如 G20 框架下领导人所敦促的，贸易顺差国应当更多地促进本国的消费和投资，别制造顺差来祸害别人了。

本文原题名为 "How the IMF Can Help Cut US Joblessness"。本文作者是彼得森国际经济研究所的研究员。本文于 2013 年 2 月刊于 Bloomberg 网站，并转载于 PIIE 网站。

导读 ◀◀

　　针对中国操控人民币汇率的控诉连年不断，但经济学理论指出，弱势货币并不必然表明汇率操控。中国经历着高速的经济增长，但其金融部门却相对落后，金融摩擦问题严重。同时，中国的储蓄率也居高不下。这样的国家往往难以具有强势货币。因此，与其控诉中国的汇率操控政策，不如帮助它实施扩大内需的宏观政策，促使人民币缓慢地进入升值通道。

与其控诉中国操纵汇率，不如帮助中国扩大内需

文 Philippe Bacchetta, Kenza Benhima and Yannick Kalantzis　编译 茅锐

　　在刚刚过去的美国总统选举中，中国又一次因为汇率操控问题成为被指责对象。事实上，有关中国央行通过外汇市场干预来维系人民币的低汇率，进而防止其大幅升值的批评可谓连年不断。当然，其间也不乏些许争议。这是因为，人们对人民币的低估和它应有的均衡水平看法不一。的确，要精确估算汇率低估程度和均衡汇率并非易事。但自 2005 年以来至今，人民币实际有效汇率的累计升值幅度已近40%。因此，人们有理由认为，中国的汇率低估问题已经有了明显的缓解。然而，不少批评家却并未因此松口。他们坚持认为人民币的汇率被严重低估，而汇率操控正是其背后的推手。

不一样的视角

　　人民币汇率真的因为政府操控而存在严重低估吗？许多经济学家对此并不认同。宋铮等人 2010 年发表在《美国经济评论》杂志上的一篇研究指出，中国庞大的外汇储备实际上反映了这个国家巨大的储蓄需求。而本国金融市场的不完备性正是造成中国不得不诉诸国外储蓄的原因。我们在最近的一篇

工作论文中也采用了类似的视角。但我们的主要目的在于考察像中国这样的国家，应当如何制定最优的汇率政策。我们假设经济是半开放的。其中，私人部门面临资本管制，而中央银行则能自由进入国际资本市场。我们还假定经济快速增长，并且存在信贷约束。我们证明了，此时中央银行的最佳政策正是通过积累外汇储备来帮助私人部门克服信贷约束，为经济增长积累资本。

不过，我们并不认为中国应当始终奉行这一政策。由于在经济增长的过程中，信贷约束所导致的外资需求越来越少，中国最优的储蓄率将不断下降。因此，央行也必须逐渐减少汇率干预、放缓储备累积，以避免形成过多的储蓄。与此同时，人民币汇率也将缓慢升值。需要注意的是，这与传统的"巴拉萨－萨缪尔森效应"有所不同。在"巴拉萨－萨缪尔森效应"中，汇率升值的主要动力来自可贸易品部门与不可贸易品部门之间相对生产力的变化。而在我们的理论中，汇率升值则来自储蓄率的变化。

资本管制、外汇储备与实际汇率

经济学家普遍认为，如果一个国家具有很强的储蓄意愿，那么其消费需求就较低，进而压低物价，造成实际汇率贬值。因此，中国长期偏低的实际汇率并不必然是由政策操纵导致的。如果仅仅依靠压低汇率刺激出口，那么国内经济就会过热，导致物价上涨，并将最终实际汇率重新推升至均衡水平。但在中国这样的国家中，对外储蓄是由中央银行通过外汇储备这样的形式实现的。这如何能够影响国内消费与储蓄呢？问题的关键就在于中央银行的资产负债表。在会计意义上，中央银行的外汇资产同时必然对应于它的国内负债。而其国内负债又必然同时是国内私人部门的资产。因此，通过增持外汇储备，中央银行实际上迫使私人部门增加了储蓄。但是，中央银行强烈的储蓄倾向是否会抵消私人部门的储蓄意愿呢？由于私人部门面临资本管制，并不能直接将中央银行的外汇储备作为资本积累，因此答案是否定的。这样，中央银行的高储蓄倾向就会造成汇率低估。

值得进一步探讨的问题是，中央银行的储蓄动机是否合理？显然，如果由于信贷约束，私人部门难以取得足够的资本，那么中央银行通过增持储备来迫使私人部门增加储蓄，从而放松信贷约束的限制就是有益的。具体来说，我们不妨考虑私人部门中存在储蓄者和借款者两类群体。他们的身份并不是固定不变的。当储蓄者的收入降低时，他们就会成为借款者。反之，当借款者的收入提高时，他们就会成为储蓄者。由于存在信贷约束，借款者能够借得的资金将低于其所希望的水平。因此，人们倾向于在收入较高时增加储蓄，以便在收入降低时，弥补借款的不足。但由于国内信贷面临约束，同时又无法直接对外储蓄，储蓄者并没有足够的渠道增加储蓄规模。这时，中央银行如果愿意增持外汇储备，就正好能够满足他们的储蓄需求。因此，对私人部门也是有益的。

尽管增持外汇储备压低了当期的实际汇率，但储蓄的提高将增加人们未来的收入水平，从而推动实际汇率在长期中缓慢升值。就中国而言，由于其经济增速在改革开放后明显加快，信贷约束对私人部门储蓄意愿的抑制作用因而迅速加大。因此，中央银行有必要通过增加外汇储备，为私人部门提供额外的储蓄渠道。但在长期中，伴随收入水平的提高，信贷约束的作用将日趋减弱，中央银行因此也需要逐步放缓储备的积累速度，以免形成过度储蓄。在此过程中，人民币汇率将经历先迅速贬值、后缓慢升值的 U 形变化。

结论

我们的分析表明，实际汇率偏低并不必然反映出汇率操纵。对一个快速增长但同时面临信贷约束和资本管制的国家而言，私人部门存在着强烈的储蓄需求。这时，中央银行的外汇储备正好为其提供了额外的储蓄渠道。因此，由此形成的汇率低估也是有益的。但在长期中，随着收入水平的提高，储蓄意愿将逐渐减退。因此，中央银行应当适时适度地退出储备积累的通道，允许汇率逐渐回升。有鉴于此，其他国家与其控诉中国的汇率操控政策，不如帮助它切实推行扩大内需的政策。这将有助于降低中国的储蓄意愿，自然而然地推动人民币升值。

本文原题名为"The appreciating Renminbi"。本文作者 Philippe Bacchetta 是洛桑大学的经济学教授，Kenza Benhima 是洛桑大学的助理教授，Yannick Kalantzis 是法国银行的经济学家。本文于 2013 年 1 月刊于 VOX 网站。

导读 ◄◄

　　近来日本激进的量化宽松引发了不少对于中国经济可能受损的担忧。本文从金融和贸易领域出发，认为日本量宽对中国跨境资本流动的影响不大，对贸易的影响甚至可能因为日本内需复苏而为正。

中国无须担忧日本量宽

文 Ryan Rutkowski　**编译** 黄懿杰

　　近来对中国经济受日本量宽影响的担心与日俱增，有评论指出中国是安倍经济学的受害者，但这些担忧都不对。IMF 于 2013 年 4 月份发布的《亚太经济展望》（*Asia Pacific Economic Outlook*）中指出日本的新政策对亚洲经济体可能有两大影响——金融溢出和贸易溢出，而两个渠道对中国都不坏。

　　首先，有人担忧日本的量化宽松可能导致资金频繁进出其他亚洲经济体，中国可能最容易受到影响，理由是人民币是亚洲 2013 年上涨最快的货币，在日元贬值 10.8% 的同时升值了 1.4%。中国通货膨胀水平较低，而利率水平（用 10 年期国债收益率作为标准）则在这一地区最具吸引力（见表 1）。但对投机资本涌入中国的恐惧被过分夸大了。中国外汇管理局控制了跨境资本流动的规模和方向。短期的外国资本投资被 QFII 和 RQFII 账户所控制。这些账户虽然迅速膨胀，但仍然在沪市和深市市值的 0.9% 以下。同时，中国央行和国务院仍在实施 2010 年启动的宏观审慎控制，严格控制投机资本对资产价格产生的影响。但这不意味着中国对资本流入百毒不侵。外汇管理局最近开始采取扩大出口金额的措施，从而管理非法流入的资金。同时，虽然央行可以通过在回购市场采取措施，甚至提高存款储备金率来管理由资本流入/流出带来的流动性问题，但境外资金流动的不确定性会使得货币政策目标复杂化。例如，有人指出目前中国银行间市场的流动性短缺就是源于对境外资本流入的过度估计。不过，与其他亚洲国家相比，中国能更好地处理类似问题。

表1　2013年6月亚洲各经济体的实际利率

单位：%

	10年期国债收益率	兑美元升值	最近的通货膨胀	以美元计价回报
中　　国	3.5	1.45	2.1	2.81
印度尼西亚	6.5	0.11	5.47	1.16
泰　　国	4.0	-1.47	2.27	0.22
马来西亚	3.5	-1.60	1.7	0.17
新　加　坡	2.2	-1.67	1.5	-0.98
中国香港	1.6	-0.11	4.0	-2.50
韩　　国	3.3	-5.09	1.0	-2.78
日　　本	0.9	-10.82	-0.7	-9.23

其次，对于中国的贸易冲击也很有限。日本量宽的副产品——贬值的日元——可能会降低日本最终产品出口对手的竞争力。中国努力提升高附加值部门的竞争力，如汽车、造船、钢铁、交通设备和重型机械。IMF的贸易相似度显示，2008年日本是中国的第七大竞争对手，而1995年为第二十五位。但日本还不是中国出口的直接对手，中国的竞争对手是马来西亚、泰国和意大利。如果有谁需要担心日本量宽的影响，那也应该是韩国，它是日本的直接竞争对手。如果考虑日本在制造品出口上与中国进行竞争，中国的实际工资仍然显著低于日本，2011年日本的制造业工人平均工资是中国的10.5倍。虽然日本工人的效率更高，但2011年由日本生产力中心（Japanese Productivity Center）发布的生产率国际比较数据显示，日本制造业工人的效率仅为中国工人的5.6倍。生产率的优势难以弥补工资的巨大差异，因此中国制造业仍然有巨大的成本优势。

日本量宽对中国净影响可能是正面的。日本是中国的第三大出口目的国，其最近的疲软导致中国出口受到影响。2012年以来，中国对日本的出口下降了8.8%。如果量化宽松能够修复日本国内需求，这也许能稳定中国不断下降的出口增速。同时，对于中国那样从日本进口中间品的国家，弱势的日元能够增加出口利润。IMF的一篇工作论文指出，日本的附加值对中国出口的贡献最大，2005年对中国增加值的贡献为4.7个百分点。

目前亚太地区最大的风险并不是日本的量化宽松，而是中国不断放缓的投资增速。2012 年 11 月在 IMF 发布的一篇工作论文指出中国存在过度投资，需要将投资占 GDP 比重降低 10 个百分点，从而将投资增速拉回"正常"水平，达到再平衡状态。如果对投资减缓的节奏管理不当，将有可能对向中国出口的国家造成显著影响。IMF 发现，如果中国的国内固定资产投资降低 10 个百分点，亚洲的总产出将降低 0.5 ~ 2 个百分点。而日本作为中国的主要出口国，受到的冲击将最为严重，2 年内实际 GDP 可能将降低 2.28 个百分点。

本文原题名为"Why China Does Not Need to Worry About Japanese QE"。作者 Ryan Rutkowski 为彼得森国际经济研究所（PIIE）的研究助理。本文于 2013 年 6 月 17 日发表于 PIIE 网站。

导读 ◀◀

　　12 月 8 日，中国企业迄今为止最大海外收购案尘埃落定，中海油以 151 亿美元收购加拿大油砂运营商尼克森公司。然而，收购过程满是波折。当成功的结果突然降临，我们看到的似乎不是"我家大门常打开"的加拿大，而是一个忧心忡忡的加拿大，正摆手说道"下不为例"。

中海油收购加拿大能源公司：美好结局与悲惨续集

文 David Ljunggren 编译 纪洋

　　尼克森公司是加拿大的一家能源企业，其规模不算最大，却也是数得着的。2012 年 7 月，中海油宣布将收购这家公司，并给出远高于市场的收购报价——151 亿美元。故事就从这里开始。

过程曲折，结果胜利

　　两个月后的 9 月份，加拿大安全情报局提出警告，认为上述收购可能威胁国家安全。10 月份，美国立法机构也友情提醒，希望加拿大对中国加倍小心。知情人士分析道，加拿大情报局不希望中国来投资能源。就像担心华为、中兴会窃听情报一样，他们同样担心中国掌握加拿大的能源命脉。这样一来，中海油的收购申请就悬而不决、久批不下。

　　到了 12 月份，将收购审批延期了两次之后，加拿大政府最终还是批准了这项收购。外界猜测有三方面原因：其一，加拿大总理 2012 年一直在高调推进中加关系；其二，尼克森公司大部分资产不在加拿大本土，业绩也表现平平；其三，中海油的确给出了足够高的价格。

最后一次，下不为例

　　也有知情人士评论，情报局并不完全针对这次收购，而是希望政府在所有中国收购里都有所提防。让情报局忧心的不只是能源，从知识产权、国家间谍、黑客袭击到各产业控制权，都让情报局神经紧张。

那如何确保国家安全呢？一个对策是把关键部门通盘国有化，但加拿大的政治思潮并不支持这种做法。因此，唯一的办法就是严格限制海外收购了。

加拿大正是这么做的。在批准收购的同时，加拿大出台了极为苛刻的海外对加投资条例，并表示以后将禁止类似收购。

高价易出，信任难买

这份条例的出台，意味着又一个西方国家开始对中国收购说 NO。西方世界对中国的抵触从何而来呢？让我们细看一下美国对加拿大的提醒：美国并没有直接提到中海油，而是告诫加拿大别忘了华为，别忘了中国企业的另一面。那么，华为的种种遭遇，似乎比中海油更值得思考。

作为中国民营电信运营商，华为是最早展开海外收购的企业之一。它在亚洲、非洲、欧洲、美洲都有成功案例。21 世纪初，华为拿下非洲、拉美市场后，开始主要进军欧美市场，却遇到了难以想象的抵触情绪。

欧美政府一次次干涉、禁止华为收购本土企业，中外媒体也对此进行过激烈讨论。究其原因，不外乎以下几点：其一，从表面看，华为一把手任正非有从军经历，欧美怀疑他与中国军方牵扯不清；其二，华为越做越大，却迟迟不肯上市，财务状况从不公开，欧美怀疑它与中国政府关系特殊，拥有政府的特别资助；其三，中国金融发展相对滞后，中小企业融资困难，地方政府权力较大，因此欧美怀疑中国的优秀企业均有政府撑腰，相关交易都不是单纯的商业目的。纵观中国海外收购的种种波折，从华为、中兴等电信企业，到中海油、中石油等能源企业，其屡遭挫折的深层原因，都可以追根到西方世界对中国商业环境的不信任，对中国收购目的的不信任。

如此局面下，中国企业收购价再高，也难以改变分毫。中国政府似乎应有所作为。

美好结局，悲惨续集

中海油收购案以举国欢庆收尾，中国媒体大多以"成功完成最大海外收购"作为新闻标题。然而，结局并没有看上去那么美好。

　　这次收购的副产品是加拿大新出台的海外对加投资条例。按照条例规定，对于加拿大油砂资产——全球第三大原油储备，外国国有企业再也不能购买50%以上的股份；疑似与外国政府有关联的非国有企业也要接受额外审查。如同加拿大情报局年度报告所言，在加拿大国家安全与信息安全问题上，宁可加倍小心，也不能马虎放过。

　　这不由让人想起一句话："宁可错杀一千，也不放过一个。"美好结局之后，接下来是如此续集。

　　本文原题名为"Security fears dogged Canada debate on China energy bid"。本文的作者为路透社撰稿人。本文于2012年12月23日发表于CNBC网站，后被智库CIGI转载。

导读 ◀◀

　　过去30年，中国的增长神话令世人瞩目。今日，金融危机阴魂不散，中国经济"硬着陆"的议论犹存。十八大是带来了新希望，还是延续了旧怀疑？在全球的纷纷议论中，本文喊出了澳大利亚的声音。本文认为，中国经济的诸多隐患已逐一显现，国企过多、人口老化、内需无力等，必须尽快动手改革；若仍被既得利益群体束手束脚，恐怕夜长梦多。

重塑中国传奇

文 Edward Fang　**编译** 纪洋

　　10年一次的领导人换届，已在中国落下帷幕。未来将是大刀阔斧的改革壮举，还是谨小慎微的保守路线？此时众说纷纭。

　　中国的沉疴痼疾已不容忽视，底层社会蠢蠢欲动，官方民间互不信任。在此背景下，保守派倡议回到"毛时代"，用"大锅饭"消除分配问题，用"大政府"做好社会保障；而改革派嗤之以鼻，他们认为，正是政府对经济的过度干预，才造成资源配置与经济增长的种种扭曲，如果再扩大政府权力，无异于火上浇油。

　　尽管两派存在颇多分歧，但他们对以下事实并无异议：中国经济正在减速，社会问题正在酝酿，未来10年里，新的领导层重任在肩，着实不易。

沉疴痼疾

　　过去10年里，两位数的经济增速掩盖了中国的经济结构问题。现在，增速放缓，水落石出，那些潜伏多年的沉疴痼疾再无藏身之处，残酷的真相大白于世。汇丰中国PMI已经连续12个月低于50，显示中国制造业持续收缩。如果中国经济不想撞上冰山，就应搁置两派纷争，船上水手团结起来，一起转舵。再不行动，只怕必死无疑。

沉疴痼疾何在？

首先，国有企业在中国占比极大。这些经济怪兽体型庞大，效率低下，却得到政府额外资助，有便捷的融资渠道，有特许的垄断市场。自由竞争的规则、资本累积的过程，都被它们扰乱。在经济世界中，它们耗氧量太大，其他企业几欲窒息。

其次，中国经济长期依赖出口与投资，内需贡献极小。过去10年里，GDP平均增速是10.5%，劳动生产率不断提高，但工资涨势微弱，消费占GDP的比例从45%收缩到35%。随着中国人口红利的消失、人均工资的提高、外部需求的减弱，由出口转向内需才能保证持续发展。

再次，中国未富先老。2015～2030年，根据《华尔街日报》的估算，中国将减少690万劳动力，劳动人口占比从72%减少到61%，整个国家的出口竞争力与社保体系都面临严峻挑战。

正如即将卸任的总理温家宝所总结的，中国经济不稳定、不平衡、不协调、不可持续。

不治恐深

纵然疾在腠理，不治恐深，中国却迟迟不动。究其原因，正是因为政治派系的纷争，领导层难以达成共识，既得利益群体拦路在前，改革举步维艰。以下药方恐怕人人皆知，何时煎药却无人敢言了：

首先，要想恢复经济平衡，刺激内需刻不容缓。政府应降低消费税，鼓励产品市场竞争，用市场力量压低物价，同时注意保障住房，控制房价。

其次，政府应减少对经济的干预，加深市场化程度，促进金融自由化，提高资本市场的效率，让资源自动流向有潜力的部门，减少对国有企业的庇护，增加对中小企业的支持。这样才能真正促进创新，提高产能，保障长期发展。

再次，重视社会改革与人力资本储备，特别保障医疗、教育与养老。这样便可减少社会紧张情绪，也能减少公民对未来的担心，从而降低储蓄，促进消费。

再塑传奇

耶鲁经济学教授理查德曾说,中国的增长神话举世瞩目,它在 30 年里实现的脱贫人数,比西方世界 100 年还要多。展望未来,希望中国克服惰性,痛下决心,克服挑战,再塑传奇。

本文原题名为"Revitalising the China story"。本文的作者为 CIS 的实习生。本文于 2012 年 11 月 27 日发表于该智库的专家评论栏。

导读 ◀◀

　　吴敬琏教授认为目前中国的改革已经走到了一个十字路口。政府对经济过多干涉，权力寻租猖獗以及经济发展过度依赖投资和出口都进一步加深了社会矛盾，也导致了民间左倾思想的抬头。评论者将吴敬琏的发言总结为：中国改革的核心在于经济结构的再平衡，金融领域很可能将成为改革的下一个突破口。

对中国改革前景的再思考

文　Wu Jinglan and Christopher Allsopp　编译　陈博

吴敬琏教授的发言

　　2008 年的全球金融危机对中国经济有着深远影响。一些社会矛盾在这个过程中暴露出来。中国必须进行进一步的经济和政治改革，并建立更具有包容性的制度来解决这些社会矛盾并保持经济的稳步发展。

　　中国过去 30 年的改革经验可以归结为以下几点。首先，改革和开放政策使中国经济走向了繁荣。其次，在计划经济体系之外，中国建立了市场经济制度。大量涌现出来的私营企业助推了中国经济的增长。再次，土地和劳动力的自由流动有助于资源的高效利用。最后，开放市场有助于中国企业通过引进外国设备和科技快速发展制造业。

　　然而，中国过去的改革并未取得全面成功。在现有制度下，国有经济依然占据统治地位。同时各级政府仍然保有土地和其他重要资源的分配权。在这样的环境下，中国的法治基础尚未建立，行政权力依然对经济活动有较大的干涉。

　　这使得中国经济进入了一个半市场半计划式的时代。这带来了两个主要后果：一方面，中国经济的发展难以摆脱对投资驱动的依赖；另一方面，权力寻租和腐败正不断侵蚀着社会整体。面对这样的现状，中国只有两个选择：政府逐渐减少干预，同时强化公共服务职能；或者政府进一步加强对经济的干预，并逐步走向国家资本主义。

中国的改革在进入 21 世纪以来有所停滞，并带来了显著的负面后果。资源短缺、环境污染和工人工资增长过慢都加深了社会矛盾。而长期的出口导向型政策更带来了宏观经济层面的问题。但在所有的恶果中，最严重的问题是政府的权力扩张和腐败加深形成了一个恶性循环。

民间对改革停滞的反应体现在极"左"思想的重现。随着腐败泛滥，贫富差距加深，"左"倾思想重新抬头，其中包括对富人的仇恨。

当然，近期中国也出现了一些向好的发展势头。比如，一些职业政治家利用群众和民族主义思想以获取权力的本色得以暴露。人们通过一系列事件发现，改革的共识正在逐步加强。同时，中央部委和一些地方政府已经开始探索改革的新契机。中共十八大后各界也初步达成了一些改革共识，尽管我们仍然缺乏长远的改革蓝图，道路是曲折的，但前途是光明的。

最后，随着中国的经济改革进一步加深，消费占比扩大，中国有望从一个世界工厂和出口商成为一个巨大的市场，为全球带来强劲的需求，有助于世界经济的稳步增长。

Christopher Allsopp 对吴敬琏教授的发言进行了评论

1991 年的时候我曾遇见过吴敬琏教授。那时候我们就在讨论中国未来的改革将何去何从。

我记得那时候提出的建议是对价格双轨制进行改革，进一步市场化，同时开放原材料市场，推进汇率和利率的自由化。这些在当时都是预示着改革将进一步前进的大动作。

我的感觉是，今天，吴教授教授在告诉我们中国需要新一轮的大幅度改革。而我们需要一张指引未来走向的蓝图。从一个经济学家的角度出发，我认为吴教授谈到的很多东西可以归结为中国经济的再平衡。包括沿海和内地，消费和投资，服务业，尤其是政府公共服务和工业部门的再平衡。对于任何经济体来说要完成这样的再平衡都是艰难的，却是势在必行的。目前中国可能更忙于应对近期出现的经济放缓。但依我来看，经济结构的再平衡对提振中国经济实际上是有帮助的。

改革的一个大问题是，一旦你推动了改革，是否就意味着对局势失去了控制？你是否还能留有足够的调控手段？金融领域的改革恰恰就是这个问题的集中体现。

金融改革很早就被提上了日程，但这些年来却进展甚微。其中一个原因是，如果政府对宏观经济没有很好的控制力，那金融自由化就会带来不稳定。西方经济体所经历的大衰退已经给出了很好的先例。

但有计划的监管放松和金融市场化依然是打造宏观调控工具的必由之路。即使当局不进行改革，市场迟早也会推动改革——因此，最好的办法还是主动推行改革，特别是在这样的一个紧要关头。中国正面临着抉择：是走向改革，还是走向官僚国家和国企经济？

我特别要提出的一点是国企目前有着大量的利润留存，同时它们并不对政府或者人民发放红利。因此，一个有效的调控工具就是让国有企业上缴所得税，在一定程度上交出多年积累的利润。这些额外税收可以用来支持农村发展、教育和卫生等服务。因此和很多国家不同，中国有着强大的财政潜力来帮助调整经济结构。

本文原题名为"Challenges for China's Economic Policy and System Reform"，是吴敬琏教授在 Chatham House 的讲座记录，同时包含了 Christopher Allsopp 的评论。Allsopp 是牛津能源研究所的主任。本文于 2012 年 12 月刊于 Chatham House 的网站。

全球智库观点（No.2）

聚焦中国 · 政治

导读 ◀◀

　　中国新领导层上任以来，采取了不少新的内政外交措施。这些措施的政治和经济影响如何？本文是悉尼大学教授兼皇家国际事务研究所研究员 Kerry Brown 向英国众议院外事委员会提交的报告，对这一问题进行了简要的回顾和分析。

中国新领导层的政治及经济影响

文　Kerry Brown　编译　彭成义

　　随着 2012 年 11 月中共十八大及 2013 年 3 月"两会"的胜利召开，中国新旧领导层实现顺利交接和过渡。新领导层的安排有四个比较直接的特征：第一，政治局常委由九位减至七位；第二，其中五位的年龄显示他们将在 2017 年十九大时退休；第三，其中四位被外界归入保守派阵营；第四，其中四位与中共元老有着直接的或姻亲的关系。政治局常委人数减少的原因不详，不过按官方的表述，新的领导层更容易团结和达成一致，并取得更大范围认可的正当性。

　　在领导层的活力方面，新领导层可以说拥有着广泛的人脉网络为支撑和后盾，尤其在党内。基本可以忽视关于党内左右之争；事实上，新选举的七常委显示了他们强大的人际关系，包括省级的、部级的、中央的和商界的。关于薄熙来及其他领导人之间斗争的谣言也基本高估了中国高层政治的操纵和控制能力，尽管家庭关系依然发挥着非常巨大的影响力。从七位新常委的履历看来，其中也有两个重要的特征：第一，他们都得益于现行体制并忠实于党的领导；第二，没有言行显示他们相信中国应该走西方式自由民主化的道路。此外，习近平比预期提前两年集党政军领导权于一身，这显示了精英层对新领导集体的信心和信任。

　　在外交和经济政策方面，新领导层进行重大改革的潜在收益不大。首先，对台政策预计不会有大的变化。在更广的外交方面，尽管表述方式会有调整，但是短期来看，新领导层的防卫性和过于执着自己主张的心态料将不会变化，并会向美国争取更多的战略空间。但是中国过去几年过于自信的和尖利的对外行为事实上让中国更加孤立，并让外界产生了一种对其意图模糊不清的感觉。中国新领导层急需要做的包括更清楚地阐述中国的意图和愿景，多元化其外交的联系。经济政策方面，新领导层的目标是到 2020 年 GDP 再翻番并让人均 GDP 达到 12000 美元，每年达到 7% 的经济增长率。这就需要调整经济的结构性失衡，比如内需不足、服务业占 GDP 比重太低、城乡比例太低及高投资等。当前五年计划对于绿色经济的承诺也是很值得关注的。尽管对绿色 GDP 的测量方法还不是很清晰，地方领导已经被明确告知它将成为硬指标。事实上，很有趣的是，中国并不像美国那样对气候变化有那么多怀疑和否定。自从哥本哈根联合国气候会议以来，中国在这方面的进展也是非常巨大的。现在摆在新领导层面前的难题是，如何在加速经济绿化的同时保持经济的高速增长。

那新任领导层从此次的交接与过渡中学到了什么呢？第一，透过薄熙来及其他一些高官的事件，中共已经发现其自我认知的道德形象与公众的认知之间有一些差距。第二，本为工农联盟代表的党如今已与既得利益集团产生了千丝万缕的联系，而新领导层反腐的决心或许也得面临这些现实的严峻考验。第三，新领导层需要在继承的总体结构性框架下活动，比如五年计划、十八大报告等，但是在微观方面则有不少创新空间，比如在改革会风、调整当前与群众的联系方面等。另外，党的意识形态不大可能被遗弃，但是新领导层可以将原来的意识形态表述得不同并且更加人性化一些。

总之，中国理工专家治国的时代已经过去，如今的领导层有政治科学家、历史学家、经济学家、律师及社会科学家。他们在国内地方从政的经历也很多元，但是其国际化背景并不高，只有张德江有在朝鲜学习的经历。这样一个领导团队注定将以内政为主，而不会过多涉入国际事务领域，后者被视为可能危害中国的国家利益。现在摆在新领导层面前的问题就是能否肩负全党的重托，成功应对中国当前面临的各种严峻挑战。他们或许会对如何改善国内治理方面的建议感兴趣，但是对于西藏、人权和政改等议题他们不大会去聆听外人的"训导"。他们对于国际关系的看法也会较上一届更有经济实力增强的底气，并希望得到他国更多应有的尊重。另外，中央委员会的结构并无变化，其组成也无太大差别。这些都显示，尽管新领导层表现出非常坚定的反腐决心，并采取新的经济政策和宣传话语，但是 21 世纪的中国共产党在其 70 多岁之际依然执着于自身的生存，并保留着高度谨慎和保守的性格。

本文原题名为 "The New Leadership in Beijing：Political and Economic Implications"。作者为悉尼大学教授兼皇家国际事务研究所研究员 Kerry Brown。本文是作者向英国众议院外事委员会提交的报告，于 2013 年 7 月发布于皇家国际事务研究所的网站。

导读

本文认为，中国对待区域和国际事务的态度越来越有前瞻性。与此同时，新领导层的现有态度与 20 世纪 90 年代以来的政策演化框架保持一致。可以预见的是，中国将保持一贯的开放和国际参与，而不太可能发生政策方向的急转弯。尽管如此，在保持框架一致的前提下，中国强调的重点发生了变化。随着经济影响力持续上升，中国给其他国家尤其是邻国带去了紧张情绪，这将是新任领导人处理国际事务中的主要挑战。

中国新领导层的国际事务态度

文 Tim Summers 编译 李想

中国近几十年来的快速经济增长对国际贸易和投资、大宗商品市场，以及能源和环境的冲击越来越深。现在，中国是世界最大的贸易国、最大的外汇储备国和第二大的经济体。这不仅改变了中国这个国家，也重塑了全球经济。与此同时，中国在全球政治、外交和文化方面的参与度也越来越高，其在全球热点问题上的立场备受重视，在联合国里也扮演着越来越活跃的角色。

随着中国完成至关重要的政治领导层过渡，有必要对其在国际事务上的态度及本质进行一番探讨。

领导层变动

中国最近的领导层变动是共产党十年一次的顶层权力交接。2012 年 11 月的十八大诞生了新一届中央政治局和中央政治局常委，习近平从胡锦涛那里接过了总书记的位置。2013 年 3 月的全国人大会议正式任命习近平为国家主席，李克强为总理。这些任命都是早有预兆的，因为两者都在 2007 年进入了中央政治局常委。而有些许意外的是，2012 年 11 月习近平还接替胡锦涛成为中央军委主席（胡锦涛 2002 年成为总书记，但直到 2004 年才成为军委主席），这使得他能够完全确保党的控制和军队的动向，进一步强化他的地位。在习近平的三个头衔（党中央书记、中央军委主席、国家主席）当中，虽然涉及外事访问和外交协议拟定时国家主席的名号会优先，但前两个才是最重要的。尽管如此，他的权力还是有制约的：在中国政治中共识至关重要，因此习近平需要创造共识以保障政策的落实。

这次过渡总的来说平稳并遵循既定安排，这就意味着政治的连续性，"十二五"规划和十八大报告中的战略顺序和政策目标都已经考虑到了这次领导层换届。

人大还任命了其他重要领域的关键领导人，其中就包括了外交事务领域的人事变动。杨洁篪从外交部部长提升至主管外交的国务委员，王毅接任外交部部长一职，后者是亚洲问题专家。常万全任国防部长。考虑到这些官员都称不上党内最高阶层，换届时有预测认为可能会由政治局来专门负责外交事务，但目前看来，杨洁篪已是负责外交事务的最高官员（低于政治局级别）。事实上也确实如此，在 2013 年 4 月 4 日与美国国务卿克里对话朝鲜问题的人就是杨洁篪，尽管从官员等级来看，他在中国的级别不足以与克里在美国的级别相匹配。

战略政策中对外交事务的表述

中国共产党关于国际政策战略框架的最新表述是在十八大会议上，这些表述保持了 20 多年来的高度连续性，同时也对国内外的新挑战作了回应。从 20 世纪 80 年来以来，经济发展就取代了毛时代的政治问题，成为党的中心工作。国际政策的主要目标也就顺理成章地变成了支持中国的经济和社会发展，同时也要坚守基本的政治红线，比如"一个中国"原则。政策启示包括：

- 渴望和平的国际环境；
- 利用外交来获取市场、资源和投资；
- 对既有国际体系的接受，包括经济全球化（最典型的例子就是 2001 年中国"入世"）；
- 渴望在国际社会上被认可为"负责任大国"；

● 在全球范围内的关系多样化，采取"全方位"的外交政策，为中国在全球的经济互动提供便利，淡化中国的崛起对某一个区域造成的冲击。

这意味着中国的国际事务态度将更多地交织经济、地缘、安全和资源问题。近几年，尤其是2008年经济危机以来，中国的国际政策有所转变，以下是一些值得注意的趋势。

第一，中国处理国际事务时越来越意识到权力中心逐渐由西向东转移，已经认识到美国和其他西方国家相对来说正在衰弱。这让中国在政策制定上更具自信。但需要注意的是，东移不仅仅是移向中国，还有亚洲和中东的许多国家。这与中国"世界正在多极化"的战略语言相契合。

第二，2008年的经济危机对"华盛顿共识"的经济治理模式造成冲击，这给"中国模式"的宣传营造了更大空间。经济治理的权力重心转移有一个明显的表现，这就是从G8到G20的转变。金砖国家也从单纯的结构性缩写成为商议全球动向和经济发展问题的新兴国家集团。国际货币基金组织和世界银行也面临巨大压力，中国政府在这些机构当中发声越来越多，并且在官方文件中给出了积极回应："积极参与全球经济治理。"

第三，多哈谈判的停滞和区域与双边自由贸易协定的扩散，意味着区域集团和机构正成为国际事务中的主角。中国也在积极寻求各种区域自由贸易协定，对于中国来说，世界正由国家群变成全球化之下的区域群。

中国经济发展的趋势引起了全球对中国崛起的紧张情绪，这种态度对中国领导层来说也是不小的挑战。此外，伴随着经济发展而来的对资源和市场的需求，进一步推动中国的国企和非国企"走出去"，在全球范围内寻求贸易和投资机会。而这些经济驱动力也对国际社会中的一些国家（比如伊朗）带去了紧张情绪。

十八大报告与国际事务

十八大报告可以被视为一个交接文件，它由当时的总书记胡锦涛发布，但据报道是由如今的新书记习近平带头的小组起草的，这说明习近平和李克强在当时已经开始对政策的形成施加影响了。

这份报告主要表达的思想是，在经济全球化强化的背景下，中国渴望和平、发展、合作和共同利益。政策鼓励进一步开放，深化双赢战略，并利用对话来解决贸易争端。此外，报告还指出了缩小"南北差距"的重要性。报告的前面几章提到了"适应经济全球化的新趋势",这可能是指后危机时代的新发展趋势,也可能是为中国更多地参与全球经济治理提供政治基石。

报告也蕴藏着政治语调。"世界正处在深刻复杂的变动中",这是对霸权主义和集权政治的警惕,明显指向美国及其同盟。在这个语境中,中国想表达的仍然是奉行独立自主的和平外交政策,并且不干涉外政。

除此之外,还有一些新的表述。包括对"新干涉主义"的关注,以及对国外势力颠覆任何国家"合法政府"行为的反对。另一个新表述是强调保护海外中国公民和法人的利益。2011 年春天疏散利比亚的 3500 名中国人就是一个典型的例子,这展示出中国政府保护处于危机中的海外公民的决心和能力。十八大报告还表达了对国际舞台上非传统安全问题的关注,比如食品、能源、网络安全问题,这些问题因其自身的特殊属性而超越了传统的基于国家的国际关系结构。

新领导班子与国际事务

十八大落幕之后,习近平在国内表现日渐活跃。2012 年 11 月 16 日,习近平和胡锦涛出席了中央军委的交接会议,正式公布了中国军事权力的过渡。

从那时起,习近平的许多活动就直接与国际事务相关。较早的一个事例是高调参观国家历史博物馆,习近平和新一届政治局成员观看了名为"复兴"的展览。自习近平上任起,他多次强调使中国繁荣富强的目标,深深击中了现代中国人的心理。这些想法被浓缩进"中国梦"的官方讲话里,"中国梦"这一提法今天仍然出现在官方媒体当中。

习近平以总书记身份走出北京的第一个目的地是广东,这被解读为跟随邓小平 1992 年南方视察提出"改革开放"的象征性访问。众多评论集中在国内改革上,但这次访问也可以理解为习近平意在延续邓小平的风格,保持对中国以外世界的开放。习近平还参观了广东的军事基地,这传递出对军队正规化的要求以及反腐的决心。或许可以这样解读:习近平对军队的希望是还原其保卫国家的原始角色,而不是卷入财产发展或者支持中国酒业。

政治局会议是制定和研讨战略政策的重要方式。2013 年 1 月 28 日,习近平以政治局学习小组的形式主持了关于国际政策的一次会议。会上表达的主要思想是坚持和平发展,习近平多次重申了合作和开放的主题、双赢发展的空间，以及保护和发扬世界和平的愿望。此外，他还再次强调了由周恩来提出的和平共处五项原则。根据习近平的说法，这些都是为提升中国的综合国力而服务的，因为一个和平的环境是实现"中国梦"以及国家的繁荣富强的前提。中国不仅坚持独立自主的外交政策，还会坚定地走自己的路，与此同时增强与其他国家的合作，积极参与国际事务，为全球发展做出贡献。习近平强调，中国不会伤害他国利益，但这需要他国对中国的尊重，中国决不会放弃主权利益或者牺牲国家核心利益。

而2013年3月全国人大的政府工作报告则强调了对世界其他地区的开放，获取能源和资源依然被优先关注。

人大闭幕后不久，习近平就被正式任命为国家主席。他的首次出国访问目的地是俄罗斯、坦桑尼亚、南非和刚果共和国。这证明了中国对国际关系多样化的寻求。在参加完在南非举行的金砖国家峰会之后，习近平与许多其他的非洲领导人进行了会晤。他回国后不久即参加在海南举办的博鳌论坛，在那里他会见了许多亚洲国家的领导人。总的来看，从2012年11月到2013年4月，习近平的外交行动展示了中国对新兴和发展中国家的重视。

尽管2013年3月习近平会见了美国财政部长杰克·卢，4月美国国务卿约翰·克里来到中国的访问才是中国新领导层与美国在国际事务上的第一次重大见面。此次访问的基调是积极友好的，主要讨论的话题是两国在朝鲜半岛问题上的各自关切，并且就提升两国气候变化对话机制的部长级别达成一致。

新领导层的个人偏好

习近平成长于20世纪50年代之后，受国家主义和共产党自力更生的信念影响颇深。与习近平见过面的外国人都评论他能"安然对待自己的处境"，在首次出境访问中他表现得相当从容，同时很好地坚守了自己的信念。习近平在福建和浙江工作的经历也使他对国际贸易与投资更为重视。

李克强的国际背景或许与习近平形成了很好的互补。他能说一口流利的英语，并且在他任副总理时通过多次出国访问增加了他的国际背景。他强烈支持自由贸易并反对保护主义，还强调加强国际合作以应对像气候变化这样的全球性挑战。据说他在学生时代还参与翻译了英国前法官丹宁勋爵的作品。

新一届政治局常委中，王岐山与美国打交道的经验颇多，但在他主管党纪的新职位中，国际化可能会有所下降。其他成员的国际背景则相对有限。而从稍广义的政治局成员来看，新任国家副主席李源潮同样有着较好的国际背景，他在之前负责党内人事的工作中也鼓励国际交流。他现在的角色可以使他直接参与到中国的外交当中。另一位政治局成员王沪宁则有着国际关系的学术背景。

现有挑战

国际政策，不能完全由战略家或领导人的天赋决定，中国也不例外。事件会干预政策制定者，并要求后者做出及时的回应。

中日关系是领导层过渡期间外交政策的主导问题。2012 年 9 月两国关系恶化，直接原因是日本购买钓鱼岛，引发了中国国内一系列暴力反日行为。中国的应对过程表现出对主权的绝对捍卫。

此外还有朝鲜的弹道导弹和核试验问题，这对中国来说也是不小的外交挑战。中国外交部发表严正声明，坚决谴责了朝鲜无视联合国对核试验的反对。习近平在博鳌论坛上的发言也对任何意在破坏东北亚稳定的行为发出警告，这被大多数评论家理解为指向朝鲜，尽管《人民日报》发表文章提出了这有可能是警告美国不要干涉这一区域。不管其意图究竟如何，朝鲜的表现使得美国加强了对这一区域的防卫力量，而这与中国长期的政策目标相违背。战略地讲，中国领导层面临着平衡以下问题的困境：中国与朝鲜的长期关系、对有美国插手的东亚局势稳定的期望、对核扩散的反对以及与韩国的关系。另一个例子是中国在西南边陲小城瑞丽低调地安排缅甸政府与克钦独立组织之间的和平谈判。这被视为中国鼓励和平、促成对话的努力。

总结

概言之，中国对待区域和国际事务的态度越来越有前瞻性。与此同时，新领导层的现有态度与 20 世纪 90 年代以来的政策演化框架保持一致。可以预见的是，中国将保持一贯的开放和国际参与，而不太可能发生政策方向的急转弯。尽管如此，在保持框架一致的前提下，中国强调的重点发生了变化。比如说，中国现在的外交基调更加稳重，更少强调保护核心利益，更多地关注气候变化和其他非传统安全挑战。随着经济影响力继续上升，中国给

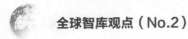

其他国家尤其是邻国带去了紧张情绪，这将是新任领导人处理国际事务中的主要挑战。

　　本文原题名为"China's New Leadership: Approaches to International Affairs"。作者 Tim Summers 是 Chatham House 的高级顾问研究员。本文于 2013 年 4 月发表于 Chatham House 网站。

导读

　　随着中国经济实力及其影响的日益增强，其政治、经济、外交等方面的政策也被一些国外的观察者认为正在变得越来越带有武断、攻击甚至欺凌的性质。通过对中国经济发展、贸易投资关系、地缘政治与领土争端等问题的细致分析，本文认为中国的表现其实是成长的烦恼的一种体现，而作为一个非正常大国，它的国际潜力受到国内问题的严重制约，以至于"内向"的北京尚未形成一种机敏和建设性的国际姿态。它的一些看似武断的行为其实是过早被动反应的结果，所以国际社会应该更加开放包容地接触中国，并引导其成为现行国际体制的一员。

中国：一个非正常的大国

文 Yukon Huang　**编译** 彭成义

正常的经济体，　非正常的大国

　　中国是正常的经济体，却是一个非正常的强国。经济的迅猛增长已将中国推向超级大国的特殊地位，而且超出了预期的速度。中国仅用 30 年时间就从低收入国家发展成为中等偏高收入国家，成功解决了 6 亿人的贫困问题，这的确令世人震惊。但是，在由计划经济向市场经济转型的过程中，中国应对全球性问题的制度化基础与经验还非常欠缺，而且成为更加"正常"的经济体还意味着，经济增长放缓及对全球经济循环的敏感性和风险增加。中国无法再依靠控制利率、汇率和限制资本流动等手段来保持稳定。而在人民币国际化的背景下，开放资本市场必然会带来更大风险。此外，中国还面临着人口老龄化带来的一系列挑战。确保国内稳定和成功实现大国复兴的历史任务也进一步增加了中国领导人的压力。上述种种因素都迫使中国领导人还是以关注国内问题为要务，并且，这种封闭性思维进一步影响了中国的对外关系。

贸易与投资领域的紧张

过去 10 年的对华摩擦大部分是贸易问题，主要是指责中国操纵汇率，以及对出口商进行不公平的补贴。中国自 2001 年加入 WTO 以来，就成为美国和欧洲的头号投诉对象。但是，这种情况与中国的发展道路有关，并不是中国的政策激进或试图恐吓他国。在东亚制造业网络中，中国作为产品组装和成品输出国的独特地位，使它实际上获利不多却要承受本该与其他亚洲国家共同分担的贸易冲突。中国长于吸收利用国外先进技术并集中进行以出口为导向的投资，所以才能够迅速脱贫并成为中等收入国家，但是这种发展模式不适用于未来，中国目前正面临着发展本土技术、实现结构转型的艰巨挑战。中国现在希望通过对国外企业的直接投资来利用国外的专业知识，但是这方面却常常受到目的地国的限制，而加重相互的不信任与沮丧。

资源需求与"无赖"国家

中国高度资源密集型的产业结构在今后若干年仍将继续，因此，寻找新能源与自然资源成为中国海外投资战略的重点。发达国家的敌对态度和重重规则迫使中国转向某些被称为"流氓"国家的市场，而在与这些国家的商业往来中，中国有时会规避对于这些国家的制裁。另外，中国一向坚持不干涉别国内政和尊重所在国意愿的原则往往招来批评甚至投诉，即认为中国不遵守既有的国际标准，忽视受其影响地区的敏感性。

地缘政治上不同的时间观念

中国之所以被认为专断自信，最深层的原因是其外交活动被认为影响到美国的安全、人道主义利益，并对亚洲其他国家与欧盟也有不同程度的影响。中国对于朝鲜六方会谈、台湾和西藏等问题的立场都受到质疑或批评。尽管中国一向奉行不干涉政策，但是地缘政治的互动经常因为时间观念的不同而大相径庭，中国与西方国家的政治差异则进一步加剧了这些分歧。比如美国等具有频繁选举周期的民主国家倾向于从年度的角度来看待政策的影响，而中国领导人则较多地从世代的角度看待政策上的选择。

领土争端与不断变化的亚洲联盟

虽然中国倾向于让争议随时间逐步化解，意外事件却经常迫使它在考虑不周的情况下做出反应，这些反应若被视为故意不合作，就会破坏中国作为负责任大国的形象。对于钓鱼岛、美国重返亚太等问题，尽管中国一直避免卷入外部争端，但如果其他国家的行动有可能危及它的长期利益，中国领导人就不会坐视不管。而且，中国并不认为自己行为"武断"，而只是确保它在适当的时机沿着"正确的"道路前进而已。虽然中国曾在 10 年前的东亚金融危机中援助那些被西方抛弃的邻国，如今由美国主导的跨太平洋伙伴关系协议（TPP）却不仅改变了其与亚洲有关国家的关系，而且大有孤立甚至针对中国之嫌，中国对此只能采取防御性反应。鉴于此，中国对领土争议采取强硬立场，是对其他国家挑衅行为的自然反应，就像膝跳反射一样正常。

对中国保持接触与包容

那么其他国家应该如何处理对华关系呢？

首先，对于中国而言，坐等有利时机并不可行，而采取过于敏感和激进的反应，对内对外都没有好处，甚至会加剧矛盾。所以，中国应该采取更为合作与开放的立场，积极参与国际事务，支持市场开放，通过双边与多边协议等各种可能的机会增加对外投资，并在对其他国家的利益给予应有考虑的基础上，寻求折中的解决方案。

其次，其他国家，尤其是美国，需要对中国采取更为开放与包容的态度，不应该视其为威胁并百般限制，而应将其视作战略竞争伙伴，共同致力于缓解国际冲突的行动，确保更具建设性地解决那些具有特殊意义的全球性问题。中美两国必须以更开放的态度，专注于促进经贸合作关系的努力；关键是要让中国确信，妥协与合作更符合中国的长远利益。

本文原题名为"China: the Abnormal Great Power"，作者为卡内基亚洲项目高级研究员黄育川（Yukon Huang），于 2013 年 3 月 5 日刊在卡内基网站。

导读 ◀◀

　　本文从中美外交关系入手，分析中国在世界上的地位和美国的对华态度。本文认为中国虽是第二大经济体，但从政治、军事、战略和文化等方面考量，绝非能领导世界的超级强国。

中国不是超级强国

文　Fareed Zakaria　编译　李想

　　1972 年 2 月，尼克松访华并结束了中美两国长达 23 年的敌对状态。在那次访华行程中，尼克松与周恩来多次会面，讨论对两国关系有指导意义的战略框架。本周末①奥巴马与习近平会晤的历史意义有望与之媲美，但有重要的一点需要注意。

　　中国一直都很精明地扮演着弱势角色，当毛泽东和周恩来会见尼克松和基辛格时，中国正处于经济、政治和文化的混乱之中，人均 GDP 比乌干达和塞拉利昂还要低，然而在谈判当中北京方面仿佛占据了制高点。如今，中国有了巨大规模的资产，但它仍称不上超级强国，我们也不应这样认为。

　　正如各个部门继任者的政策方向都与前任分道扬镳，美国的对外政策因混乱和前后矛盾而备受指责。这种认识是不对的，尤其是就对华政策而言。自从尼克松和基辛格以来，美国的对华政策在 40 多年 8 任总统任期内保持了高度一致：华盛顿致力于使中国从政治和经济上都融入世界当中。这一政策有利于美国和世界，对中国更是大有裨益。

　　但是，推动中美合作的诸多因素都在衰弱。在两国关系的第一个 20 年里，华盛顿与北京结盟有其战略考虑：美国要集合力量对抗苏联，而中国在

---

　　①　当地时间 2013 年 6 月 8 日。——译者注

其早年发展阶段也急需美国的资本、技术和政治支持。今天的中国比过去强大了太多，并且从网络安全到非洲政策各方面都与美国的利益和价值观唱反调。美国过去的亚洲盟友都因中国的崛起而万分紧张。因此，华盛顿必须对亚洲的现实做出应对。

所以说，奥巴马和习近平的会面非常重要。两国都需要认真审视双边关系，并找到一条能够明确未来合作框架的路线，就如尼克松和周恩来在 1972 年所做的那样。中美两国最需要做的，并不是一份详细的日程表，而是努力建立互信的环境。

有些人希望看到像 G2 这样的世界最大经济体之间的联盟。但实际上，这既不能服务于美国的利益，也对全球的稳定和协作不利。

中国是世界的第二大经济体，并且终有一天成为领头羊（从人均的角度来看，中国是中等收入国家，并且可能永远都无法超越美国）。但是"力量"的定义是多维度的，而从政治、军事、战略和文化等方面考量，中国尚可称得上大国，但绝非能领导世界的超级力量。目前来看，中国缺乏主宰全球进程的知识野心（intellectual ambition）。

北京希望能与美国保持良好的关系并维持外部环境的稳定，这部分是因为其面临着巨大的内部挑战。中国的领导人希望着手内部的改革（称作"整风"），并且努力为共产党的执政创造更强的合法性。为此，他们借助于毛泽东式的修辞和国家主义的复兴。北京不希望在亚洲其他力量中造成强大的反华冲击力，并在此条件下实现崛起。

美国应寻求与中国建立良好而深入的关系，这将意味着世界更加稳定、繁荣、和平。更进一步，中国融入开放的全球体系也有助于维持这一系统以及建立在这一系统基础上的世界经济。但所有这一切的前提条件就是中国必须认识并尊重这一体系，并且作为全球力量之一，而不是作为一个小心眼的只求最大化自身利益的国家来采取行动。

换言之，当中国开始像超级强国一样行事时，我们就应该以超级强国的待遇对待它。

本文原题名为"China is not the world's other superpower"。本文作者为《华盛顿邮报》的评论员。本文于 2013 年 6 月 6 日刊于华盛顿邮报网站。

93

导读 ◀◀

中国快速经济发展来自地区分权的威权主义体制（RDA）的驱动，其成功依赖于特定环境因素，这些因素有些是中国特有的，有些是历史因素，有些则是偶然因素。中国持续的经济发展需要持续的政策改革，但也面临着一些风险，如果不加强法治和政府问责制，这些风险将会变得难以应付。

比较视角下的中国崛起

文 Mark Harrison and Debin Ma 编译 熊爱宗

我们正见证历史反转，21 世纪第一次，中国的实际平均收入水平已经超过原苏联国家。中国经济崛起也令西方瞩目，主要发达经济体都被经济衰退和债务危机所困扰，中国经济崛起则值得期待。国际货币基金组织预计中国 2020 年成为世界头号经济体。

中国在 20 世纪是世界上最贫穷的国家之一。数十年的国内外战争导致数百万人丧生，并导致国家贫困。战争胜利之后，也并非一帆风顺，一直到 20 世纪 80 年代，中国推行改革开放，经济快速增长超过 30 年。

中国地区分权的威权主义体制

中国经济快速增长的关键因素来自其多形式的组织体系，中国的省级结构类似于公司的多形式组织，其包括多个自我控制且相互竞争的部门，每个部门都包含互补性功能，其管理表现都可以被测度。每个省级单位的财政和经济资源都是分散的，整个国家表现为一个多形式的等级结构。

经济是分权的，但是政治上却高度集中。因此，党中央可以通过考察各省领导人管理经济的情况，来决定其任免和晋升，这就给予各省领导人极大的动力来实现各省的目标，例如 GDP 增长与税收。

因此，地区分权的威权主义体制通过竞争提高了中国制度创新能力，其特色是补充和促进了私人部门的发展，从而使其成为中国经济发展的主要引擎。同时，地区分权的威权主义体制还鼓励省级之间在基础设施、外商直接投资等方面展开竞争，并促进中国长期经济繁荣。

中国地区分权的威权主义体制可以复制吗？

中国地区分权的威权主义体制成功促进经济发展，但是这需要一定的条件。这些条件有些是中国特有的，有些是历史条件使然，有些是偶然因素，这些都成为最终成功的组成元素。

中国地区分权的威权主义体制对于其他新兴经济体来说未必适用。中国拥有13亿人口，印度是唯一一个在人口规模上可以支撑地区分权的威权主义体制运行的国家，但是多党民主制政体使得其无法实行政治集权。印度尼西亚和巴西的人口规模只比中国20世纪60年代的1/3多一些，更不用说今天，因此，地区分权的威权主义体制在这些国家也不适用，对于亚洲、非洲、拉美等众多小型新兴经济体似乎更不可行。

特定的历史因素和经济体规模也是成功实行地区分权的威权主义体制的关键因素。例如韩国和中国台湾，虽然具有共同的文化背景，同时也极力确保政治稳定来促进经济发展，但是二者的发展路径截然不同。在韩国，受日本模式影响，主要由政府主导经济发展；而在中国台湾，主要是中小企业驱动经济增长。

因此，地区分权的威权主义体制是中国特定历史和国家规模的特定产品。政治体制并不是实现经济繁荣的充分条件。

中国改革的风险

中国地区分权的威权主义体制允许省级领导人充分竞争以促进私人部门实现国家经济现代化的目标，这种竞争有利于打破持续改革的阻力。但是仍面临着一些风险。

第一，缺乏政府问责制。近年来，中国人口的经济福祉往往以GDP来衡量，但是GDP和社会福利并不是完美相关的。过分强调市场产出，导致收入分配差距拉大、军事项目和城市基础设施支出过多，以及权力的滥用和社会不满的上升。由于社会下层代表性不足，未来中国经济将会面临更大困难。

第二，缺乏政策改革的动力。持续的政策改革是维持经济增长的关键。中国地区分权的威权主义体制到目前为止提供了持续政策改革的动力，但是这种改革的内在机制还很脆弱。经济发展建立了现有利益集团的潜在联盟，这成为未来持续改革的阻力。

随着一国跨入中等收入行列，领导人是否会基于国家利益停止追求改革？如果出现这种情况，中国的经济现代化将会停滞。中国目前面临两个陷阱：一个是自满陷阱，另一个是冲突陷阱。

自满陷阱是指中国跨入中等收入行列后，当权者对现有局面感到满意，不愿意冒继续推进改革的风险，苏联在勃列日涅夫统治之下即是如此。

冲突陷阱是指处在民主转型边缘的政府在外来势力影响下导致国家重构。目前，中国领导人已经越来越多通过民族主义宣传来应对日益上升的不满情绪。这一策略有利于增加政府合法性，但是却增加了外部冲突的风险，在外交和与邻国的经济合作中产生不稳定结果。

本文原题名为"Soaring Dragon，Stumbling Bear：China's Rise in a Comparative Context"。本文作者 Mark Harrison 为英国华威大学经济学教授，Debin Ma 为伦敦经济学院经济史高级讲师。本文于 2012 年 3 月刊于查塔姆研究所（Chatham House）网站。

导读 ◀◀

　　金融危机爆发以来，中国已经逐渐改变了邓小平时代的"韬光养晦"战略，开始在国际社会中展示影响。中国经济上的成功对民主国家的政治制度构成了前所未有的挑战。中国通过官员培训项目、经济论坛、贷款等对民主国家宣传其发展模式，构建软实力，试图让发展中国家追随其发展模式，分享其价值观。目前中国宣传其发展模式的手段正在悄然奏效。

为什么中国模式不会消失？

文　Joshua Kurlantzick　编译　孙瑜

中国模式对民主国家构成挑战

　　中国政治专制、经济开放的模式曾经被认为难以持续，然而，这种模式在最近几年却表现出难以置信的可持续性。

　　2009 年 1 月，时任中国总理的温家宝出席世界经济论坛，发表了抨击"西方金融机构盲目追求利益、政府对金融部门监管不力、消费过度"的评论，一改以前中国低调的态度，这在 5 年前是难以想象的。在 2008 年以前，中国一直恪守老一代政治家邓小平"韬光养晦"的战略。而在 2008 年金融危机爆发以后，西方民主国家经济衰退，中国一跃成为焦点，西方领导人也开始试着思考他们的政治体制是否存在缺陷。

　　和中国的政治体制比较起来，西方制度的缺陷更加明显。中国的决策过程迅速、合理，不会受到立法、司法、舆论媒体的干预。一党专制虽然有缺陷，但是如果领导开明，则会有巨大的优势。一党专制可以有效地实施那些困难而又非常关键的政策。

　　在西方领导人、政策制定人、媒体质疑他们自己的体系时，中国领导人开始更加明显地宣传威权资本主义。毕竟在金融危机期间，许多西方政府救助金融部门和私人企业，使得他们难以对北京的经济干预进行过多的批评。在中国，有许多新书吹捧中国的发展模式而攻击西方自由资本主义的失败。中国也不再像一个谦恭的学徒，而变成了胜利的老师。

从 2008 年开始，不仅是中国的最高领导人，普通百姓对中国在世界上的地位也越来越自信。有一些自信来自金融危机以后中国经济表现为一枝独秀；有一些自信来自中国官员、学者发现那些曾经教导中国人权、自由的民主国家，比如印度尼西亚、菲律宾、泰国，已经落后于中国的发展。

中国为西方民主资本主义国家带来了前所未有的挑战。在以前的衰退中，西方民主国家从未遇到过像中国一样成功的对手。尽管苏联也能被当作一个例子，但它从未产生过可持续的增长和具有全球竞争力的公司。那些对民主制度不满的亚非拉发展中国家正在努力学习中国的发展模式。

中国模式的特点

最近几年，中国模式成为经济自由、政治专制的代名词。而事实上中国模式是非常复杂的。与其他亚洲国家相同的是，中国大量投资基础教育，降低文盲率；也为外国投资提供了良好的环境。但是在中国模式中，尽管经济上实行了一定程度的开放，政府仍然保留了经济控制权，包括控制战略性产业、银行部门和投资流向。尽管在 20 世纪 80 年代和 90 年代中国实行了国企改革，中央政府仍然对大约 120 家最大和最有权力的企业拥有控制权。在中国 42 家最大的公司中只有 3 家是私有的。在 39 个最重要的经济部门中，国有企业控制了 85% 的资产。中国共产党指定大公司的高层领导人，他们一般都是党员。政府可以通过控制这些公司的领导人执行国家意志。中国还可以利用这套干预体制提高中国的国际政治影响，比如说政府可以促使银行部门借款给在发展中国家开展业务的中国公司。而如果美国想提升与印度尼西亚的关系，绝不可能强迫私人部门去投资。中国模式把商业看作提高国家整体利益的工具，而不仅仅是个人获得财富和权力的途径。

中国宣扬其发展模式的举措

中国开始宣传自己的发展模式。由于中国在短期内还不具备挑战美国的军事能力，因此中国愿意通过其他途径，如宣传自己的发展模式，使得其他国家跟随自己，分享自己的价值观念。

从 2000 年开始，中国已经开始为外国官员举办培训项目，参加官员一般来自发展中国家。项目课程涵盖经济管理、政策、司法实践等。但是在最近几年，培训的项目课程越来越倾向于宣传中国的发展模式，比如中国如何分配贷款和拨款、如何发展企业家成为共产党员、如何利用经济特区吸引外国投资、如何控制司法系统等。当这些官员回国后，也会采取类似的手段。

以前中国和发展中国家之间的会议只是为中国提供建立战略性伙伴关系与开展投资和贸易的平台。但是在最近的 5 年里，比如和东南亚和非洲领导人举行的会议上，中国开始隐性宣传其发展模式。比如在以前的博鳌论坛上讨论内容大多为全球化及其对亚洲的影响等宽泛话题，而最近几年讨论西方模式的失败和中国的发展模式是否更能规避这些风险等具体话题逐渐增多。

除这些以外，中国还通过其他方式构建中国在发展中国家的软实力。包括扩大新华社的影响、在全球设置孔子学院、向发展中国家提供贷款、争取发展中国家留学生等。

中国宣传其发展模式的效果

以前，中国的模式吸引了许多独裁国家，但是现在一些民主体制的发展中国家也发现这样的模式具有吸引力。由于中国在近期才开始宣传其新模式，这对西方的挑战在很多年后才能看到。但是在东南亚，中国模式已经受到了欢迎，中国也开始在中亚、南美等地施加影响力。一些东南亚国家领导人开始逐渐控制关键产业、重建一党执政。在泰国，开始出现像中国一样的互联网监控，以及通过司法来削弱反对党。

诚然中国模式也存在其缺陷，包括难以制约腐败或愚蠢的领导人、国家的权力无法受到控制等。中国内部也越来越不平等，城乡之间存在巨大矛盾，农村人口向城市迁移也会给国家带来不稳定性。但是到目前为止，中国向其他国家推广其发展模式已经悄然见效。

本文原题名为"Why the 'China Model' Isn't Going Away"。本文作者为 Council on Foreign Relations 的研究人员。本文于 2013 年 3 月刊于《大西洋》月刊。

导读 ◄◄

　　中国面临着多重的内部和外部挑战，如今北京有明确的战略目标，但是否有足够的战略手段完成这些目标？本文对此较为悲观，并指出了中国未来发展的三种可能图景。

中国是否有战略手段实现
其发展目标？

文　Robert A. Manning and Banning Garrett　编译　陈博

　　从目前的证据来判断，尽管北京有战略目标，但是缺乏完成这些目标的战略。北京仍然遵循着一种难以持续的发展模式，并且在外交上追求一种零和政策，而这和它的长远利益相违背。

　　中国目前的领导层面临着几大挑战，其中包括以国有体制为核心的经济发展模式、沉重的环境代价、被腐败困扰的精英执政阶层以及缺乏透明性和责任制的政治体制。中国的领导对此有清晰的认知，但似乎他们既缺乏战略手段也缺少政治决心来应对这些挑战。

　　2012年，由世界银行和中国国家发改委共同发布的《中国2030》报告就指出，中国必须推动改革以取得可持续的发展，包括强化法治、提升私人市场的重要性，以及推行极为重要的国有企业和银行的改革。但目前我们仍然没有看到改革的迹象。执政的精英阶层本身就是小圈子的一部分，而这个利益集团的圈子涵盖了几乎所有的国有银行和企业，以及军队的相关利益。尽管领导层明确表示要推动改革，但具体的政策如何执行依然模糊不清。

　　更重要的是，中国急需一个和平的国际环境。但中国在东海和南海问题上越来越高调的外交姿态，以及和美国的战略竞争都有可能打破平衡。在2008年金融危机之后，不少中国的鹰派人士开始认为中国已经崛起并超越美国，而后者正在加速衰弱。结果是，中国在印度、越南等问题上愈加强势，并激起了区域邻居的反弹，合谋组成一个由美国引领的体系和中国对抗。中国的行为带来了它所不希望看到的结果，也带来了自我遏制的后果。

中国要想崛起，和美国保持合作关系必不可少。但在目前的情况下，战略不信任正阴云笼罩。两国时常将对方视为对自己利益的一种挑战。不少中国的战略学家认为美国的策略就是遏制中国、分裂中国，并坚持美国的"重返亚洲"战略就是证明之一。而美国的战略研究者也认为中国希望能主宰亚洲事务，并削弱美国在该地区的影响力。

两国的合作极为必要。除了长期的挑战，在几个近期的议题上两国实际上有很大的合作空间。这包括：

阿富汗/中亚问题：随着美国军队逐步从该地区撤离，中国需要重新思考其地区战略。此前中国一直在"搭便车"，收获了地区稳定的好处。而现在，中美对该地区的稳定和反恐有着共同的需求。

互联网安全：网络攻击成为一个越来越不可忽视的隐患，急需一个全球规则和体系。中美在这方面有着同样的脆弱性，也意味着有更多的合作空间。

中东：中美有着共同的地区利益，包括稳定的政府、避免极端势力掌权。目前叙利亚是最紧迫的挑战。

东亚：中美必须协商，对对方的地区军事势力有多大的容忍度。

中美关系以及中国如何处理好内部问题将对中国的未来有着决定性影响。中国未来的图景有三个可能性：

和谐世界：这是最好的情形。中国的领导层在未来的 5~6 年内成功地强化了法治，改善了金融市场，允许人民币自由兑换，并使其成为一种主要的国际货币。消费驱动型经济年增长率维持在 6%~7%，对出口的依赖降低，并在政治改革和法治的影响下保持社会稳定。国际上中国有着更强的声音，和西方国家合作改善国际规则，并且在东亚寻求到一种更加稳定的共处模式。

磕磕碰碰：中国缺乏一个明确战略，更多像是危机反应型的策略。领导层忙于应对环境的危机、房地产泡沫破灭、腐败以及社会不公和不满等一系列挑战。但最终中国会犹豫地推动经济和金融改革，并降低国有企业的影响力，以及缓和社会分化的恶果。外交政策的主题则是民族主义、谨慎以及中美合作－竞争态度的混合。

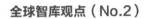

"中等收入陷阱"：为了维持 7% ~ 8% 的增长，国有银行借贷不受约束并以政绩推动，造成了更多的债务负担和低效投资。随着房地产泡沫破灭，买房的中产阶级损失严重，社会不满上升。中国跌入"中等收入陷阱"，并且失去了攀爬生产价值链的机会。中国必须和其他发展中国家竞争，但其相对较高的工资使中国处于劣势。随着内部矛盾加深，中国将外部世界视为问题的根源以及战略威胁，也因此助长了民族主义。

本文原题名为 "Does China Have a Strategy? Modern China or Dystopia：Alternate Futures？"。本文作者 Robert A. Manning 为大西洋协会 Brent Scowcroft 国际安全问题研究中心的高级研究员，Banning Garrett 为大西洋协会的亚洲项目主管。本文于 2013 年 4 月 30 发布于 *Pacific Forum CSIS* 刊物。

全球智库观点（No.2）

聚焦中国·外交

导读 ◀◀

　　中国新领导层上台后，其内政、外交的理念渐具雏形，其中两个核心支柱就是"中国梦"与"新型大国关系"。这篇文章介绍了这两个支柱的内涵及其主要目的，并简要分析了其对美国的影响。

中国梦与中美关系

文 Peter Mattis　**编译** 彭成义

　　中国新领导人习近平的两个标志性理念——"中国梦"和"新型大国关系"——反映了中国为建设有中国特色的社会主义开辟国际空间的努力。不过为中国的发展道路开辟国际空间本身并不是目的。最近的将"中国梦"描述为旨在建设"平安中国"的文章就显示北京更多是希望通过"中国梦"的理念为国内团结和达成共识争取时间和空间。

　　按照官方的表述，"新型大国关系"的核心理念认为在当前国际格局发生复杂、深刻变化的情况下，中国要坚持既定方向，秉持和平、合作理念，从而走出一条不同以往的大国复兴的新路。对于其他国家来说，它们必须根据自身的历史、文化和发展情况来应对这些变化，而其他国家则应尊重这些选择并且遵循"平等、互利、互惠、双赢"的原则。

　　中国和西方分析家都已经注意到习近平在国际事务上的这些理念，并指出习奥在加州的庄园会晤成为宣传这些理念的极好场所。不过与美国发表的大多数分析相反，"新型大国关系"理念并不是要寻求解决一个守成大国与一个新兴大国之间的冲突。它不是之前美国提出的 G-2 的中国版，所以并不意味着中国要与美国平起平坐、搞"共治"或者"分治"世界。这也是为什么北京把"新型大国关系"置于"新型国际关系"这个含义更广的概念框架之下。

　　"中国梦"的提法看起来与提"新型大国关系"有着相似的动机。尽管

"中国梦"的热议在外界看来仍然是一个自上而下的有计划的宣传运动，但"中国梦"背后的理念则旨在促使中国人更加成为一个整体，让他们更加认同并投身于中国所选择的发展道路。正如中国社会科学院学者张国庆指出的，"中国梦"的提出主要有四个基本原因：第一，国家发展需要驱动力；第二，中国面临的外部挑战影响了内部的凝聚力；第三，"中国梦"的提出增加了北京在国际社会中的"话语权"；第四，需要增强民族斗志。这些因素，尤其是第三条，显示"中国梦"的提法有防御性的动机，并旨在提高中国在世界上的地位，同时保护中国的制度免受外国势力的侵蚀。当然为了抵御外部力量对于中国制度的负面影响，北京也有专门针对国内而重启"群众路线"的计划。其目的也是增强凝聚力和正当性。

由于"新型大国关系"和"中国梦"是习近平关于如何与美国交往的理念的重要内容，所以美国方面的对话者应清楚北京是如何力图塑造其国际环境的。"新型大国关系"的理念与之前基于"和平共处五项原则"而提出的和平共存理念一样，中国的目的不是要取代现有的国际秩序，而是为中国所拥有的东西提供正当性，并为西方所珍视的民主与资本主义之间的连接提供另一个可能的选择。所以问题不在于北京能否成为修正主义者或者成为一个负责任的利益攸关方，而是北京能否让外国的对话者相信，习近平的两大理念对于中国来说是合理的愿景。同样，问题不是北京已经积累了多少软实力，而是这些对国际事务的新理念是否会成为其他国家用以摆脱西方发展模式压力的保护伞。如果这些理念越是得到其他国家认同的话，中国政府就越有更多的时间来巩固其在国内的统治。

本文原题名为"Chinese Dreams: An Ideological Bulwark, Not a Framework for Sino – American Relations"。本文作者为美国詹姆斯敦基金会《中国简报》的编辑 Peter Mattis。本文于 2013 年 6 月 7 日载于第 13 卷第 12 期的《中国简报》。

导读 ◄◄

　　习奥会上中方提出了"新型大国关系"这一概念。乐观主义者认为中美关系将会向着更广泛的合作前进。而本文对中美关系持悲观态度，认为中美建立新型关系基础脆弱，前景不明。

中美关系脆弱不堪的基础

文 Hoang Anh Tuan **编译** 孙东

　　大多数乐观主义者都会把 2013 年加州的习奥会与 1972 年毛泽东与尼克松的历史性见面或者 1979 年邓小平与卡特总统的会面相比较。实际上，后两次会面的细微差别以及影响只有在今后几年或者几十年才能被深刻地理解。

　　然而，悲观主义者不想等那么久。习奥会后不想发生的事情已经出现了。就在此会面不久，斯诺登的传奇故事就从根本上震动了美中关系，威胁到通过 90 多种沟通渠道才建立的美中关系基础。尽管奥巴马宣称不会让一个"29 岁的黑客"破坏美中关系，但已经对习奥会的乐观信号投下了阴影。间谍事件的影响已经很明显了，就如前美国国务卿希拉里·克林顿所说："尽管美国要求逮捕他并引渡回国，中国还是允许美国国家安全局的泄密者离开香港，这破坏了中国与美国的关系。"

　　很明显，人们应当避免用"新型大国关系"来描述中美关系，这一概念变得越来越不切实际。尽管双方都愿意建立一种新型的双边关系，不同于美国的"新型合作模式"，中国的表述"新型大国关系"表明了两个大国同床异梦。简而言之，美国和中国若要在关于"新关系"的规模、形式以及内容方面达成一致，还有很长的路要走。

　　相对中国表现出"建立新型大国关系"的热情，美国似乎对 2012 年 2 月习近平首次访美提出这个概念，并在后来由前中国外交部副部长、现中国驻美大使崔天凯在一篇文章中深入讨论的框架，表现得很冷淡。

理解中国首次提出这个观点时，心中真正的目的是什么非常重要，同样重要的是密切注意他们在首次官方阐述这一观点时用的是怎样的措辞。

第一，中国只提出了和美国"建立新型大国关系"，没有说和别的国家——"新型关系"不打算改变中国与印度、俄罗斯或者日本的联系。这暗示了中国视自己与美国是平等的，并将"新型大国关系"看作顺利解决双边的、地区性的以及全球性问题的开始。

第二，中国似乎决定注意到习奥会提出的一些"双方共识"，这是在会面后由中国负责外交事务的国务委员杨洁篪在北京向一个外交使团的讲话中所重点强调的目标。

这表明关于新型合作，双方表现出不同的态度。中国强调关于"新型大国关系"概念出现的共识，而美国强调峰会上出现的分歧，淡化甚至忽略任何在习奥会上出现的"共识"。

重要的是，在这次会面之后，奥巴马以个人名义与韩国总统朴槿惠和日本首相安倍晋三通话，向其保证中美之间的对话不会在任何方式上伤害美国与最重要的两个盟友的安全利益。美国已经考虑不要重演 1979 年的错误，那时出访美国的邓小平告诉美国的卡特总统，中国"会教训一下越南"，遗憾的是，这使得一个月后美国对越南所采取的军事行动似乎是与中国勾结在一起的。

"新型大国关系"真的可行吗？如果可行，是否会使美中两国的朋友和盟友担心呢？短期的答案是否定的，并且斯诺登事件已经使表明看上去广阔和坚固的美中关系比玻璃还脆弱易碎。双方间裂痕是很深的。2008～2009 年的金融危机放大了两国间的摩擦，用英国金融历史学家尼尔·弗格森的话来说，这为"中美共同体的破裂"提供了更明确的信号。随着中国作为美国国库券和政府债的重要买方所带来的影响力的下降，曾经在金融上和经济上紧密联系中美的绳结正在松动。中国政策造成的美国经济波动正在降低，这会使得美国的行动更加果断和具有攻击性。

在国际竞技场上，中美在国际影响、市场份额和自然资源等方面，在中东、欧洲、南美和最近出现的中美地区（美国传统的"后院"）的竞争都在升温。2013 年 3 月在南非德班举行金砖国家会议的同时，中国国家主席习近平召开中非峰会，奥巴马总统也召集四个非洲国家的元首在华盛顿讨论经济合作和发展。在中美洲地区，习近平访问了墨西哥、哥斯达黎加、特立尼达和多巴哥，这表明中国已不再使用静态的策略。中国认为美国在亚太地区的"再平衡"策略是在封锁中国，使其处于守势，因而正在积极应对。今天，中国瞄准了美国曾在19世纪就宣称拥有并保持控制力的地区，通过使用第二个"魅力攻势"意图使中国成为这一地区的经济中心以及地区贸易和投资发展的重要力量。这些行动让人们很可怕地联想到20世纪70年代末在冷战达到最高点时——美国和苏联通过操纵代理人，投射它们的力量，活动它们的肌肉——好在第三次世界大战中做好影响力比赛。

从长期角度来看，成长中的中国和力量已经稳定的美国间的相对力量差距正在缩小。这就导致两个大国之间竞争的加剧。在这种背景下，具有新结构的美中关系似乎不能够解决中美间广泛互动所酝酿出的摩擦和问题。

从短期来看，缓和可以给双方更多喘息的空间来解决它们各自国内面临的问题。对于中国，这意味着抑制、管理和解决那些可能破坏改革开放30多年成果的问题。包括如下挑战：就像1929~1933年大萧条之前的美国一样，经济和金融上的各种弊病；腐败、收入不平等、难以跟上高速增长经济的缓慢体制改革——类似的紧急情况已经席卷了阿拉伯世界，震动了印度、智利、土耳其和巴西。而对于美国，首要的是保持稳定的经济恢复，降低失业率，缩小公共债务和联邦预算赤字。

　　本文原题名为"The Fragile and Vulnerable Foundation of the Sino – US Relationship"。本文作者为越南外交学院外国政策研究所理事长，也是瑞典乌普萨拉大学研究助理。本文于2013年7月发表在CSIS网站。

导读 ◀◀

2012 年，科学应用国际公司、战略与国际问题研究所太平洋论坛和中国军控与裁军协会三家中美机构组织了一个中美联合研究小组就"构建长期稳定、合作的中美战略关系"开展了"二轨"讨论。2013 年 2 月，对话的成果在 CSIS 网站上结集公布。

构建长期稳定合作的
中美战略关系

文 Lewis Dunn，Ralph Cossa and Li Hong 　编译　刘畅

美国是一个老牌大国，中国是一个正在崛起的大国，两国关系会对 21 世纪的国际关系起到决定性的作用。在错综复杂的诸多领域里，最重要的就是战略关系。构建稳定合作的双赢战略关系会增进双方的利益。这将使两国的安全利益得到保障，不仅仅能够避免危险的军备竞赛，甚至还可以避免两国未来一段时间的冲突。我们两国领导人必须知悉建立更为宏大的战略合作所面临的艰巨挑战。

在过去的一年里，中美的三个机构合作进行了一次"二轨"联合研究，研究着重于对两国建立战略合作关系的时机和挑战。参与者包括前政府官员、退伍将领、智库专家。研究组专家们对于两国关系的阐述可以归纳和综合为以下几点。

利益攸关

建立稳定、合作的战略关系是符合美中两国的利益的。参加联合研究的各位专家普遍赞同这一基本判断。

从更广泛的角度来看，中美战略关系的正确定位对两国尤为重要，这一关系将对 21 世纪的一切方面产生决定性的影响，包括战争与和平的前景。

在这个问题上，参加联合研究计划的许多人都明确强调，两国必须注意要防止历史上经常遇到的一个正在崛起的大国和一个老牌大国发生对抗甚至发生冲突的情况。

两国面临的各种挑战

然而，建立长期稳定合作的美中战略关系面临诸多重大挑战，包括台湾问题上的长期分歧，以及最近由南海和东海的领土争端引起的紧张局势。其他一些政治挑战源自两国对各自未来在亚洲的作用的定位——中国的崛起以及双方可能对对方在亚太地区意图的误解，使这种挑战变得更加棘手。

联合研究期间突显的另一个挑战是，双方内心深处对对方都不放心，而目前的互信又有限。

对中美两国来说，它们与第三国的关系以及两国对这些关系的不同看法也会反过来影响两国的利益、对问题的看法以及建立更加合作的战略关系的前景。这种影响分别在美国与日、韩的联盟关系和中国与朝鲜的关系中看得非常清楚。

建立稳定合作战略关系的战略内涵

鉴于利益、挑战和机遇的相互交织，需要为建立长期稳定合作的美中战略关系制订一个总体战略。这种战略可以概述以下：

美中两国应该把扩大双方之间的合作、处理好（即使不缩小）彼此的竞争作为双方的大目标。为此，双方必须就若干可行的原则和规范达成一致，以便引导两国关系不断发展，同时或交替不断地处理具体问题，通过这种方式来建立合作模式和扩大共识。前者符合中方喜欢的"先制订原则"的办法，而后者符合美方喜欢的"先处理具体问题"的办法。这就是说，两国的总体战略要把两者结合在一起，也就是联合研究中所谓的"演绎－归纳法"。

设法推动在透明度问题上取得进展

美中两国在透明度问题上始终存在着分歧。这一分歧也反映在联合研究报告中。要想摆脱两国在透明度问题上经常是聋子对话的状况，可能需要先在专家之间然后在官员之间不断展开讨论。为了增进相互了解，我们双方对今后的行动要采取一种渐进的做法，即在加强政治互信、改善两国关系和提高透明度之间进行不断的互动。

探索相互战略克制的概念

尽管各核大国都关注亚洲及其周边地区的双边和多边核动向造成战略竞争和不稳定加剧，但是举行军控谈判的时机尚未成熟。

假定双方都愿意探讨相互战略克制的概念，首先可以在"1.5 轨"讨论的是：建立战略克制进程可能涵盖哪些问题？应该制订哪些指导方针？在全面致力于建立两国稳定合作战略关系中如何发挥相互战略克制的作用，有什么潜在得益又有什么风险？此后，双方的磋商可以转到两国探索建立相互战略克制的具体问题上。这方面的设想很多，比如，可以就避免和处理危机的措施和原则达成一定共识，也可以讨论未来可以采取的行动，例如签订"互不首先使用核武器"协议，以此作为增信措施的突破，或者就美国在导弹防御和全球打击能力方面单方面保持克制而中国则在核力量现代化方面克制达成一致。也可以考虑在相互克制的过程中采取一些可以增加信任的补充措施。但是首先应该探讨相互克制这个概念。

逐步建立美中合作、稳定战略关系是符合两国利益的。显然，做起来会遇到种种重大挑战——但同时也是有基础的。也许最重要的下一步行动是加强现有的美中战略对话并使之机制化，包括两国军方和国防部门之间的战略对话。加强对话是本文提出的其他各种积极举措的前提，尤其是启动战略互信的渐进进程的前提。

关于构建两国稳定合作战略关系的前景，借用联合研究项目中美双方各一位成员的话作如下表述：前途是光明的，道路是曲折的。要取得成功将在很大程度上需要两国领导人发挥其聪明才智。

本文原题名为"Building Toward a Stable and Cooperative Long – term US – China Strategic Relationship"。本文作者分别为科学应用国际公司资深副董事长、战略与国际问题研究所太平洋论坛主席和中国军控与裁军协会秘书长。本文于 2013 年 2 月刊于 CSIS 网站。

导读 ◄◄

2013 年 7 月 10 日，第五轮中美战略与经济对话在华盛顿举行。英国皇家国际事务研究所亚太事务研究员蒂姆·萨默斯认为，这次会议为两国加深沟通提供了良机，斯诺登事件不会对中美两国关系造成太大影响。不过，要解决中美之间矛盾，光靠中美战略与经济对话是不够的。

中美战略与经济对话的潜在挑战

文 Tim Summers 编译 周乐

2013 年 7 月 10 ~ 11 日，第五轮中美战略与经济对话在华盛顿举行。中国国家主席习近平特别代表、国务院副总理汪洋和国务委员杨洁篪同美国总统奥巴马的特别代表、国务卿克里和财政部部长雅各布·卢共同主持对话。双方围绕落实两国元首安纳伯格庄园会晤共识、推进中美两国新型大国关系建设坦诚、深入交换了意见，达成了广泛共识，取得了重要积极成果。

本次对话会举行的时间定于习近平主席和奥巴马总统加州非正式首脑会议后的一个月。由此我们可以看出，本次会议为两国领导人加深沟通提供了一个良好的机会，并且使两国可以就一系列议程上的双边和全球问题进行详细的讨论。会谈中双方都一直热衷于探索如何使两国已有的期望取得实质性的进展，此外，会谈的主要意义在于，在习近平主席刚上任的几个月以及奥巴马总统的第二个任期开始的几个月里，双方开展深入对话变得更有可能。

在 2013 年 6 月峰会之前，美国在中国的"网络间谍"问题上大做文章，甚至令外界认为此事要成为峰会的主要议程。两国元首同意将此事纳入工作层面继续讨论。不过，当斯诺登事件出现后，网络间谍问题就被抛在一边了。斯诺登事件不仅使美国失去了指责中国搞网络间谍的动力，而且使美国失去了道德制高点。结果在对话会中，网络安全问题不会成为对话的主要议题，即使美国仍想把此事纳入议程。

这样一来，中美之间在其他一些问题上的僵局可能会被打破。朝鲜问题就是其一。中国政府近几个月来在对朝外交上显得十分低调。至少根据中国媒体的报道来看，中国仍然坚持要求各国重开六方会谈，并为此做出各种努力。虽然最近访问北京的朝鲜使节曾暗示，平壤可能会缓和先前的强硬姿态，但本次对话会不会出台新的政策立场。虽然汪洋副总理是中国领导层中具创新思想的成员之一，但中国的外交部署表明，汪洋不可能脱离习近平主席确立的外交立场。

至于一些全球性的问题，美国既不可能将中国看作合作伙伴，也不会指望中国在叙利亚问题以及贸易政策上能为美国提供各种支持以帮助其实现目标。同样，中国也不希望签署"G2"协议，并且不想与美国共同管理全球性事务。中国的官方立场是，世界正朝着多极化发展，中国要促进世界的多极化发展趋势，中国致力于发展与俄罗斯的关系正好体现了这一思想。

在东亚问题上，两国间政策仍然存在着许多差异。在过去的几年，我们可以看到的是，美国和中国在该区域中的各种做法差异已经导致两国间产生了一系列的摩擦。例如，前者的"再平衡"政策与后者的"专横"（assertive）政策之间就产生过极大的冲突，要解决这些问题和摩擦，中美间就需要定期开展对话。而中美战略与经济对话则是这些对话中的一部分。但值得一提的是，我们不能过于指望该对话能为两国交流带来巨大的改善，至少在短期内要取得长足的进展仍然是不太可能的事情 。

本文原题名为"US – China Talks and the Underlying Challenges"。本文作者 Tim Summers 是亚太问题研究员，致力于中国的政治、外交和区域政策研究。本文于 2013 年 7 月刊于 CHATHAM HOUSE 网站。

导读

　　卡托研究所（Cato Institute）认为尽管美国对中国保持了高额贸易逆差，不过，中国由此积累的外汇储备大量涌向了美国国债市场，降低了政府融资成本。一个意料之外的后果就是，中国间接地使得美国政府的规模日益膨胀。作者认为在指责中国之前应该先反思自身的问题。

中国在美国债务危机中的角色

文 James A. Dorn **编译** 陈博

中国在美国债务危机中所扮演的角色

　　2001 年，美国的公共债务总额仅有 6 万亿美元，而 10 年后这一数字已经飙升到 16 万亿美元。其中，海外投资者持有很大一部分债务（4.5 万亿美元），特别是中国和日本的央行。考虑到美国的债务/GDP 比率已经突破了 100%的关口，更不用说数以万亿美元计的社会保障开支缺口，现在不是时候继续指责中国助长了美国的债务危机。

　　中国是美国国债最大的海外持有者，手头上约有 1.2 万亿美元（占总数 8.4%）的美国债券。剩余的债券由美联储和国内政府与私人投资者等持有。导致美国债务危机的主要因素是过度消费和福利项目的过度膨胀。应对 2008 年金融危机的刺激项目也进一步加剧了债务困境。美联储大幅度扩大了其资产负债表。2011 年，美联储是新发行美债的最大的买家，占 77%。

　　中国同样购买了大量的新发行债券，但已经意识到通过人民币贬值而积累大量外汇储备这种做法是不可持续的。一个缺乏资本的国家却通过经常项目顺差大量出口资本。尽管我们指责中国导致美国的债务危机有失公允，但中国的行为确实带来了一个意料之外的后果——美国政府的规模在大量的举债下不断扩大。下文将探讨中国的金融管制对美国债务问题所造成的影响，并研究两国需要执行的再平衡措施。

中国的金融管制

中国的资本市场受到政府的严格管制。借贷的基准利率受到严格控制以保证银行的利润。真实的存款利率常常是负的。国家的深度介入使得真正的资本市场难以成型。这使得金融体系效率低下，大量的资金流入国有企业。资本的管制使得个人的投资机会被严重局限。

这样的困境急需改革。但挑战之处在于中国要保护它的出口部门，因此它必须维持较低的人民币汇率水平，这就要求人民银行购买大量的美元并发行人民币。这导致通胀压力。为了应对这个问题，央行必须进行流动性冲销。

允许利率市场化，开放资本管制，并且允许汇率浮动将使得中国减少对金融业的管制。一个结果是，政府不需要持有过量的美元资产，并减少美国债券的头寸。同时，随着存款利率上升，人民币升值，中国国内消费占 GDP 比重也将上升。

这么多年来，国会的不少议员（如民主党参议员 Schumer 和共和党参议员 Graham 等）都曾攻击中国维持了过低的汇率水平导致美国的贸易赤字。但他们没有意识到开放的汇率体系不一定会带来人民币升值。而且，汇率市场化意味着人民银行将减少外汇市场的干预，美国国债需求下跌，从而大大推高了美债的利率。美国的预算或将出现大问题，这不会是那些议员希望看到的。

中国不大可能在短期内摆脱美元资产，但可以开始着手减持美国的债券，特别是当中国判断美国的通胀上行的话。这需要长时间的市场化努力。

中国的贸易顺差和持有的大量外汇储备盈余资助了美国政府的高额开支，并间接剥夺了中国居民的私人投资机会。开放市场之后，投资者能寻找到更多的机会，配合对私有财产的良好保护，将使资本回流到中国，提振服务业并压制贸易品工业部门的泡沫。

以国债的形式持有美元是一件有风险的事情。通货膨胀会使其实际价值降低。在短期内这个可能性看起来不高，但是基础货币的大幅增长或许将导致高于增长率的货币发行速度。一旦美国经济好转后，超额存款准备金可能将流入市场，从而造成通胀。由于历史上美国的利率一直维持在较低的水平，美联储将面临较大的政治压力，并可能在压力之下继续操纵利率并且干预信用市场。从效果上来看，美联储同样在进行资本控制，这将使得债券市场出现泡沫，并且鼓励了对风险的追求。

中国一直通过购买美债在帮助美国维持低利率。但这样的不平衡态势是难以长期维持下去的。

再平衡的经济和政治考量

中国的增长受到了外贸部门发展的助推，但也使得美国对中国经常项目维持了高额的逆差。经常项目逆差本身并无大碍，因为这意味着资本和金融项目的顺差。但问题是这些资金被用来购买了美国国债，支持了不断扩大的福利项目，挤出了私人投资。

指责中国容易，但意识到美国自己的问题更为艰难。这些问题包括由过度消费带来的高债务水平、过高的边际资本税率、过度慷慨的再分配体系、低储蓄率、金融企业过高的杠杆率、暴增的医疗开支、严格的管制以及财政和货币政策的不确定性。这些都和美国宪法对政府规模的限制相悖。

本文原题名为"The Role of China in the U.S. Debt Crisis"。本文作者是卡托研究所的学术事务副主席。本文于2013年1月刊于Cato Journal。

导读

　　中国对非洲的影响力不断增强，与此同时，美国在非洲却被不断边缘化。布鲁金斯学会约翰·桑顿中国中心研究员孙云针对中国对非政策和美国对中国影响力增强的对策发表了自己的看法。她认为，中国对非政策是有缺陷的，会给非洲未来的发展带来负面影响，美国应该加强在非洲事务中的参与力度，与中国合作，保证非洲能够在未来持续发展。

美国如何应对中国在非洲的影响

文　孙云　编译　周乐

优先权

　　中国对非洲的政治、经济和安全事务的影响力越来越强。从历史上看，中非关系在中国外交工作中获得较大的优先权，并且依靠"第三世界国家团结起来"这一思想与非洲各国建立了紧密的政治联系。自 2001 年以来，中国为了推动本国经济增长，将注意力集中在非洲丰富的自然资源上，由此，中国在非洲大陆的利益追求迅速扩大到经济领域。

　　尽管中非双方都本着"互惠互利"的原则行动，中国在非洲的经济扩展却不是利他主义的。在"资源开发"的框架下，北京动员了庞大的国家财政资源对非洲的基础设施项目进行投资，作为回报，中国可以从非洲获得自然资源。此外，这些投资也为中国带来多方面的利益，包括中国的服务企业与非洲国家签订合同，中国的劳动力密集型产业、高污染行业向非洲进行转移。此外，中国政府还获得了非洲各国政府在诸如联合国等多边论坛上的政治支持，而且中国还成功地在非洲塑造了一个"负责任的利益相关者"的形象。

　　中国目前的对非策略在可预见的未来还将继续。2012 年 7 月，中国承诺在未来 3 年将向非洲提供 20 亿美元的融资，比 2009 年的金额翻了一番。分析人士认为，中国在非洲扮演的角色正发生着戏剧性的分裂。"屠龙者"始终强调，中国对非洲自然资源的获取是自私的掠夺，并且认为中国维持非洲的某些政权的做法是试图破坏现有的国际秩序。另外，"热爱熊猫"的拥护者赞扬说，中国通过推进基础设施建设对非洲经济的发展贡献巨大。这种分歧其实说明对非洲而言，中国的存在既微妙又复杂。在促进非洲经济发展方面，中国尽管有独特的金融和政治优势，但也忽视了非洲发展应有的公平性和可持续性，以及对非洲有效的治理。因此，中国向非洲提供短期利益的做法在本质上是不正确的，从长期来看会产生负面后果。

中国在非洲影响力不断增强的同时，美国在非洲正不断被边缘化。为了与中国竞争，对抗中国对非政策的消极后果，美国必须采取更有效的措施，更多地参与非洲事务。中国独特的政策对美国在全球治理中发挥的作用和非洲未来的发展走向都将产生极大的影响。

为什么对美国很重要？

中国对非政策是对美国在非洲推行民主、善治和可持续发展的根本性挑战。中国对非援助不附加任何政治条件，因此资金透明度、反腐、环保等因素都被排除在外。而且在资金流动过程中，以上问题又被人为地加剧了。因此，北京向非洲国家提供的是一个更简单的替代方案，削弱了西方国家为了解决非洲民主体制缺陷、促进非洲国家长期可持续发展所做的努力。

此外，中国对非洲事务的参与对美国的全球战略也会产生深刻的地缘政治影响。中国意识到自己已经成为美国"亚太再平衡"战略的障碍，因此将注意力转向南亚、中东和非洲等地，以扩大在这些地区的政治和战略影响。这些地区被中国视为美国影响力最有可能变弱的地区。特别是在非洲，中国正在超越传统的经济利益追求，越来越多地渴望投入更多的政治、经济、外交和学术资源，以增加和巩固其在非洲大陆的战略存在。美国无视中国的这些举动将是危险的、不明智的，不利于美国未来的发展。

美国的机会

美国更需要加强与中国的合作，以确保美国的国家利益和全球规划。美国不参与非洲事务将很可能使中国削弱甚至抵消美国在非洲的努力。在安全问题上，中国害怕美国指责自己承担的经济责任多于政治责任。此外，中国担心如果按照 G2 的方式来处理非洲安全问题，可能会疏远中国与非洲国家的传统友谊，因此中国更倾向于按照双边或多边的方式解决问题。

同时，美国应该将注意力集中在一些关键问题上。美国应当更多地要求中国在中美战略与经济对话框架下调整其对非洲的投资和援助政策。美国需要更好地与中国协调双方在保健、医疗和农业等领域对非洲的援助和支持。此外，美国要对非洲各国发挥政治、外交和软实力的影响，来减轻中国重商主义做法给非洲带来的负面影响。最重要的是，美国应当有意识地介入非洲教育，以助其克服由于中国短视的发展模式所带来的不良后果，进而实现长期持续发展。

本文原题名为 "China in Africa： Implications for U. S. Competition and Diplomacy"。本文作者为约翰·桑顿中国中心研究员。本文于 2013 年 4 月刊于 Brookings 网站。

导读

美国与伊朗的竞争就像是一场已经下了多年的棋局，而中国和俄罗斯则站在美伊战略竞争的枢纽之上。本报告分析了中、俄与美、伊的关系，并指出理解这些关系对美国制定政策的意义。

中国和俄罗斯对美伊战略竞争的影响

文 Nori Kasting and Brandon Fite 编译 刘悦

中俄两国是美国–伊朗战略竞争中的关键角色。作为世界大国及联合国安理会常任理事国，中俄在对伊朗核计划采取制裁和其他国际行动方面都起到很重要的作用。中俄都是伊朗的贸易合作伙伴及武器出口国。中国是伊朗石油的主要进口国，中俄两国都有兴趣在伊朗的石油行业进行投资。两国在处理与美国和伊朗的关系时各自存在着复杂的动机和考量。因此，中国和俄罗斯的正式立场都是仅对伊朗实施联合国要求的制裁，并且严格限制对伊朗出售关键性的新武器，但保留未来向伊朗出售武器的权利。

中国与美国和伊朗的关系

中国经济和军事的快速增长，以及跨太平洋贸易关系的深化使得中美关系成为21世纪的焦点。经济关系在中美两国关系中最为重要，几乎成为两国之间其他问题考量的基础。中美经济关系对全球经济的整体健康和稳定，以及全球经济发展和贸易都有重要的影响。同时，中国已经崛起为世界强国，在全球范围内追求自己的利益，而美国则努力想把中国融入由美国主导的国际秩序中。

中伊关系是战略互利的安全合作关系。中国向伊朗购买石油，对伊朗出售武器，在伊朗进行能源行业投资，并不时给予伊朗外交支持，以间接挑战美国的霸权。不过中伊关系也存在紧张地带：伊朗商人阶层对中国在伊朗国内市场不断增长的影响力不满；中伊能源关系不对等，对中国有利；中国对中美关系的重视程度远高于中伊关系。

中国历来是伊朗重要的武器供应商，但 2000 年之后对伊武器出口有所下降。美国大力反对中国对伊军售，认为其加剧了中东不稳定并威胁到美国部队。但中国否认参与了中东的非法武器交易，由于缺乏有力的执法机制，很可能一些中国公司向伊朗出售了武器，而中国政府并不知情。

美国和欧盟对伊朗的制裁逐步升级，以期迫使它放弃核计划。中国参与了联合国对伊朗的制裁决议，但同时保持了同伊朗的经济联系，并积极限制美欧发起的制裁的范围和力度。

中国始终坚持对伊朗核开发仅限于支持其对核技术的和平利用。但美国政府相信某些中国公司在未得到政府授权的情况下一直向伊朗提供核技术和支持。

对美国政策的启示

美国的决策者必须记住中国始终务实而不懈地追求自己的利益，关注自己的安全与繁荣，中国处理国际关系也都是从这个角度出发的。能源安全是中伊关系的基石。如果能说服中国认识到伊朗的石油在政治上过于昂贵，并帮助中国从海湾国家得到切实可行的替代选择，北京可能会更愿意控制其非法武器和技术出口，并配合美欧对伊执行更严格的制裁。单纯的批评或要求中国作为新兴世界的领袖承担责任并不会有太多的效果。

俄罗斯与美国和伊朗的关系

美俄关系主要是基于安全的政治关系。两国有一些共同的安全利益，特别是在维护中亚稳定和反对国际恐怖主义方面。但同时，俄罗斯对美国主导的北约扩张充满警惕。作为世界上最大的有核国家，美国和俄罗斯都愿意保持建设性关系，努力促进核不扩散。两国的经济关系近年有所加强，但贸易总量仍然较低。

俄伊关系是相互利用的关系。俄罗斯与伊朗合作的动机包括提升与海湾地区的贸易关系，用其石油和天然气出口政策对抗美国在中东的影响力，以及维持对里海地区的前苏联国家的影响。伊朗则把俄罗斯视为重要的武器与核技术供应商,在联合国的外交掩护,以及能够抗衡西方大国的重要国家。

自 2000 年以来,俄罗斯对伊朗的武器出售的合同额与实际交货额相差很大,这是俄罗斯面对反伊朗核计划的国际压力的反应。俄罗斯对伊朗军售收入达到数亿美元,但尚远不及对中国和印度的销售。2008 年之后俄伊军事合作逐步减少。俄罗斯延迟交付 S-300 防空系统,发展与以色列的关系,以及在 2009 年揭露伊朗在库姆的秘密铀浓缩设施都令俄伊关系变冷。

俄罗斯一直压制伊朗建造核武器的能力,一方面是由于两国地理位置接近,另一方面是担心伊朗的核能力会招致以色列的空袭,导致美国增加在该地区的军事存在。但同时,俄罗斯支持伊朗有权获得和平利用核能的技术,因为核能是俄罗斯为数不多的具有全球竞争力的领域,俄罗斯不愿意把伊朗市场拱手让给竞争对手。

对美国政策的启示

美国有强烈意愿继续吸引俄罗斯远离伊朗,并向西方联盟靠拢。如果没有俄罗斯的支持,伊朗不但将失去外交赞助,还将失去武器供应和对其现有核设施的技术支持。俄伊关系建立在双方的机会主义之上。美国应继续强调俄罗斯能够从与西方的合作中获得物质和外交利益,并同时提高俄罗斯与伊朗合作的成本。

俄罗斯有自己的计划与安排,其与西方竞争的加剧不应被解释为俄罗斯世界观的转变。俄罗斯自身就有反对伊朗有核化的理由。与中国不同,俄罗斯无须依靠伊朗提供能源,相反,却在欧洲能源市场上与伊朗互为竞争对手。这创造了未来俄罗斯与西方进一步合作及一体化的机会。

本文原名题为 "U. S. and Iranian Strategic Competition: The Impact of China and Russia"。本文作者为 CSIS 的研究员。本文于 2012 年 11 月刊于 CSIS 网站。

导读 ◀◀

　　中美之间的冲突可以通过和平方式解决。这首先依赖于双方理解彼此的战略，并做出缓和紧张关系的努力。同时，这也需要两国在经济、外交和军事等方面做出精心的政策转变和安排。

与中国和解

文　Amitai Etzioni　编译　茅锐

　　中美之间的冲突不是无法避免的。美国能够在不损害其核心利益和价值观的前提下与中国和解。奥巴马总统现在有机会反思他"重返亚洲"的战略，在区域和解与军事对抗之间做出选择。和解不代表让步。由于中美在核不扩散、全球贸易、稳定石油市场、保护环境、打击恐怖主义和海盗、防止流行病等议题上存在共同利益，和解能够符合双边利益并维持全球稳定。

战略假设

　　中国一直奉行和平的发展和崛起政策。它的核心地缘政治利益集中在区域内的西藏、台湾和南海等地，而无意在全球范围内构建新秩序。它倾向于通过和平手段解决领土争端。在 1949～2005 年，它与其他国家解决了 17 起领土争端，但获得的领土大多不及争议面积的一半。中国没有表现出强硬的对外姿态，是因为它在国内面临着经济增长、环境、人口、社会和政治等多方面挑战。与此同时，它在邻国中也没有多少盟友，不足以形成区域霸权。不同于伊朗或巴基斯坦，中国并未直接对美国构成威胁。美国及其盟友无须使用冷战思维看待中国。

缓和紧张关系

　　国家间容易陷入互相猜忌和彼此妖魔化的恶性循环。这种局面必须改变。布热津斯基建议中美通过建立非正式的"两国集团",实现"平行于美欧和美日的全面伙伴关系"。基辛格建议中美"共同演进",在追求各自核心利益的前提下开展符合双边利益的合作,避免政策冲突。怀特建议在亚洲建立"大国协调机制",在美、中、印、日四国间建立"新秩序",一方面把中国的影响力扩大到"足以让中国人感到满意的地步",另一方面保留美国的角色以保证"中国的力量不至于被滥用"。

经济和外交

美国在对中国提出汇率浮动、市场开放、保护知识产权和约束商业间谍等要求的同时,也应当回应中国的担忧。中国企业很难进入西方市场。有时这是出于安全考虑,但有时则是由于联邦、州或地方政府的限制。比如,中海油在竞购优尼科和尼克森时就困难重重。

中国希望美国整肃财政和金融政策。这有助于降低美国对中国资本的依赖并缓解双边贸易失衡。但美国可能将根据国内情况、增长前景和时间表做出调整。美国也可以通过取消向其他国家与中国进行的双边贸易施压,鼓励它们以多边或联盟(如东盟)形式与中国贸易,促进中国对能源和原材料的进口。

在外交方面,美国应该支持中国及其邻国以协商、仲裁和诉讼等非武力方式解决东海和南海等领土纠纷,劝阻单方面占领争议岛屿等可能加剧冲突的行动。美国也不必限制中国建设跨国公路、铁路和石油管线,或在其他国家建设港口。事实上,巴基斯坦的瓜达尔港目前的主要用途在商业而非军事领域。

军事

精心的军事部署是中美和解的关键。美国应该停止在中国海岸线上的常规性巡逻。这种巡逻具有挑战意味,并且不能带来多少战略价值,甚至增加了两国间冲突的可能。更重要的是,美国应当停止在该地区部署军力或与中国的邻国形成军事联盟,避免与日本、韩国、越南、泰国、中国台湾、菲律宾、澳大利亚、新加坡、印度尼西亚、印度等进行联合军事演习。自奥巴马总统 2011 年提出"重返亚洲"以来,美国驻扎在太平洋的战舰比例增加到 60%,让中国感到自身处于充满敌意的包围圈中。

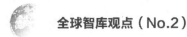

2010 年《四年防务评估报告》中"海空一体化作战"的战略新概念代表了美国主导性战略思维的转变。这表明，打击焦点从近东的反叛和恐怖组织转向了远东。虽然报告表面上不针对任何国家，但显然是对中国崛起做出的反应。美国的战略家们开始争论，究竟应该对中国形成包围圈还是给予直接打击？他们甚至开始设想美国的军事行动可能导致中国采取一切手段反击，从而爆发全面战争或核战争。但上述思维的前提是，美国已无法通过和平方式与中国解决分歧。但目前尚无支持这一前提的证据。只有在与中国和解的尝试失败后才能为这样的战争准备辩护。

本文原题名为"Accommodating China"。本文作者 Amitai Etzioni 是乔治·华盛顿大学的国际关系学教授。本文于 2013 年 4 月 10 日刊于作者博客。

导读 ◄◄

习近平和奥巴马的会面吸引了全球的目光。而他们提出的新型大国关系这一说法更是让外界揣测这对当今世界格局意味着什么。两位作者分别就这个新概念和欧洲将在未来的国际格局中扮演什么角色给出了自己的观点。

习奥会的深远意义

文 Richard Bush and Pier Luigi Zanatta 编译 陈博

在习近平和奥巴马会面时，"新型的大国关系"这个用词不出意料地屡次出现，并先后被中美两方的外长所提及。中国领导人使用这个词语来给他们的外交体系奠定一个核心，并作为和外界沟通的说辞之一。假如这个词语有更多的实质内容，那么这意味它会有更大的战略重要性。

对于新型的关注体现了中国对旧形态的关切。在中国看来，过往的大国关系往往以兴起的一方挑战强势的一方为标志，并在冲突和战争中告终。中国并不想重蹈这样的覆辙。中国从当今这个"二战"后美国建立起来的国际体系中受益良多，尽管它可能不喜欢部分规则。北京也很清楚自己不可能和美国开战。因此，以史为镜是明智的选择。

奥巴马政府似乎也和中国想到一块去了，华盛顿也赞同新兴势力不应该和旧有势力产生武装冲突。

但问题在于，这个"新型"到目前为止还仅仅是一句口号。我们还必须回答几个关键的问题——

到底什么是旧的大国关系形态？是否比人们想象的"崛起－挑战"模式有更深的复杂性？

在当今世界上，什么国家算是大国？中国很明显认为美国和自己是大国

127

之一。但日本、德国、英国、法国或者整个欧盟呢？俄罗斯、印度和巴西又怎么算？只有确定了各自的角色才能确定所谓的新型是怎样的。

大国和二流强国之间的关系是怎样的？比如与韩国、南非和以色列等国。

当大国在某一地区都有影响力并且利益相互纠葛的时候，应该怎样处理好各自的关系？比如中国、日本和美国都是东亚局势的重要角色。

哪些议题是"新型"的核心？是较容易取得共识的议题，还是那些最为艰难，容易引起冲突的议题？

"新型"该怎样形成？是通过在一些宏观问题上达成共识（中国可能希望如此），还是从细致的议题推动在互动中吸取经验（美国可能会希望如此）？

习近平和奥巴马在这次会议中还不会对这些问题有充分的解答，但至少会认为这是值得探寻的。口号背后需要有更实际的内容作为支撑。

欧洲视角

从雅尔塔会议到肯尼迪–赫鲁晓夫峰会，从尼克松–毛泽东到卡特–勃列日涅夫峰会，超级大国的峰会总会让欧洲大陆心悬一线。但这次习近平和奥巴马的会面却不大一样。

这次峰会吸引了全球的注意力，但欧洲对此的报道仅有寥寥数语。难道这次峰会和欧洲大陆毫不相关，抑或是对敏感的欧洲人来说过于尴尬？

欧洲各国的经济在中国出口和美国产业复兴的冲击下饱受冲击，但长远的解决方案一直没有踪影。大部分时间欧盟内部讨论充斥着敌意和针锋相对，各国千方百计地想摆脱困扰自己的经济危机。这就像蚂蚁意识不到整座蚂蚁窝实际上已经岌岌可危。

法国当年确实曾经努力和德国建立更紧密的关系。但现在巴黎正在不断地自我欺骗，以至于要拿中国的太阳能板说事，这惹恼了德国。同样，在最近一次对日本的访问中，奥朗德总统四次提及国内不断的内部纷争，以至于在祝词的时候误将接待国称为"中国主办者"。

大部分欧洲国家还将金砖国家视为青少年。比如法国媒体正在不断宣传它们自己那艘世界上最大的运输货轮，却忘记了船只是在韩国制造的，并且会从亚洲运载更多的货物抵达欧洲，而不是相反。

不得不说，中美主宰的格局已经势不可挡。欧洲必须面对这个现实。那么，英法德三国是否能形成一个比欧盟更有效的救助同盟？从目前来看，欧洲仍然处在蹒跚之中，期望有什么经济奇迹来拯救自己，期望税负过重的人口突然间开始制造出经济增长来。

也许，比起经济奇迹，欧洲更需要的是一场"文化大革命"来意识到世界的重心已经改变了。

本文原题名为"US – China New Pattern of Great – Power Relations"和"The times, they are a – changin"。本文作者为 Center for Strategic and International Studies 的研究员。本文于 2013 年 6 月刊于 CFR 网站。

导读 ◀◀

　　在中美两国元首举行的峰会上，双方都表现出一定的诚意，而峰会也在一定程度上推动了两国关系的发展。但是，中美两国要建立新型大国关系，仍然有很多复杂的问题需要解决。在解决这些问题之前，中美关系不可能如中方所愿。

习奥会足够好

文 Elizabeth C. Economy 编译 赵洋

　　从大多数角度来看，安纳伯格庄园峰会给中美关系带来了一些阳光。两国领导人在一起散步、谈话、说笑，这是非常积极的景象。奥巴马总统甚至用"极好的"一词来形容这次会谈。双方达成协议要进行更多的会谈和会面，两国元首也重申了对于两国进行更加有效的合作的愿望和必要性。

　　华盛顿和北京显然安排得很好，执行得也很好——仅仅这一点就打破了原来的先例。近期的峰会总有不足之处。记得 2006 年在胡锦涛主席和小布什总统在华盛顿的会面，当时中华人民共和国的国歌被误说成中华民国的国歌。谁又能忘记在 2009 年的峰会上中国明显缺乏诚意，当时发生了很多令人不快的事情，其中之一是北京违背诺言而在电视中播出奥巴马总统在上海的办公场所。

　　这一次，中国没有什么可指责的。他们甚至在峰会开始之前就提出了一个美国非常关注的问题——朝鲜核问题。习近平主席在 2013 年 5 月底会见一名朝鲜特使之后，朝鲜领导人金正恩表示要同韩国展开高级别对话。尽管并不能证明二者之间有必然的因果联系，但是事件发生的顺序很有启发意义。此外，在人权问题的罕见回应中，中国同意给盲人律师陈光诚的两个亲属发放护照，并且释放在中国出生的美国科学家胡志成——此人因被指控窃密而被关押了 5 年。

　　将礼仪放在一边，习近平和奥巴马的会面仅仅是建立更加紧密的中美双边关系的第一步。双边关系要取得真正的进展，在很多持续困扰两国关系的问题上就必须取得真正的进展。在气候变化方面两国有小幅进展，签署了一项消除氯氟烃的协议。然而，麻烦问题仍然存在。网络黑客问题被放到战略和经济对话当中，但这个问题在那里不会得到真正的解决。奥巴马总统就网络间谍问题说了些乐观的话，给人的印象好像是，随着中国保护知识产权力度的增加，两国在网络安全问题上将会有越来越多的共同利益。不计其数的美国官员和分析家20年来一直认为只要中国发展了自己的知识产权，就会更好地保护其他国家的知识产权，我猜奥巴马总统对此说法并不当真。

　　钓鱼岛和南海冲突问题——这是此刻这两个国家面对的最有挑战性的问题之一——没有明确表述。诸多贸易和投资问题能否得到真正解决也很难了解到。

　　然而，习近平主席在峰会上希望能够得到尊重，并且两国能够建立"新型大国关系"。习主席完成了一半的心愿。奥巴马总统显然对习主席以礼相待，然而他不同意中国希望将中美关系提升到超越美盟关系的高度。尽管奥巴马总统承认这两个国家需要拥有一种"新型的合作模式"，但他小心翼翼地避免使用中国关于"新型大国关系"的措辞。

　　尽管对于习主席来说这不是最好的结果，奥巴马总统也有他的理由。中国寻求的伙伴关系只有在两国根据共同价值取得一系列成功的条件下才能实现。到那时，两国领导人和人民才会感到峰会是足够好的，能为双边关系带来积极的新能量，强调合作而反对冲突，并且展现双赢模式。

　　本文原题名为"Obama and Xi: The Good Enough Summit"。本文作者为对外关系委员会亚洲研究部主任，本文于2013年6月10日刊于对外关系委员会网站。

导读 ◀◀

尽管中美两国在很多问题上面临着分歧，但是两国也在很多重要的领域中拥有共同的利益，因此也具有广泛的合作空间。中美两国需要在全球经济领域中携手合作，并且共同承担起领导者的角色，这样才能推动全球经济持续发展。

中美下一个十年的经济合作

文 A. Michael Spence **编译** 赵洋

美国总统奥巴马和中国国家主席习近平将于2013年6月7～8日在加州举行首脑会晤，而此时这两个世界上的主要国家正处于一种高度紧张的关系当中。不过，本次会谈的重要议题——从网络安全到"重返亚洲"——并不会吸引所有的关注。如果奥巴马和习近平能够放眼未来，宣布未来10年的共同行动，那么就会发现他们有很多共同点。

世界在下一个10年的主要特征是结构性调整和各个经济体的力量转移，以及全球经济的整体重塑。首先，这在很大程度上取决于两个最大的经济体——中国和美国——所采取的政策，以及它们在提供全球公共物品和维护稳定、开放的经济环境的过程中的合作和领导力。

在很多领域中，合作都是必要的，其中之一是保护自然资源和环境。中国和发展中国家经济的增长将使全球的产出在未来10～15年增加到原来的两倍，而再过15年内很有可能增加到原来的三倍。但发达国家和发展中国家的增长模式不可能使其经济规模扩大两倍到三倍，因为气候、生态、食物、水和宜居性将不能承受这种压力。

全球问题是很难解决的。一个具有建设性的起点将是中美两国在能源使用和安全、绿色增长以及气候变化等问题上的合作。

中国的"十二五"规划在这方面显得雄心勃勃。美国在这方面的进展显得更分散，尽管新的国家政策——包括公司平均燃料经济性（Corporate Average Fuel Economy，CAFE）标准——已经得到采纳。美国也致力于实现能源独立。由于岩页油气的开采，美国对煤炭依赖的减少已经导致人均碳排放量的下降。

中美两国经济的互补性正在发生迅速变化，但是它的意义仍然是巨大的。过去，美国提供巨大而开放的市场、直接投资和技术，而中国则在全球供应链中提供低附加值的劳动密集型产品。如今，中国越来越多地进口此前它买不起的商品，并且创造和吸收越来越多的新技术。在这一过程中，随着低附加值产品的生产流向更低成本的发展中国家，这类工作岗位将从中国流失。

根据双方的政策，中国也有可能向美国进行直接投资，包括制造业领域。美国将持续提供一个开放的市场，尽管中国在这个市场中所起的作用将会向高附加值和全球供应链的高端发展。美国将始终提供、分享和吸收科技和人类智慧，在高等教育、基础和应用研究领域保持顶尖位置。

当然，竞争也有健康的一面。20年来，两国巨大的竞争优势差距随着收入、资本（包括人力资本）和能力差距的缩小变得越来越小。中国的跨国公司将同来自许多国家的跨国公司展开竞争，并且成为全球供给链的主导者。在一个迅速扩展的全球经济中，以规则为基础的公平竞争远不是零和博弈。

中国经济结构需要朝更加健康、可持续的增长模式发展。政策执行和制度发展将因中国新领导人正式提出他们的改革目标而得到澄清。与此同时，美国经济仍然将是具有活力和灵活性的。不过，随着GDP增速缓慢回落，缓慢的就业复苏和收入分配的长期变化仍然是关注的焦点。特别是收入从储蓄较少的人转向了储蓄较多的人意味着总需求复苏的不确定性。

政治分化已经成为不确定性的另一个来源。许多温和派认为，最好的财政政策应当以短期刺激、中期的赤字削减计划和减少长期负债的措施为主要特征，尤其是在这种收缩可以保护增长导向的公共部门投资的情况下。但是这在债务去杠杆化和固定化的环境中很难实现。

东亚作为一个整体的GDP在2015年将会超过美国，而中国则贡献了其中最大的比例。中国的GDP预计在10～15年内赶上美国和欧洲，到那时中国和美国的真实GDP都将超过25万亿美元（以2012年的价格计算），那将是中国当前的GDP的三倍多。两国将各占全球总产出的大约15%。

同时，这种变化将伴随着重大的全球经济挑战和不确定性，而这凸显中美合作的重要性。一种建设性的合作关系将会在很大程度上帮助两国协调各自的政策和制度，以建立可持续的、包容性增长模式。

全球经济有赖于中美两国的领导——在经济增长、经济治理和协调等问题上都是如此。贸易和经济开放性、财政稳定性和约束力、能源安全、气候变化和许多其他问题都是全球共同面对的问题。如果离开中美两国的领导，很难想象全球经济再平衡和经济进步得以发生。

本文原题名为"The Sino – American Decade"。本文作者为莫里斯·格林伯格地缘经济研究项目（Maurice R. Greenberg for Geo-economic Studies）研究员，本文于2013年5月28日刊于对外关系委员会网站。

全球智库观点（No.2）

世界热点·宏观经济

导读 ◀◀

　　本文是外交关系协会（CFR）对 A. Michael Spence 等人就 2013 年全球经济形势的采访。总体来看，2013 年，美国经济将会轻微好转，欧洲经济依然面临较大挑战，中国经济相比之前年份经济增长速度也会降低。中美之间的经济关注点将会从之前的汇率问题转到投资与技术转移上。

2013年全球经济前景

文　A. Michael Spence 等　编译　熊爱宗

A. Michael Spence（外交关系协会特聘访问研究员）

　　2013 年美国经济前景微弱好转。意见分歧的国会对债务和长期非债务负债削减表示担忧，可能会就可信稳定路径达成一致，以恢复商业信心、降低不确定性并刺激投资。然而，颠覆性技术、全球市场力量、教育缺口以及技能赤字使得失业问题长期化。宽松的货币政策，不过是政治家们为政策变化争取时间，但却可能将经济重新推回依靠高杠杆化的增长模式，并推迟业已延误的结构调整。

　　2012 年夏天之后，欧洲的系统性下行风险有实质性缓解，主要是由于意大利和西班牙出现了可信的改革动力，以及欧央行和欧元区核心国家对于稳定银行部门和主权债务市场强有力的承诺。然而接下来的欧洲大选依然会导致政治不确定性，最终可能带来负向经济增长与高失业，但是不会导致欧元区无序解体。

　　新兴市场看起来将会好得多。2012 年，欧元区持续的危机导致新兴市场增长减速，但是并没有导致其脱离经济增长轨道。中国正在进入复杂的中等收入转型，面临领导人换届以及改革动力衰减等一系列系统性风险，不过，随着领导人的成功换届以及反腐、转变政府角色、处理社会问题等积极信号的出现，这一风险已逐步降低。

总之，全球经济虽并未完全脱离下行风险，但在过去的一年正向着更加平衡的增长迈进，然而滞后的就业和收入不平等将持续阻碍经济强劲复苏。

Robert Kahn（Steven A. Tananbaum 国际经济学高级研究员）

2013 年欧洲的挑战依然是为经济改革提供持续支持、维护市场信心并推动银行和财政联盟建设。然而，这些都建立在经济增长的基础上，而这是不易达到的。国际货币基金组织预计欧洲在 2013 年仅有 0.2% 的增长，而私人部门的预测则要更悲观。脆弱的全球环境意味着出口将会比 2012 年更为疲弱，国内需求也将由于既定的财政整顿和金融体系惜贷而受到损害。美国财政悬崖阴影、亚洲地区的增长不确定性都将增添下行风险。

在这种背景下，市场与政府拥有各自的算盘，相比政策制定者，市场要求政府提供更快的反应。欧元区需要在债务削减方面展开更多行动，但是德国不会情愿在 2013 年 9 月大选前解决这一问题。银行改革同样进展不大，尽管已经就单一监管机制达成一致，但是到 2014 年之前这一机制不会执行，一个完全的银行联盟仍然是一个遥远的目标。除了对希腊退出欧盟持续的担忧外，意大利选举的不确定性，以及欧洲外围国家日益增长的改革的阻力都为欧洲经济蒙上阴影。

2012 年，欧央行宣布了新的债券购买计划以及流动性注入工具，这为危机解决赢得一定空间。然而，在经济增长停滞之后，市场将会对工具的有效性心存疑虑，外围国家的调整努力仍然处于重压之下，加强货币联盟的谈判也仅仅在以蜗牛般的速度推进。

重返经济增长将会为持续改革提供信心，也将促进债务水平的可持续性，如果没有这些，欧洲将会再次陷入危险的边缘。

Mark Thoma（世纪基金会研究员）

在经历 20 世纪 70 年代两位数的通胀问题之后，美联储对通胀信号反应强烈并力求避免政策过激从而导致恶性通货膨胀。这种对通胀的敏感性在 1984 ~ 2007 年一直保持良好，然而当 2007 ~ 2009 年大萧条袭来之际，对于通胀的担忧制约了美联储解决失业问题的能力。现在回顾起来，美联储的确太"软弱"了：在经济如此脆弱之下，对于通胀的担忧过度了，应该采取更为激进的措施来应对失业问题。

宏观政策最重要的趋势是推动央行容忍暂时性通胀上升，以此来应对衰退时的失业问题。美联储最近宣布其允许通胀高于 2% 以应对失业，这与美联储之前的政策截然不同，此前其根本不允许目标通胀超过 2%。

美国并不是一个特例。加拿大央行行长 Mark Carney 将会在 2013 年 7 月履新英格兰银行，他将会采取同样的政策，并说服货币政策委员会其他委员接受其观点，从而促进货币政策宽松。

欧洲大陆是否会受到影响？由于德国历史上曾经历恶性通货膨胀，降低欧央行应对通胀的能力将会受到反对。但是如果美国和英国的政策发挥作用，最终欧央行也必将会深受影响。

Yukon Huang（卡内基国际和平基金会高级研究员）

中国在 2013 年实现经济增长 8% 的转折，这是一个可喜而并非令人失望的常态。在过去的数年里，市场过度关注中国经济增长放缓，一直希望以中国两位数的增长速度弥补 OECD 经济增长不足，但是放缓的经济对于中国来说是一件好事，作为一个成熟的经济体，增长的质量比速度要更有意义。

当美国和欧洲的进口需求不振时，中国业已削减的贸易顺差将会持续降低。人民币问题不再居于中心地位，货币战将从两国的论战中褪色，但是对于外商投资和技术转移障碍的讨论将会登上舞台，例如中国企业试图更大规模地进入美国市场引来美国对于安全风险的担忧，美国公司也被迫分享技术以换取进入中国市场。

中国已经变成亚洲生产网络的中心，它从其他国家进口零部件进行组装并将最终产品出口到西方市场。但是这种模式仅仅带来低收入的就业增长，因此，对于中国来说，优先事项是发展更高级的产品线以促进高收入就业的增长，并促进经济可持续增长。中国希望发展"本地"技术来解决这一问题，就像韩国和中国台湾一样。这包括从国外或本地寻求技术知识，无论是否有外国合作者介入。因此，技术转移以及与知识产权相关的问题将会成为中美两国在接下来数年内的谈判重点。

Mark Zandi（穆迪分析公司首席经济学家）

2013 年美国经济前景不容乐观。联邦政府的财政紧缩将会为经济带来负担，但是如果国会和奥巴马总统能够就财政悬崖达成一致，2013 年美国经济也许会实现健康增长，房地产市场开始复苏，商业投资和就业开始增长，消费者也会激发更大消费热情。

房地产正在逐步复苏。2012 年房地产市场出现转折，并将会在 2013 年反弹，乐观情景的逻辑很简单：房地产价格已经比房地产泡沫破裂时降低了 1/3，抵押贷款利率也达到史无前例的低点，而租金却在持续上升，这使得美国居民买房更为划算。

美国公司在衰退期间也开始降低它们的成本结构，利润加成出现前所未有的高涨。强劲的利润和低利率使得企业的债务大大减轻，并产生潮水般的现金流，在这种情况下，企业意识到为保证收益和股票价值的健康性，它们需要寻求新的增长机会。

家庭金融并不是特别乐观，但是也有所改善。高收入家庭债务不断减轻，并且大部分债务通过再融资转化为固定利率抵押贷款；低收入家庭仍然在苦苦支付抵押贷款和学生贷款；但是对于所有家庭来说，税后收入与总债务之比正接近历史低点。家庭在短期内将不会增加借款，而贷款者也会惜贷，但是大部分消费者将不会通过需求开支来管理他们的债务水平，因此，美国经济离光明前景还有一段距离。

本文原题名为 "Prospects for the Global Economy in 2013"。本文作者 A. Michael Spence 为外交关系协会特聘访问研究员，Robert Kahn 为 Steven A. Tananbaum 国际经济学高级研究员，Mark Thoma 为世纪基金会研究员，Yukon Huang 为卡内基国际和平基金会高级研究员，Mark Zandi 为穆迪分析公司首席经济学家。本文于 2012 年 12 月 27 日刊于外交关系协会网站。

导读◀◀

全球经济在 2012 年依然低迷。尽管指标显示 2012 年末会出现转折点，但是欧债危机和美国的财政悬崖仍然给全球经济的走向带来了很大的不确定性。预计发达国家 GDP 在 2012 年冬季增长甚微，而新兴经济体由于政策刺激，2013 年增长会比较显著。预计 2013 年全球产出以 3.4% 的速度缓慢增长，2014 年的增长率将增加到 3.9%。

2013年全球经济预测：强劲复苏尚需时日

文 基尔大学世界经济研究所　**编译** 孙瑜

2012年全球经济持续低迷

世界经济在 2012 年仍然低迷，全球平均 GDP 增长率下降到 3.2%，比本已低增长的 2011 年下降了 0.6 个百分点。发达国家的增长最为缓慢，欧元区甚至出现衰退迹象。同时，拉动全球经济从危机中复苏的新兴经济体也出现了一定程度的下降。

未来增长的不确定性

日前全球经济仍然被欧债危机和美国财政政策的不确定性所笼罩，并且主要新兴经济体的经济形势表现并不良好。虽然欧洲央行出台的支持政府债券等措施抑制了金融市场的混乱，美国财政政策谈判也出现了一定的妥协信号，并且越来越多的证据表明新兴经济体正在恢复，但是市场仍然表现出脆弱和敏感，根本的问题并未得到解决。

对于欧元区来说，我们估计由于对各种拯救措施、财政整顿、结构调整政策有效性的信心在不断增强，金融市场的压力正在逐渐减弱。但是在政策制定者对欧元区未来给出一个可靠的答案之前，高水平的不确定性仍然存在。并且形势也有可能转向恶化，比如有的投资者质疑其他欧元区大国的债务偿付能力。

我们也看到发达国家的中央银行过度使用一些非常规的货币措施来减轻危机给房地产市场和金融部门带来的影响，但这同样也带来了更加显著的风险。即使在目前需求不足的情况下通货膨胀的直接威胁并不大，但对通货膨胀预期的不确定性也会带来间接风险。

展望：今后两年全球经济增长将缓慢加速

今后两年全球经济可能会加速，但这并不一定意味着强劲的增长。相比新兴经济体有一定的货币和财政政策空间来应对经济疲软，发达经济体可选择的政策工具比较有限。私人部门资产负债表的调整使扩张的货币政策起不了太大的刺激作用，扩张的财政政策在很多国家也遇到了阻碍，预计在2013年发达国家会实施比较紧缩的财政政策，2014年财政紧缩会有所减轻。

在此背景下，我们预计发达国家在2012年冬季增长缓慢，年增长率只有1.3%。在2013年也只有1.1%的增长率，而在2014年，增长率将上升到1.9%。由于大规模的财政紧缩，预计美国在2013年增长率下降至1.5%，但在2014年将回升到2.5%。日本和英国的增长在2013年也较弱，且2014年回升不大。2012年冬季欧元区的GDP又一次呈现明显的下降，预计2013年增长率有可能仍然是负值，而2014年将回升到0.9%。欧洲失业率仍然会上升，而美国失业率将轻微下降（见表1）。

表1　全球主要国家和地区GDP增长率和消费者价格增长率预测

单位：%

国家/地区	GDP 增长率			消费者价格增长率		
	2012 年	2013 年	2014 年	2012 年	2013 年	2014 年
美国	2.2	1.5	2.5	2.1	2.1	2.8
日本	2	0.5	1	- 0.2	- 0.3	1.1
欧元区	- 0.5	- 0.2	0.9	2.5	1.9	1.8
英国	- 0.2	0.6	1.2	2.7	2.3	1.6
发达经济体总计	1.3	1.1	1.9	2	1.8	2.1

续表

国家/地区	GDP 增长率			消费者价格增长率		
	2012 年	2013 年	2014 年	2012 年	2013 年	2014 年
中国	7.8	8	7.5	2.6	2.5	2.5
拉美	3	3.8	4.4	6.2	5.6	5.5
东亚①	5.8	5.4	5.5	3.4	4.4	4.4
印度	3.8	6.5	7.5	9.1	8.5	8
俄罗斯	3.5	4	3.8	5	6	6
世界总计	3.2	3.4	3.9	4.6	4.2	4.3
附加：世界贸易总量	1.5	3	5	—	—	—

新兴经济体的经济活动将继续受到发达国家需求不足的影响。然而，在最近的几个月中，这些国家的经济政策已经越来越具有扩张性。如果没有出现未估计到的情况，如发达经济体经济增长过分缓慢、全球金融市场不稳定等，那么新兴经济体在 2013 年将开始复苏。

总之，2013 年全球 GDP 增长率预计为 3.4%，2014 年为 3.9%。世界贸易会逐渐增长，但是增长率较低，预计 2013 年的增长率为 3% 左右，2014 年为 5% 左右。

本文原题名为 "Global Growth Remains Subdued for Some More Time to Come"。本文是基尔大学世界经济研究所数位研究人员的观点总结。本文于 2012 年 12 月刊于 ifw – kiel 网站。

---

① 东亚：除中国、印度、日本在外的东亚新兴经济体。

导读 ◄◄

　　金融危机后，全球主要发达经济体经历了去杠杆化进程。本文认为，大规模去杠杆化将拖累全球经济增长。为了应对不利冲击，各国应采取应对措施。不过，如果政策应对得当，当前去杠杆化进程可能对全球经济增长产生促进作用。

去杠杆化与全球经济增长

文 Jean Pisani-Ferry, Sébastien Jean, Helmut Hauschild, Masahiro Kawai, He Fan and Yung Chul Park 　**编译** 伍桂

　　根据 IMF 的估算，主要发达经济体产出水平将继续显著低于潜在水平。关键原因之一在于这些经济体各部门不得不经历去杠杆化进程。金融危机改变了市场对安全杠杆水平的态度。美欧家庭负债累累却面临再融资和偿还困境，消费和住房投资被抑制；许多国家政府公共债务接近危险水平，部分国家金融市场准入受限；监管要求强化了银行去杠杆化的动力。

　　虽然总债务水平有助于反映整体状况和脆弱性，但基于总债务水平的分析会面临忽略"并非所有债务都一样"的风险，债务分布于不同主体会产生不同的影响。此外，还应注意总债务是否应涵盖金融部门的债务。如果涵盖，作为金融中心的国家（如英国）的债务水平必然会比其他国家高。但是，金融危机之后爱尔兰的例子又表明，金融部门过度负债会产生实质性风险。

部门去杠杆化 vs. 总体去杠杆化

　　金融危机前后，主要发达经济体各部门债务变动特征不同。2000～2007年，日本债务增长主要源自政府部门，韩国和美国主要源自家庭部门，英国源自金融业，欧元区四大经济体则主要源自金融和非金融企业。2007～2012

年，各国总债务继续增长，但各部门债务变动特征不同。美国私人部门，尤其是家庭部门经历了去杠杆化；而韩国的债务增长则主要来自私人部门；欧元区和英国私人部门债务没有下降，政府债务也大幅增长；日本的债务增长都来自公共部门。除美国外，各经济体金融部门杠杆率（债务/GDP）均上升，其中欧元区四国上升最多。

根据失业率和经济增长等指标，近年来美国的经济表现无疑要优于欧元区。因此，有研究认为，私人部门去杠杆化应当通过允许公共赤字膨胀来支撑。经济复苏后，财政乘数下降，公共赤字就会减少。不过，该方式对部分欧元区国家而言并非现实选择，因为其信贷市场准入受限。此外，由于相当一部分支出会被转移至其他国家，欧元区成员国实施政策刺激的动力不足。更集中的预算安排将有助于提供更多支持，使开放型国家的政策外溢性内部化。欧元区整体公共债务水平要低于美国，但通过财政赤字实行刺激政策将产生分配效应，而且也缺乏政治和民意支持。

亚洲的情况

对于亚洲经济体而言，去杠杆化并非当前的主要问题。不过，有关日本是否以及何时将开始抑制庞大的公共债务，却受到诸多关注。2012 年底，日本一般政府债务总额占 GDP 的比重达到 237%，净债务比重达 135%（IMF）。

由于潜在增长水平低和人口老龄化，公共部门去杠杆化给日本带来挑战。1991 年以来，日本几乎陷入停滞，实际 GDP 年增长率只有 0.8%。不过，考虑到工龄人口减少，该问题可能被放大。2001~2007 年，日本工龄人口人均实际 GDP 年均增长 1.6%。尽管如此，名义 GDP 停滞排除了通过增加分母值去杠杆化的可能性。解决方案包括：①增长友好型税收改革，增加间接税同时减少收入税和企业税；②增加移民；③提高妇女的劳动参与率；④更高的通胀率。此外，还可以对现金余额征税，从而鼓励消费、促进增长和增加政府收入。

目前新政府推出规模为 GDP 的 2% 的一揽子刺激计划，并敦促央行提高通胀目标至 2%。短期内，赤字将增加，但最终目标是促使日本摆脱长期通缩，进而减轻政府债务负担。市场的初步反应是日元大幅贬值，如果贬值趋势维持，将有助于增加出口和促进更高的经济增长。不过，扩张性政策，尤其是更高通胀目标政策可能增加利率对日本国债影响的不确定性。迄今为止，日本政府能以超低利率融资，但由于债务存量已经很大，即便利率小幅上升也会使政府还本付息支出迅速增长，并导致不可持续态势。

日本的家庭部门负债低于韩国、英国和美国。由于持有大量资产，2010 年，日本家庭部门净金融资产在 OECD 国家中是最高的。需要注意的是，净金融资产并不是衡量韧性（resilience）的可靠指标，因为资产，如股权形式比债务形式的负债更容易贬值。日本很大一部分储蓄资金都投资于诸如国债的安全工具上。2007 年以来，日本私人部门杠杆率没有明显变动。

韩国家庭部门债务较多，不过也持有大量金融资产。因此，其净金融资产接近 OECD 平均水平。韩国经济韧性来源之一是公共债务低，一旦私人部门面临去杠杆化冲击，可以由政府部门来维持总需求。

金融危机后，中国的刺激计划导致信贷扩张，而其中相当一部分流向了国有企业。如果信贷标准下降，信贷扩张会导致不良贷款增长。但中国私人部门和政府部门杠杆率并没有上升迹象。金融危机后，政府债务和私人部门信贷/GDP 有所上扬，而之后一直比较稳定甚至有所下降。不过，对社会融资总量（TSF）结构的分析发现，近年来非传统形式的信贷（除人民币贷款）增长较快，这可能导致潜在的脆弱性，因为它们比银行贷款面临的监管更少且更不透明。2012 年，除人民币贷款以外的其他项目占社会融资总量的比例达 46%，而 2002~2007 年，该比例只有 24%，2002 年只有 6%。

去杠杆化与全球经济增长

在可预见的未来，大规模去杠杆化进程很可能会继续拖累全球经济增长。为了减轻总需求冲击的不利影响，所有部门/国家不应同时试图去杠杆化，而应遵循合适的顺序。如果私人部门资产负债表良好，公共部门去杠杆化不会产生太大的危害（反之亦然）。如果外需充足，小型开放经济体可以在不损害产出的情况下实现国内大规模去杠杆化，如 20 世纪 90 年代初的北欧。

危机后的西班牙和爱尔兰的情况表明，一个部门受到冲击后，很难找到可替代的需求来源。虽然净出口增长缓解了需求冲击，但仍不足以避免产出下降。此外，净出口增长部分是因为进口减少而非出口增加。

国内经济主体受到高负债约束时，只要全球需求不下降且在各国间分配，那么产出并不必然下降。不过，这类支出再分配要求价格和产出弹性非常大。但二者都存在黏性（如名义工资和建筑业工人再安置），所以产出短期下降在所难免。

部分需求已经出现再分配。全球三大债权国（中国、德国和日本）的经常账户余额/GDP 已经从 2007 年的 7.5% 下降到 2012 年的 3.4%（IMF 和 AMECO）。危机之后，经常账户盈余国进口普遍增加，而许多高负债经济体进口则下降了。

全球启示

去杠杆化与其他很多宏观经济指标类似，表明全球经济格局正在不断变化。1997 年，亚洲国家挣扎于过度负债的泥潭，而现在则是发达经济体。本文认为，部分国家去杠杆化会产生全球影响，各国应当相应调整。

首先，更灵活的全球汇率体系能更好地隔绝未来去杠杆化冲击对各国的影响。增强灵活性将有助于缓解受到去杠杆化冲击国家的失业率上升和消费下降。其次，旨在增强劳动力、产出和资本市场反应力的结构性改革，将缩短调整周期，南欧国家应保持改革势头。再次，仍有财政空间但受到需求下降冲击的国家，如英国和美国，不应在公共部门仍然比较健康的情况下过度去杠杆化。最后，日本应当制定并实施改革，以提高公共财政的可持续性；作为外汇资产大国，日本不应该继续无限期依赖外需推动经济增长。

如果能采取适当的宏观经济政策以维持总需求，当前的去杠杆化进程并不必然损害全球经济增长，甚至可能产生促进作用。危机前，全球储蓄用于为发达经济体消费融资的份额过大。如果大部分资金转而投资于资本密集程度低的国家，全球经济增长将回升。为此，发展中国家应以可测度的方式开放资本账户，以增加投资机会。此外，还应努力实现国内金融市场现代化，同时，决策者应关注不受控制的资本流动和金融自由化的潜在不稳定特征。

本文原题名为"Deleveraging and global growth"。本文作者 Jean Pisa-

ni – Ferry, Sébastien Jean, Helmut Hauschild, Masahiro Kawai, He Fan, Yung Chul Park 分别供职于布鲁塞尔智库、法国国际信息展望研究中心（CEPII）、德国贝塔斯曼基金会、亚洲开发银行研究所、中国社会科学院世界经济与政治研究所、韩国大学东亚研究中心。本文为 2013 年 1 月 21 ~ 22 日亚欧经济论坛会议论文，于 2013 年 4 月 25 日刊于 Bruegel 网站。

导读 ◀◀

本文认为，本次危机之后，全球经济复苏缓慢主要由于全球经济不确定性的上升，不确定性阻碍了企业和家庭的经济活动。对于政策制定者来说很难消除内在的不确定性，但是却可以通过执行果敢、及时的政策来降低经济政策的不确定性。

不确定性阻碍全球经济复苏

文 Nicholas Bloom, M. Ayhan Kose and Marco E. Terrones 编译 熊爱宗

一些经济学家和政治家认为在经历大衰退两年的困苦时期之后，全球经济将会出现快速反弹。但是发达经济体的经济表现并没有按这一脚本运行，在经过严重的衰退之后，发达经济体仅出现了脆弱而缓慢的复苏。

为什么复苏如此缓慢？有人认为金融危机之后的复苏往往就是缓慢的，资产负债表的修复、疲弱的信贷扩张、房地产市场的徘徊不前等都为经济运行带来负担。然而，目前的复苏进程有重要一点与以往不同，那就是目前正经历着不确定性的急剧上升，这可以为当前不太强劲的复苏提供补充解释。美国和欧洲的商业活动对财政和监管环境存有不确定性，对未来无知的恐惧成为它们推迟投资和雇员计划的因素之一。据全美企业经济协会的调查，在236名受访商业经济学家中的绝大多数人认为，财政政策的不确定性阻碍了经济复苏的步伐。

不确定性无处不在

经济不确定性是指对未来经济状态知之甚少或全无所知。经济不确定性来源很多，包括经济与金融政策的变化、对增长前景的分歧、生产率的变动、战争、恐怖行动以及自然灾难等。

无论用什么方法测度都显示近期全球经济的不确定性都在增加。2008 年经济衰退之后，美国和欧元区经济政策的不确定性快速上升，并在随后时期居于高位。在美国，不确定性主要来自政府对财政政策的争论和长期结构改革问题，由于通胀和利率水平较低且稳定，货币政策的不确定性反而较小。

从国家层面来看，经济不确定性与经济周期相逆。在经济扩张时期，宏观经济不确定性平均大幅低于萧条时期，同样，微观经济的不确定性也表现出逆周期特性。

不确定性对经济活动的影响

然而，在不确定性与经济周期之间很难建立因果关系。不过经济理论已经指出不确定性对经济活动负面影响的传导机制。

从需求面来看，在面临不确定性时，企业往往会削减投资需求，并推迟项目建设，因为改变投资决策的成本高昂。家庭部门的情况类似，它们会降低对耐用品的消费直到不确定性有所缓解。在供给面，企业的雇员计划也将会受到不确定性的负面影响。

金融市场问题将会扩大不确定性对经济增长的负面影响。例如，不确定性将会导致项目的预期收益降低，并造成对抵押品的估价困难。因此，信贷者将会提高利率水平，并降低对外借贷。这导致企业融资困难，最终造成投资收缩，产出增长大幅降低。

经验证据表明，不确定性将会损害经济增长。产出增长率往往与宏观经济不确定性负向相关。据测算，不确定性每增加 1 个标准差，将会导致产出增长下降 0.4~1.25 个百分点。政策导致的不确定性也与经济增长负相关。2006~2011 年大幅增长的政策不确定性已经对发达经济体的经济增长造成阻碍。

经济不确定性的程度与经济衰退的程度或复苏的强度有关。特别是伴随高度不确定性的衰退往往比一般衰退来得更为严重。同样，不确定性下的复苏也比其他情况下的复苏更为脆弱。金融危机之后，全球经济所经历的不同寻常的不确定性与全球经济的深度衰退和缓慢复苏相一致。

政策应对

历史上高度不确定性往往与低速增长同时发生。近期不确定性的上升增加了全球陷入另一场衰退的可能性。对于政策制定者来说很难消除内在的不确定性，但是对于经济政策的不确定性，政策制定者却可以通过执行果敢而及时的政策来使之降低。这有利于帮助欧元区重启经济增长，并强化美国的经济复苏。

本文原题名为"Held Back by Uncertainty"。本文作者 Nicholas Bloom 为斯坦福大学教授，M. Ayhan Kose 和 Marco E. Terrones 为国际货币基金组织研究处主任助理。本文于 2013 年 3 月刊于国际货币基金组织《金融和发展》杂志。

导读 ◀◀

"大衰退"（the Great Recession）后并未出现大复苏，其原因尚无定论。本文发现，此次复苏与以往经验的明显不同在于，以往经济复苏期间的财政和货币政策都是宽松的，但在本轮复苏中，发达国家的财政和货币政策却彼此矛盾。

本轮全球复苏为何不同？

文 M. Ayhan Kose, Prakash Loungani and Marco
E. Terrones 编译 茅锐

　　关于本轮经济复苏乏力的讨论很多。有观点认为，如果经济危机是由金融危机导致的，复苏一般来讲都会比较慢，因此本轮经济复苏乏力并不奇怪。另有观点认为，政策不确定性是本轮经济复苏的主要障碍。还有观点认为，欧元区的制度设计缺陷和 2009 年经济危机在全球范围内表现出的高度系统性等因素是复苏乏力的主要原因。最新的《世界经济展望》分析了本轮经济复苏中财政和货币政策演变，发现它们与经济复苏的历史经验明显不同。本文认为，在已有文献指出的原因之外，政策也是导致复苏乏力的重要原因。

理解全球衰退与复苏

　　过去 50 年，全球经历过 4 次衰退。它们分别发生在 1975 年、1982 年、1991 年和 2009 年。所谓全球衰退，是指全球人均 GDP 下滑，工业产出、就业等一系列其他衡量全球经济活动的指标全面恶化。全球衰退过后会出现经济复苏，随之带来全球消费、投资和贸易的回暖。

　　乍一看来，本轮经济复苏和过去十分相似，全球产出水平在一年内就回到了衰退前的水平。但事实上，发达国家和发展中国家在本轮复苏中的表现却全然不同：发达国家的复苏明显比以往更弱，而发展中国家的复苏则显著更强。IMF 的预测表明，这一差异在近期内还将持续。

政策差异

是什么导致经济复苏出现差异？现有研究已经指出了许多原因，但本文认为，发达国家矛盾的财政和货币政策是另一个重要的因素。发达国家现在采取的财政支出政策和我们预计财政政策的演变轨迹与历史经验相比完全不同。在过去的经济复苏中，政府通过增加实际支出来实现扩张性的财政政策。但在本轮复苏中，尽管美国等部分发达国家在危机爆发之初推出了比以往规模更大的财政刺激计划，刺激力度却在随后的两年中不断下降，并预计会在未来继续减弱。在欧元区和英国等主要发达国家中，这种财政政策的差异也同样存在。相反，发展中国家的财政扩张却比以往更加有力。这可能与它们不断提高的财政能力有关。与以往相比，发达国家在本轮复苏中的货币政策却特别宽松。政策利率被降至历史低点，中央银行的资产负债表也迅速膨胀。发展中国家的货币政策也比以往更加宽松。

政策差异背后的原因

对财政刺激的谨慎和在本轮衰退和复苏中实行的财政整顿，可能是因为过高的公共债务占比和较大的财政赤字。相比以往，发达国家在本轮衰退爆发之初已经背负了高额债务。这些债务之所以形成，与危机前的扩张政策、对金融部门的扶持政策以及在大衰退中蒙受的巨额收入损失等原因有关。除此之外，欧元区边缘国家面临的主权债务危机和市场准入威胁进一步迫使它们加快推进财政整顿。相反，由于大衰退前的通货膨胀水平较低，实行宽松货币政策的空间相对较大。

本文无意评价这种政策组合是否合理。但我们认为这可能导致以下问题。尽管货币政策是有效的，但政策制定者必须诉诸非常规手段加以实施；即便如此，零利率底线和深受重创的金融部门也大大降低了这些手段的效力。鉴于经济依旧疲软，这可能会放大紧缩性财政政策的不利影响。与此同时，现在的杠杆率比以往经济复苏时高得多。历经 4 年疲软的经济复苏，政策制定者或许应当反思这种完全依赖货币政策的复苏模式。

本文原题名为 "Why is this global recovery different?"。本文作者 M. Ayhan Kose，Prakash Loungani，Marco E. Terrones 均供职于 IMF 研究部。本文于 2013 年 4 月 18 日刊于 VOX 网站。

导读 ◀◀

　　本文概述了克鲁格曼与 Gavin Mueller 关于科技与就业关系的争论，并最终得出：如果科技不能使所有人都获益，那么应当采取相应政策进行解决而不应发动社会动乱。

新科技毁掉工作还是创造工作？

文 Ben Southwood　**编译** 刘洁

　　保罗·克鲁格曼（Paul Krugman）在《纽约时报》的一篇文章中表达了同情卢德派（Luddites）的观点，他指出：未来科技发展带来的福利或许不能均等地在全社会分布。在这种情况下，他进一步指出：设置普遍基本收入等政策或许能够补偿不幸者，他们可能为接受高等教育花费了大量资源，但没有预料到现在大学文凭贬值了。我赞同克鲁格曼的基本运气均等主义的观点，很能理解他说的这种案例。

　　我对《雅各宾杂志》（*Jacobin magazine*）中加文·米勒（Gavin Mueller）对此的回应有所抱怨。米勒提出了比克鲁格曼更激进的观点，认为科技是"毁灭我们的武器"，并且论证了"所有人富足且安逸"的长期目标（该观点是我所赞同的）或许要以短期内"生产关系的瓦解"为前提。但最能惹恼我的是下面这句话："'科技不会毁掉工作而仅仅能创造更好的新工作'是一个没有根据的假想。"

　　米勒真相信这种观点吗？失业率是 7.8%，而就业人数高达 3000 万，这是历史最高水平。自 18 世纪 50 年代开始兴起一股改革性的技术进步狂潮，而当时大批人得到雇用。同时，这批劳动力的工作时间更短了，生活也更富足了。这些事实是否足以证明科技创造——同时毁掉——工作并不仅仅是一个"无根据的假设"。

　　过去，移动电话、更多的卫生厕所以及美味的饮料都普及到世界最贫穷的地区，但这种趋势是否会持续下去是绝对确定的。不过，近年来人们对各大科技产品的消费加速增长，表明科技正以空前的速度在全社会范围内传播，并使普罗大众获益，而不仅是富人获益。如果真是这样就太棒了，这意味着我们将能过上更为富足安逸的生活，同时不以毁灭新科技为代价。如果最终结果并不是所有人都能获益，那么我们需要采取的是诸如克鲁格曼提到的设置普遍基本收入等政策措施，而不是发动剧烈的社会动乱。

本文原题名为 "Do technological advances destroy jobs without creating new ones?"。本文作者为亚当·斯密研究所（Adam Smith Institute）研究员。本文于 2013 年 6 月刊于 Adam Smith 网站。

导读 ◄◄

哪些行业可能改变全球产业的格局，并驱动未来的经济增长呢？本文汇集了飞机、汽车、制药和零售业四个行业案例研究的结果，并得出相关政策建议。

世界产业格局的转换

文 Donald Hepburn, Andrew Black, Matteo Ferrazzi, Andrea Goldstein, David Hurst, Steven McGuire and Michael Owen　编译　许平祥

过去的 25 年里，世界产业格局出现了一个巨大的转变。全球化已经大大增加了有效劳动力的供给，而跨国公司通过大量的外国直接投资找到了新的优势来源。中国是一颗耀眼的明星。中国已经在 2011 年超越了美国，成为世界上最大的制造国。更重要的是，2011 年中国制造的汽车数量超过了美国和日本的总和。

世界产业格局的前景越来越具有不确定性。在发达国家，金融危机和经济衰退使得结构问题更加突出，这需要很长时间才能调整，所以西方将经历一个长期而缓慢的经济增长。这种再平衡涉及支持金融和公共服务部门产业的萎缩。幸运的是，发展中国家如中国和印度继续保持健康的发展，这部分源于大量中产阶级的兴起，需要大量的消费品和基础设施投资。二者都将刺激国内的产业发展。

结合以上两个经济背景，从长期来看，制造业在世界经济中占比上升的势头可能会停止。此外，发展中国家比发达国家增长更快，并且具有更高制造业占比，这将强化这种趋势。

企业将继续寻找最恰当的区位。在一些发展中国家中，工资的增长速度远远快于西方国家。这正是中国沿海地区省份发生的情况，使得企业向中国内地、越南和孟加拉国等成本更低地区转移。这也会导致部分生产活动向发

达国家的回潮。

考虑到许多跨国公司依赖于全球的供应链，所以它们倾向于维护自由贸易。尽管如此，在衰退期间和未来选举周期的特定时点，可能有更大的政治压力来采取保护主义，以促进国内生产并创造新的工作岗位。尽管这份报告认为，这些保护主义压力不太可能导致重要或持续的全球化的逆转，但政府将需要更加主动地论证持续全球化带来的好处。

该报告的重点是评估哪些行业可能改变了全球产业的格局，并驱动未来的经济增长？报告汇集了四个行业案例研究的结果：飞机、汽车、制药和零售业。表1显示了它们的增长速度是否会快于GDP的增长速度。

表1　对象行业是否驱动了经济增长

行　业	发达国家	发展中国家	世　界
飞　机	是	是	是
汽　车	否	是	是
制　药	是	是	是
零　售	否	是（长期不是）	否

飞机产业

由于航空旅行需求的强劲增长，飞机产业迅速壮大。至少到2020年，飞机制造仍然继续由美国和欧洲占据主导地位，而来自巴西（巴西航空工业公司）和加拿大（庞巴迪公司）的贡献则非常小。但是，中国正在迅速建造自己的航空工业。基于中国巨大的国内需求，2020年其将挑战波音、空客的双寡头垄断市场，并在2030年成为一个重要的竞争对手。

汽车产业

世界汽车市场将持续向发展中国家转移。发达国家已经出现饱和，其增长将主要来自能源使用和安保方面的技术进步。相比之下，在发展中国家的汽车拥有率将飙升，使得生产越来越集中于这些市场。

制药业

虽然在医疗支出承受公共和政府预算压力的国家，药品供应会存在一些阻碍，但药品的需求将会强劲持续上涨。对制药行业产生巨大影响的另外一个因素是技术。最近的基础科学在基因组学的突破，将在未来 10 年引起新药品的持续增加。这些发展可能会带来更便宜的药物，但是这种好处在 2020 年之前可能不会太大。

零售业

零售业在西方国家已经非常完善，预期不再可能成为这些国家经济增长的驱动来源。由于电子商务使得产品选择从购买中分离，并且以牺牲实体店和建立零售公司来扩大其市场份额；零售行业面临持续的改革。网络购买允许忽略零售商，使生产者和消费者之间的关系更为亲密。但是，发展中国家处于零售业发展的另外一个阶段。中产阶级的兴起要求现代零售业的发展，由于购物已经变为自动化，这要求增加自动化相关设施的支出。然而，从长期来看，随着现代超级市场的发展和供应链的更加高效，零售业在发展中国家经济中占比份额将降至西方国家的水平。

其他产业

其他行业不在这个报告分析之中，但也可能推动经济的增长，并值得进一步研究。这些包括耐用消费品、包括医疗机械在内的所有卫生方面的支出、商业及电子消费，以及支持经济增长的基础设施和环境投资。

政策建议

• 报告中阐述的产业转移已经给发达国家（通过降低价格）和发展中国家（通过提供更多的工作）数百万人带来了巨大的净效益。四个案例研究给予的政策启示的目的在于确信这种转移所带来的好处能够持续。

• 飞机和汽车产业的研究得出一个明确的启示，即政府应该支持自由贸易，抵制保护主义。全球协议，例如陷入停滞的多哈回合谈判，现在看来是超越了国际社会的能力；但是，对于促进国际贸易和投资的新尝试，包括跨太平洋伙伴关系协定（TPP）和跨大西洋贸易与投资伙伴关系协定（TTIP）等在内的区域计划，政府应该强烈支持。

• 世界各国政府应该更一心一意地保护知识产权（IP）。这对飞机和制药行业来说特别重要，同样也适用于汽车行业。当创新已经全球化，传统通过进口新知识的国家不断地进行自主创新开发，它们将会认识到更好知识产权保护所带来的好处。

- 世界各地的政府对于产业政策的有效性持有不同意见，但是在飞机、汽车和制药产业的案例研究中取得了一致的结论，即政府的努力和补贴应该直接针对提高教育水平，特别是在科学和技术领域，并支持基础研究；同时，为行业内的公司提供公平竞争的环境。投资于教育培训、研究开发和创新，既可帮助现有产业，也能发展新产业，从而获得高额回报。一个成功培育了受过高等教育的劳动力的国家，将有利于吸引进行高附加值活动的投资。

- 应该避免扭曲市场的行业政策。这些例子包括：试图吸引航空工业领域的投资转向如测试和组件制造等领域，因为后者适合在接近主要制造业中心的欧洲、美国和亚洲进行；导致区域能力效率低下的抵制协议；保存持久产能过剩的汽车行业；政府对制药公司施压并对发展中国家提供药物补贴的政策。

- 政府需要重新审视放松管制的优点和缺点。在金融产业和经济模型中的市场失灵被证明是灾难性的错误，已经动摇了人们对自由资本主义的信仰。金融市场后来表明不再是有效的，因此应当以当前复杂的监管取代"轻触"监管，从而更有效地避免经济出现另一个金融崩溃。此外，对于监管框架，应该快速形成国际一致性意见。

- 历史提醒我们，全球化有可能逆转，这对经济增长将造成灾难性的后果；所以，政府还需要更加努力来证明全球化的好处。这将需要补偿利益损失者——例如，在新兴国家对于那些失去就业机会的劳动力提供更多教育和再培训。同样需要解决的问题是不平等程度的显著增加：那些全球化中的受益者——无论是个人或公司，应该清楚各自应该承担的公平税负份额。除非这个问题得以解决，否则在许多国家中，支持全球化很可能被政治所侵蚀。

本文原题名为"The World's Industrial Transformation"。本文是英国皇家国际事务研究所的研究报告，作者都为该研究所研究员。本文于2013年7月刊于 CHATHAM HOUSE 网站。

导读 ◀◀

　　尽管多家机构对美国经济的前景保持乐观的估计，但近期数据显示，美国经济存在衰退的风险。政府必须敏锐地捕捉此类信息，尽快做出政策调整。

美国 2014 年面临又一次衰退

文　Brittany Pineros　编译　茅锐

　　自大衰退发生 4 年以来，美国经济一直在恢复之中。美国经济分析局（The Bureau of Economic Analysis）最近重新估算了美国的实际 GDP。2013 年第 2 季度，美国经济增长了 1.7%，而第 1 季度的增速从 6 月估计的 1.8% 向下修正为 1.1%。

　　最新的统计数据显示，美国经济增速已连续三个季度低于 2%。同时，失业率始终维持在 7.5% 以上，而自 2011 年以来住房部门经济上行的短期趋势也在 6 月停步不前。尽管如此，美联储和其他若干私人预测者继续对 2013 年下半年至 2014 年期间的经济增长持乐观态度，估计增速将达到 2.5% ~ 3% 的水平。但是，一位美国企业研究所（American Enterprise Institute）的经济学家大胆做出了不同的预测。

　　马金（John H. Makin）在其最新的经济预测《第三次不幸：2014 年衰退?》中，利用经济周期的历史趋势和其他经济指标预测了未来美国经济的健康状况。他认为，美国经济近期内会出现衰退。自 2009 年 6 月美国经济衰退的最后一个月以来，经济恢复得比较疲弱，还在 2011 年第 1 季度和 2012 年第 4 季度相继经历了增速下降，增速分别只有 0.1% 和 0.4%。尽管在财政和货币政策的帮助下，这两次经济增速下滑幸免陷入负增长，但当 2014 年初 "第三次不幸" 发生时，估计将不再能够幸免。

　　有些人可能认为关于美国经济陷入衰退的预测还为时过早，但经济数据的确不容乐观。根据经济周期运行的历史趋势，报告发现在"二战"以后，美国经济经历了 11 个较长的扩张时期，持续时间的均值是 4.9 年，标准差是 2.8 年。到 2013 年底，此次经济复苏将持续 4.5 年，正好在经济转为衰退的可能范围之内。

研究还提出了若干项预测经济转为衰退的指标。自 2009 年 7 月经济开始扩张以来，美国就业年均增速均在 0 附近。同时，失业率维持在较高水平。尽管由于住房开工率有所上升，美国经济避免了衰退，但开工和许可数在 6 月分别下降了 9.9% 和 7.5%。

受美联储退出量宽政策信号的影响，作为消费和信心的代理指标，零售增速也在 6 月出现了下降。2013 年初的增税和自动减赤措施预计将拖累 GDP 约 2 个百分点。总体看来，前景比大多数人的预测更不乐观。

然而，很少美国人从这些经济数据中预见到 2014 年美国经济可能出现衰退。尽管 7 月的消费者信心指数下跌了，但仍处在 5 年中的高位。为什么美国人依旧信心满满呢？也许这是因为这次复苏持续的时间比较长，以至于人们没有意识到复苏早已开始，依然在期待经济像往常那样出现快速的复苏。当然，也有可能是因为经济即将转向衰退的信号还不够明显。

无论如何，让我们期待华盛顿的领导者们敏锐地捕捉到这些信号。如果经济在第 3 季度显示出走弱的信号，政策制定者必须为维持复苏和刺激经济做出相应的政策调整。不幸的是，鉴于 9 月即将开始就预算方案展开严肃的讨论，10 月又将对债务上限进行商议，国会也许将比以往更容易发生纷争。我们希望政府不会因此陷入无所作为或帮派林立的境地。

本文原题名为"The US is headed for another recession in 2014"。本文作者 Brittany Pineros 是美国企业研究所（American Enterprise Institute）经济政策研究项目经理。本文于 2013 年 8 月 1 日刊于 AEI 网站。

导读 ◀◀

增加财政收入真能帮助美国避免落入"财政悬崖"走出滞胀吗？如果缺乏充分的论证，政府推行的刺激政策和项目可能反而有损于经济增长和就业。现在的滞胀局面可能正是这些未经充分考量的政策的后果。

美国：误诊滞胀

文 Richard W. Rahn 编译 茅锐

"我们不能就这样放弃通向繁荣之路。如果我们真的想要削减赤字，就必须将减支和增收结合起来。我们需要最富有的美国人民多缴一些税。"

——奥巴马总统，2012 年 11 月 9 日

尊敬的总统先生，您又错了

总统先生和许多凯恩斯主义的支持者都认为，造成经济增长缓慢、新增就业较少的原因是总需求不足。因此，他们积极推动了 8330 亿美元刺激议案的通过，并鼓励其他大型支出项目。但这些努力都是徒劳的，因为真正的问题并非总需求不足，而是错误的投资。

总统先生似乎忽略了一个重要的事实：政府往往并不以最佳的方式使用资金；公共项目的成本有时甚至都超过其收益。比如，国会延长了失业者享受政府救济的期限。这听上去颇为人道。但许多经济学研究显示，失业者中很大比例的人群在政府救济期限迫近之前，并不会认真地寻找工作。政府延长救济期限只会促使他们游手好闲，甚至不再工作。尽管延长救济期限乍看起来是一项颇具同情心的政策，但最后对社会和个人而言，都将是灾难。

许多研究表明，政府项目毫无用处。这些项目或者是重复性的，或者是破坏性的。每当这些项目被取消时，资源将重新获得自由配置，就业也将随之增加。总统先生，如果我们再沉迷于政府这些错误，甚至破坏性的支出项目，那将真正葬送我们"通向繁荣的道路"。

总统先生还希望提高资本利得的税率，增加对年收入超过 25 万美元人群的税收。增加税收的代价主要由储蓄和生产性投资来承担。总统和他的支持者忽视了增税政策的负效果。

加利福尼亚州的税率不断提高，却在经济的泥淖中越陷越深。许多工作机会从加州转向了税收更为优惠的得克萨斯州等地。大量经验研究表明，收税是无法致富的！不少人对此却充耳不闻。那些向总统先生的资本增税妥协的共和党人，实际上是默认了一条断送国家繁荣和增长机遇的政策。

快马加鞭还是急于求成？

且不论政府项目是好是坏，政策扎堆出台本身就可能是危险的。政府许多有关环境、医疗和金融的新规定都将在 2013 年付诸实施。但不少政策都尚未进行"成本－收益分析"，可能加剧失业并危害增长。美国第九大金融企业 BB&T 前 CEO 兼主席 John A. Allison 先生的《金融危机和治愈自由市场》一书详细描述了金融管制将如何导致资本错配、投资削减、管理绩效恶化和金融系统风险上升。

谁应当真正负责

美联储是导致增长缓慢、就业低迷的主要原因。它不停购买房地美和房利美的住房抵押贷款证券，压低了住房抵押贷款利率。现在，15 年期的住房抵押贷款利率与通货膨胀率基本持平，意味着借款人可以免费借钱（真实利率几乎为零）。而借款人的利息支出实际上还是免税的！

另外，那些负责任的存款者却几乎一无所获。10 年期政府债券的利率现在仅为 1.6%，低于通货膨胀率，意味着真实利率为负！政府压低利率无异于在向存款者征税。购房者获得了政府的补贴，而那些原本能将资金用于研发新技术或增加就业等生产性活动中的储蓄者却受到了剥削。

只要政府的赤字水平高于经济增长率，只要政府的项目没有进行"成本－收益分析"，美国就将持续滞胀，甚至越来越糟。目前在关于"财政悬崖"的谈判中似乎还看不到扭转这一局势的希望。

　　本文原题名为"Misdiagnosing the Stagnation"。本文作者 Richard W. Rahn 是 Cato 研究所的高级研究员和全球经济增长研究所的主席。本文于 2012 年 11 月刊于 Cato 研究所官网。

导读 ◄◄

　　当前美国公共财政的低迷状态与欧洲经济有着惊人的相似之处，随着欧洲经济陷入更深的衰退，美国应该从欧洲的痛苦经验中吸取教训，着手制订一个严肃的中期预算调整计划，以避免走向财政毁灭。

欧元危机带给美国的教训

文 Desmond Lachman　编译 刘悦

　　目前，美国的公共财政状况与欧洲一样面临着不可持续的问题，因此应该积极从欧债危机中吸取教训。

欧债危机的起源

　　在 1992 年 EMU（欧洲货币联盟）成立之前，马斯特里赫特条约就已经认识到在统一货币的联盟中需要有良好的经济政策，因而给成员国的公共财政制订了严格的限制：预算赤字不得超过 GDP 的 3%，公共债务水平被限定在 GDP 的 60% 以下。但在过去的 10 年里这些限制被大幅突破。欧洲多个外围国家出现了巨额赤字，财政状况无法维持，并在金融市场遭遇巨大困难，必须在今后的许多年中采取预算紧缩措施才能走出困境。

　　欧洲外围国家还出现了巨额失衡，尤其是在爱尔兰和西班牙，房地产市场泡沫的破灭令公共财政急剧恶化，失业率大幅攀升。

　　由于缺乏宏观经济纪律，欧洲外围国家的外部脆弱性也变得更加严重。过去 10 年内这些国家的货币和财政政策总体过于松弛，使得工资和物价的通胀始终高于 EMU 中其他财政较为保守的国家。因此，10 年内希腊、西班牙、葡萄牙和爱尔兰的国际劳动力成本竞争力至少降低了 20%，再加上公共部门的储蓄每况愈下，导致这些国家的对外经常账户赤字占 GDP 的比例上升至两位数字。

欧元桎梏中的财政紧缩

欧洲主权债务危机的本质是：试图带着欧元的桎梏，用严厉的财政紧缩来解决外围国家的公共债务和外部失衡问题。危机爆发以来，欧洲政策反应的原则一直是有条件地向采取严格财政紧缩政策的国家提供救助。在 2011 年底的欧洲峰会上，所有欧元国家约定在未来几年内达到预算平衡。外围国家虽然正在经历严重的经济衰退和国内信贷危机，但此后每年的预算削减规模也必须达到 GDP 的 2% ~ 3%。财政紧缩协定有可能导致外围国家经济增速放缓，步入更加严重的下行轨道。欧元的桎梏使得这些国家无法通过货币贬值来提振出口以抵消严重的财政紧缩对生产带来的负面影响。雪上加霜的是，欧洲银行业体系也正在经历一场信贷危机，西班牙、爱尔兰等国尚处于房地产市场泡沫破灭的剧痛之中。此外，外围国家的政局变化对欧洲经济衰退也开始产生不利影响。

危机爆发两年之后，希腊、意大利和西班牙的情况已清楚表明财政紧缩策略未能奏效。传统政党政治权威的大幅下滑表明紧缩政策不受欢迎。更令人担忧的是，在芬兰、法国、意大利和荷兰等国，反对欧元的民粹主义政党的支持者越来越多。如果欧洲对外围国家的经济政策不发生改变，这些国家的经济和政治形势将进一步螺旋式下降，它们是否有政治能力长期留在欧元区将成为问题。

欧洲央行是否挽救了欧元？

2012 年 6 月欧债危机进一步恶化，欧央行行长表示将"尽一切努力"挽救欧元，承诺将在二级市场上无限量购买危机国家的期限最高为三年的主权债券，但前提是这些国家必须严格执行经济调整政策。

这一计划令市场平静了下来，但仍有很多理由相信欧债危机还远未结束：

● 虽然欧央行的计划能够帮助外围国家的主权债务收益率降至相对合理的水平，但对这些经济体内部强大的衰退力量却无能为力。欧央行的计划既没有降低对这些国家财政紧缩的要求，也不包括针对其信贷危机的措施。

● 希腊经济和政治形势极其艰难，很可能在未来半年内退出欧元区，但欧央行的政策却没有特别针对希腊的内容。

● 欧央行强调购买债券的条件是这些国家必须严格进行经济调整。但西班牙的现状有可能令其政府认为政治代价太大而不愿执行调整计划。

● 欧央行提出的计划需要大量购买意大利和西班牙主权债券，这遭到德国央行和公众的反对。

欧债危机给美国的教训

第一，如果美国不愿被迫进行财政调整，就必须尽一切努力避免挥霍。IMF 数据显示，美国的预算赤字占 GDP 比例与希腊相当，政府债务同 GDP 的比例比欧元区平均水平高 15 个百分点。多年的公共支出过度以及不合时宜的减税政策已经让美国公共财政踏上不可持续的黄泉路。

第二，美国应该看到过度的信贷和住房市场泡沫可能会导致需要大规模的财政紧缩。

第三，美国应该尽快制订中期预算调整计划。考虑到美国预算赤字中有很大比例的资金来自国外，美国必须对其预算融资的脆弱性加以警惕。

第四，欧元的桎梏妨碍了其成员国使用独立的货币和汇率政策来增加出口，以抵消预算紧缩对经济和就业的不利影响。因此，当美国开始进行认真的中期财政调整时，美联储应当给予高度宽松的货币政策支持。

第五，欧洲经验显示，预算调整的速度和构成很重要。过度激进的财政调整计划造成的经济衰退更为严重，过度依赖增税也比削减公共开支对经济产出和就业造成的负面影响更厉害。

欧洲目前的经济困境令美国政府的借款利率处于历史低位。但如果美国由此产生财政安全感就大错特错了。相反，美国应该利用当前低利率的机会启动严肃的中期预算紧缩计划，以防止进一步走向财政毁灭。

本文原题名为 "Lessons from the euro crisis for the United States"。本文作者为智库 AEI（美国企业研究所）的常驻研究员。本文于 2012 年 11 月刊于 AEI 网站。

导读 ◀◀

　　欧洲的经济增长在危机之后令人失望，这影响到私人和公共部门的去杠杆化进程，并进一步加剧银行体系的脆弱性。低增长使得南欧国家恢复竞争力和重新控制公共财政变得更为困难。面对一系列政策挑战，欧洲需要在银行体系、财政整顿以及结构性政策上做出调整。

欧洲增长的问题

文 Zsolt Darvas, Jean Pisani－Ferry and Guntram Wolff　编译 熊爱宗

　　欧洲的经济增长在危机之前并不如意，但在危机发生之后更令人失望。欧盟 15 国的总产出在 1982 年超过美国产出的 15%，但是到 2017 年预计只超过不足 17%。就业人口平均 GDP 在 1997～2007 年下降了 5%，自此之后还会再下降 6%。到底是什么原因造成欧洲自 2007 年之后糟糕的经济表现呢？

生产力问题

　　2007 年之后，欧盟 15 国的生产率陷于停滞。从全要素生产率来看，欧盟 15 国和欧盟 12 国都要弱于日本，即使经济增长强劲的国家如德国也要滞后于美国。一些遭受严重冲击的国家如爱尔兰、西班牙和拉脱维亚尽管 2007 年来生产率改观较大，但是这主要是由低生产率部门（如建筑业和低端服务业）的收缩造成的。

　　脆弱的生产率增长来自一系列的结构性因素，包括：

　　● 银行问题：成本日益增加以及投资资本和新技术可获得性变差，导致经济转向劳动力密集型和更低效的部门；

　　● 较低的全球价值链融合度：像德国和波兰可以较好地融入全球产业链条中，可以更好地利用全球需求从而促进生产率增长，而内向型国家如英

国和西班牙则要差一些；

● 顺周期的商业研究和发展支出：持续的危机延缓了创新步伐，并抑制企业采用更创新的技术；

● 阻碍资源在不同部门和企业之间的再分配：失灵的金融体系阻碍了生产率的增长性重构；

● 宏观经济和金融前景的不确定性：阻碍了企业投资，侵蚀了生产率增长。

去杠杆化问题

在危机爆发之前，欧盟和美国的私人部门债务增长迅速，但是危机爆发之后，欧盟私人部门债务去杠杆化进程却慢于美国，欧洲更多强调财政的"退出战略"而忽视了私人部门债务问题。因此，欧洲的企业和家庭债务占GDP 的比例在危机之后仍然继续增长。

这一结果来源于以下因素：

● 欧洲部分国家公司部门盈利下降，导致其过度依赖借贷；

● 不同的破产法律和程序，例如美国可以通过私人破产大幅降低家庭部门债务；

● 更加昂贵的金融条件、更脆弱的银行体系导致银行继续对虚弱的企业进行信贷展期以避免损失的实现；

● 名义 GDP 增长放缓。

银行问题

欧洲的金融中介仍集中在银行。但是自 2008 年开始，主要欧盟国家基于银行的信贷增长开始放缓，欧元区信贷增长的年化增长率已经从危机之前的 10% 降低到不超过 2%，英国的信贷也出现下降。南欧国家的信贷增长尤为孱弱。由于经济前景和商业信心抑制，信贷需求不旺；一些国家的借贷条件仍处于重压之下，加上坏账的减记损失，限制了信贷供给。

银行的资产负债表仍然脆弱，欧洲银行中仍有 1/4 处于政府援助控制之下，并不得不依赖于公共财政的支持。

价格失调和资本错误配置

过度房地产泡沫造成价格和工资紊乱以及资本的错误配置。建筑部门在经济中的份额在危机之前达到了不可持续的高水平，这导致增长超过潜在水平，最终不得不向下调整。与此同时，南欧国家的制造业部门的份额大幅下降。

这导致相对价格的扭曲。所有南部欧元区成员国的实际汇率被高估，而大部分北部成员国则被低估，由于欧元区成员并没有独立的汇率安排，因此只能通过内部调整机制来纠正这些差异。

调整已经开始，但是进展却非常缓慢。一些国家已经启动价格调整，但是意大利的通胀率仍然在欧元区平均水平之上，同时，德国的通胀率仍然很低并预期仍处于欧元区平均水平之下。劳动力市场的巨大差异仅有一小部分转化为通胀差异，相对工资虽开始调整，但是价格仍表现出较大刚性。没有相对价格的调整，经济活动的再分配就无从谈起。

总结

欧盟脆弱的长期经济增长潜力以及不尽如人意的复苏前景为政策带来挑战。这需要欧洲采取相应政策。

第一，重新修复金融体系功能，这是恢复生产率和经济增长的前提。

第二，促进资源的再分配，使得资源流向最具生产效率的企业和部门。

第三，注意财政调整的速度，既要考虑到目前欧洲经济停滞的现状以及家庭和企业仍处于去杠杆化过程中的事实，同时又要确保中期财政整顿的可信度。

第四，解决欧元区内部竞争力差异问题，这是支持南欧国家经济增长的关键。各国应继续进行工资的再平衡调整，同时，欧元区北部成员国应避免通过国内政策将通胀抑制在2%以内。

第五，欧洲应进行改革以提高长期生产率，例如解决产品市场、劳动力市场和资本市场的脆弱性。

　　本文原题名为"Europe's Growth Problem"。本文作者 Zsolt Darvas 为 Bruegel 研究员，Jean Pisani-Ferry 为 Bruegel 主任，Guntram Wolff 为 Bruegel 副主任。本文于 2013 年 4 月刊于 Bruegel 网站。

导读 ◄◄

　　欧洲经济衰退伴随着信贷萎缩，虽然历史上不乏缺乏信贷支持的经济复苏，但本文通过对 50 年来 135 个国家的经济复苏的研究，提出如果欧洲国家的实际汇率不能大幅贬值，就很难成功实现无信贷复苏。

缺乏信贷支持的欧洲经济能否复苏？

文 Zsolt Darvas　编译　刘悦

银行信贷对欧洲经济非常重要

　　融资渠道是经济增长的首要条件。但在经济衰退期，融资选择非常有限，在难以通过现金余额、保留利润和募集新股获得资金的情况下，借贷成为提供日常财务运营及长期投资所需资金的重要来源。

　　对欧洲大陆的非金融企业来说，过去 10 年里银行信贷是其最主要的债务融资渠道。经济危机发生以来，大部分欧洲国家的信贷发放额尚未恢复，一些国家甚至还在下滑。经济的增长和衰退与信贷的增长和衰退总是同步的，信贷可以驱动经济发展，反之经济增长也能够推高信贷需求（经济前景向好时，企业和家庭都更愿意消费和投资）和信贷供应（经济增长改善了银行的资产负债表，使得银行放贷能力增强）。欧洲经济对银行信贷的高度依赖，以及目前能够代替银行信贷的债务证券数量有限的现实，令人们对欧洲经济恢复的前景产生担忧。

无信贷复苏并不少见

　　不过，虽然经济理论认为信贷供应和商业周期有着密切联系，但近期也有一些实证性研究文献给出了许多特例，这些国家在没有信贷增长情况下实现经济复苏，被称为"无信贷复苏"。这些研究文献对无信贷复苏普遍持谨慎乐观的态度，认为虽然无信贷复苏并非最理想的情况，但这种复苏并不少见，且复苏速度也并不迟缓。从过去 50 年内 135 个国家的经济复苏情况来看，在低谷之后无信贷复苏的头三年中，中等收入国家的实际 GDP 的年增速为 4.7%，高收入国家为 3.2%。要是现在的实际 GDP 年增速能够达到这个速度，很多政策制定者将欢呼雀跃。

欧洲能否实现无信贷复苏尚不确定

但是，我们对历史上的无信贷复苏这一次能否在欧洲重现抱有怀疑，原因有二。

首先，在金融高度发达的高收入国家出现无信贷复苏的实例远少于处于金融起步阶段的低收入国家。由于大多数欧洲国家严重依赖银行贷款，信贷紧缩就可能对经济造成破坏性影响。同时，与美国不同，欧洲大陆可以替代银行贷款的债务证券数量非常有限。欧洲的中小型企业在经济中占很大比例，并对经济增长和就业举足轻重，但这些中小型企业根本无法发行债券。根据经济合作与发展组织（OECD）2012 年的一份报告，在最近的信贷紧缩中，欧洲的中小企业比大企业遭受到更大的冲击，面临更严峻的借贷形势。融资渠道对中小企业的创建、成长和生存至关重要，因此亟须制定政策恢复银行贷款能力。

其次，在历史上无信贷复苏的实例中，汇率贬值起到了相当大的作用，因为汇率贬值使得对外贸易收入增加，因此帮助企业在信贷受限的情况下，从外贸渠道获得了更多资金。本文发现，尽管在无信贷复苏和有信贷复苏中，基本上都出现了实际汇率贬值的情况，但无信贷复苏中的汇率贬值幅度更大，时间更长。在中等收入国家中，与经济危机发生之前相比，基于消费者价格指数的实际有效汇率（REER）贬值的中位数在无信贷复苏三年后是27%，而在有信贷复苏三年后是 7%；在高收入国家中，这两个数字分别是10%（无信贷）和 2%（有信贷）。

自从本次全球金融和经济危机爆发以来，欧元区大部分国家的汇率贬值都低于上述历史基准。在高收入国家中，只有爱尔兰的汇率贬值幅度高于上述基准，德国、法国、荷兰、芬兰的汇率贬值接近基准。在中等收入国家中，意大利、西班牙、葡萄牙和希腊的汇率贬值远低于历史基准。不幸的是，这些南欧国家正是银行信贷对非金融企业大幅减少的国家，因此它们面临实际汇率贬值不足和信贷大幅缩减的双重挑战。

本文并没有建立一个因果模型，因此无法宣称实际汇率贬值就是无信贷复苏背后的原因，因为 GDP 增长、信贷增长和实际汇率变化都是内生变量。但是，本文得到的现有事实显示：如果缺乏信贷增长，除非实际汇率大幅贬值，否则可能很难实现经济复苏。

本文原题名为"Can Europe recover without credit?"。本文作者为 Bruegel 研究中心的研究员。本文于 2013 年 2 月刊于 Bruegel 网站。

导读 ◀◀

　　本文利用96个国家272个复苏片段的数据，发现其中1/4以上的复苏是低信贷复苏，45%的低信贷复苏发生在2009～2010年期间。经济产出和投资增长在低信贷复苏中更低，但差距在8个月之后将会消失。

低信贷复苏：既不少见，
也并非不可战胜

文　Naotaka Sugawara and Juan Zalduendo　编译　王远昊

　　私营部门的信用在推动一个经济体摆脱衰退方面有重要作用，例如，由商业银行提供的信贷可以将企业的投资支出重新组织起来，也是组织家庭支出的一个重要手段。然而没有私营部门信贷推动的经济复苏也可能出现——低信贷的经济复苏，即不存在实际银行信贷流向私营部门的从衰退中的复苏，在以往的发达经济体和新兴经济体历程中并不罕见。先前文献指出，即使采用不同的样本，所有的经济复苏中有20%～25%是低信贷复苏。

　　但是，如果低信贷复苏如此普遍，那么究竟是什么驱使一个国家实现低信贷复苏（或高信贷复苏）呢？

　　本文采用了国别数据，旨在提供更多的证据和见解。实证分析表明，低信贷经济复苏所发生的速度很慢，并且在新兴市场经济体更为普遍。但是，经济复苏最终还是会发生的。实际上，经济体的表现在很大程度上与其在之前的低谷时期经济调整的深度有关，尤其是衰退的程度以及通常伴随经济衰退而进行的外部调节的程度（从经常账户的调整到汇率的发展）。并且，对外开放有着双向的作用。贸易开放降低低信贷复苏发生的可能性，因为贸易是财政收入的更稳定来源。相反，资本账户开放可能会通过经济衰退通常所伴随的去杠杆化进程产生巨大的影响。但是需要注意的是这对经济上行国家意味着什么，正如衰退出现之前应该也获得了大幅度的增长效益。

至于经济衰退时期的政策，政策制定者必须要意识到过度的财政宽松可能最终会以加剧低信贷复苏而告终，尽管要理解中期和长期的影响仍然需要更多的研究。与此相比，货币政策似乎更加有利，因为其不会增加低信贷事件发生的可能性，尤其是在发达经济体中。最后，一国使自己符合 IMF 援助条件的行为选择与其发生低信贷复苏的概率是负相关的。寻求 IMF 的援助会增加私人部门的信贷，并带来经济复苏。当经济处于低谷的时候，这一关系在统计学上变得有意义。

那么，对欧洲和中亚国家低信贷复苏的可能性的估算中，会给我们带来什么样的结论呢？本文的分析模型似乎表明，很多欧洲和中亚国家有可能会发生低信贷复苏——而实际上也确实如此。但是，实际情况也令人充满希望，即在经济陷入低谷之后，投资以及假设的最终的经济增长通常会持续 8 个季度的复苏。这也说明了低信贷复苏并不值得过度担忧。而更糟糕的是，特定地区正面临着新一轮的负面外部冲击。

本文原题名为 "Credit – less recoveries：neither a rare nor an insurmountable challenge"。作者为 Naotaka Sugawara 和 Juan Zalduendo。本文为 2013 年 5 月世界银行政策研究工作论文。

导读 ◀◀

　　经济历史学家提出了一些关于欧元区的大胆想法，包括在不同国家采用有差异的货币政策、创立共同货币而不是单一货币、货币联盟可以脱离财政/政治联盟存在等。

关于欧元区的大胆想法

文　Jérémie Cohen – Setton　编译　孙瑜

　　经济历史学家提出了几种关于欧元区改革的设想：一种是在不同国家实行不同的货币政策，一种是货币联盟脱离财政、银行或政治联盟而存在。

更灵活的货币政策

　　哈罗德·詹姆斯（Harold James）认为，在不同的国家实行不同的利率可以使欧元区更稳定。当欧盟央行行长委员会开始起草欧洲央行章程的时候，他们假定货币政策必须一样，但这并不一定有道理。金本位以及其他大型共同货币区的历史表明，利率在不同地区仍可能分化。在美国联邦储备系统的早期历史中，个别储备银行可以设定自己的贴现率。在正常时期，利率趋于收敛；在震荡的时候，可以出现分离。

共同货币并不意味着单一货币

　　哈罗德·詹姆斯指出，在货币联盟的初期讨论中，曾经有建立共同货币而不是单一货币的打算，即发行欧元的同时也允许所有成员国发行本币。发行本币的国家会发现，它们的货币在交易中会贬值。

　　这不只是 20 世纪 90 年代初的理论产物，更是真实的历史。事实上类似的体系实行了很久。在 19 世纪金本位确立以前，欧洲实行了几百年的金银复本位制。高价值的金币被用在大额交易和国际业务中，低价值的银币被用于小额的日常交易、支付工资和租金等。在这个系统中，白银对黄金的相对贬值降低了实际工资、促进了竞争力的提升。因此，在现代的版本中，欧元可以相当于黄金，希腊（或其他危机国家）的本币相当于白银。只要本币在贸易中贬值，且以本国货币支付工资时，工资成本就会下降。

而休·罗考夫（Hugh Rockoff）认为，根据19世纪西方的情况，把欧元区分为两个货币区也是有可能的。从战争爆发直到1879年，西方维持金本位，而东方采取纸币，二者的兑换比率一直在波动。

没有财政/政治联盟的货币联盟

西蒙·雷恩－刘易斯（Simon Wren－Lewis）写道，人们普遍认为欧元区将不得不采取财政联盟，而这意味着某种形式的政治联盟。与美国和英国对比，只有货币联盟的欧元区是失败的。在欧元区内部，一直存在着强大的游说集团希望欧元区进一步整合。因此，委员会将进一步整合作为欧元区的长期解决方案。

然而我们应该非常谨慎，不能从单一的角度一概而论。因为欧元区并没有实行良好的政策。①欧元区没有尝试运用财政政策来抵消外围国家过热；②用政府间贷款取代私人债务以避免债务违约而不是认清违约的需要；③欧洲央行拒绝作为最后贷款人采取行动导致欧元区经济体的财政状况变得至关重要；④目前欧元区的二次探底很大程度上是财政政策和货币政策的共同失败造成的。

本杰明·科恩（Benjamin Cohen）指出，从历史经验来看，政治联盟对欧元区是没有必要的。19世纪以后，没有政治联盟的货币联盟至少有七个：拉丁货币联盟，斯堪的纳维亚货币联盟，比利时－卢森堡经济联盟，非洲法郎区，东非共同体，东加勒比货币区，西非货币区。这些货币联盟有的存在相当长久，还有两个存在至今。

兰德尔·亨宁（Randall Henning）写道，美国的财政规则制订值得欧元区关注。在美国，财政规则由各州自主，联邦政府也不能在执行规则中发挥主导作用。事实上，美国联邦政府不能为各州的财政规则立法。

德国：消失的领导者

本杰明·科恩（Benjamin Cohen）认为，从历史经验来看，在没有政治联盟的情况下，领导国的存在或者各国保持团结是非常有必要的。领导国家的重要性可以从比利时－卢森堡经济联盟中看出（比利时经济是卢森堡的20倍，决定权往往在比利时）。团结的重要性是显而易见的，那些具有共同的身份认同、文化制度背景的国家，组成的货币联盟更加长久。

有学者认为，德国政府的财政政策仍有空间，它也可鼓励欧洲央行更加积极地利用货币政策，它可以资助希腊，表示愿意承担共同责任。但可惜的是，德国并没有类似的想法。

本文原题名为 "Blogs review: Bold ideas for the eurozone from economic history"。本文作者为 Bruegel 外聘研究员。本文于 2013 年 4 月刊于 Bruegel 网站。

导读◄◄

本文列出了德国总理安格拉·默克尔在选举中不愿提及的德国经济的五大尴尬事实，包括紧缩预算失效、为无底洞融资等。本文认为德国还是应该走银行业及财政联盟的道路，并且应给予 ECB 更多支持。

德国经济的五大尴尬事实

文 Desmond Lachman 编译 刘洁

当代选举活动的一大悲哀是它们很少与选民们坦诚讨论主要的政策议题。遗憾的是，尽管德国的选举活动正如火如荼地进行着，但这些在 9 月 22 日德国大选之前的活动却不怎么靠谱。这是因为德国总理安格拉·默克尔（Angela Merkel）并没有坦诚地与德国人民探讨应对欧洲经济与政治危机的政策选择，反而对欧洲经济与政治危机轻描淡写。她甚至假惺惺地认为已有的欧洲策略是有用的，若想真正看到成效仅需要更多毅力而已。

如果欧元在更长时期内能够幸免于难，那么默克尔夫人的选举策略将使她在选举后得不到处理棘手难题的政治任务。然而，如果她的目标只是为了获得连任，那该种策略就堪称完美了。因为如果她对德国民众坦诚，那她应当告知民众下列五大尴尬事实，而这些事实选民们或许并不愿听到。

紧缩预算政策并不奏效

紧缩预算和深化结构改革政策或许对于德国进一步统一有所帮助，然而，这对欧洲周边国家来说并不奏效。实际上，在国内信贷危机和外部经济环境脆弱的双重背景下，采取欧元紧缩的政策将会加重经济萧条、推高失业率，并在整个欧洲经济外围造成巨大的政治压力。

整个欧洲经济体已经连续萧条近两年，而意大利、西班牙等主要欧洲国家的产出水平与 2008 年的最高点相比低了 8% 左右。同时，如果我们继续采取预算紧缩与经济改革相结合的政策（前面已说明该政策对经济萧条的重大推动作用），欧洲周边国家将很快丧失经济增长前景。

欧洲周边国家坚持实行严格预算紧缩政策的一大恶果是：由于紧缩导致经济萧条严重，公共财政将无法得到修复。实际上，尽管进行了债务重组，希腊的公共债务现在仍高达 GDP 的 160%，而意大利、爱尔兰和葡萄牙的公共债务也增至 GDP 的 130% 左右。选举后，我们只能进一步放松预算紧缩政策，到目前为止该政策是强加给我们的欧洲合作伙伴的，而我们也极有可能赞成在其他国家进行公共债务重组。

德国正为无底洞融资

过去两年内，德国与 IMF 一起向塞浦路斯、希腊、爱尔兰及葡萄牙实行救助，德国希望这些国家能借此得到一丝喘息空间，并能修复其公共财政以尽快回归国际资本市场。然而，这些国家的预算状况并无好转，并且它们之间的执政联盟也相当脆弱，因此显然还需要新一轮的官方救援。更糟糕的是，意大利、西班牙等大国由于很难从市场获得融资，也将很快需要 IMF 和欧盟的救援。如果我们想保全欧盟，我们必须容许对南欧国家实施更多救援。

德国经济的"圣牛"需要牺牲

德国长期将预算准则和低通货膨胀视为其国内经济政策的指导方针。尽管这些原则收效不错，但如今欧洲合作伙伴急需外部市场看涨预期和竞争力的提高以走出不景气的经济状况，在这种情况下，这些原则是否适用还有待商榷。选举后，我们需要慎重考虑德国下一步更为扩张的政策，这样才能加快经济调整进程，而这无论对欧洲其他国家还是对我们自身来说都是必要的。或许我们需要容忍国内高水平的通货膨胀，以使欧洲其他国家更有竞争力。

银行业和财政联盟在所难免

德国长期以来坚持认为：如果道德风险能够避免，在欧洲实现完全成熟的银行和财政联盟之前首先应当满足一些先决条件。然而，如今欧盟面临严峻的压力，如果想拯救欧元，我们或许要软化之前的立场。因为如果银行业和财政联盟不可预期，市场极有可能质疑我们保卫欧洲的承诺。

欧洲中央银行 （ECB） 还需要更多支持

当初德国放弃德国央行而支持建立 ECB，是考虑到 ECB 会继续实施德国央行的硬性货币政策。然而，现在的情况大不相同了。不断加重的经济萧条助长了通货紧缩的气焰，与此同时，欧元坚挺也削弱了我们的竞争力。选举后，我们或许应当给予 ECB 所需要的政治支持，如此才能使它像美国和日本那样追求更为积极的货币政策。

我们不要屏住呼吸只为在选举前倾听默克尔夫人向我们讲述这些事实，因为她非常明白这种坦诚将使她输掉这次选举。遗憾的是，如此默克尔夫人很可能在选举后继续走之前的政策路径。而这极有可能使她像之前一样在危机中一次次跌倒，找不到方法将欧洲从现在的经济和政治危机中解救出来。

本文原题名为 "Germany's 5 awkward economic truths"。本文作者为美国企业研究所（AEI）研究员 Desmond Lachman，他曾任 IMF 政策法制和评估部主任，并担任所罗门美邦（Salomon Smith Barney）的常务董事和首席新兴市场经济战略家。本文于 2013 年 7 月刊于 AEI 网站。

导读 ◀◀

　　2001～2007 年，在财政和货币宽松情况下，南欧国家葡萄牙、西班牙、意大利和希腊就出现经济疲软现象，难用主流观点解释。本文认为，南欧的问题在于其对教育投入不足，导致公民教育程度低和教学质量差。

南欧的问题：落后的教育

文 Anders Aslund **编译** 孔莹晖

　　关于南欧经济衰退的问题，一个常被忽略的事实是，处境最为艰难的两个国家——葡萄牙和意大利在危机前的 2001～2007 年经济增速也非常缓慢。南欧四国——葡萄牙、西班牙、意大利和希腊最被忽视的共同问题是它们都遭受公民教育程度低和教学质量差的困扰。

　　2001～2007 年，葡萄牙经济年均增长率仅为 1.2%，意大利为 1.3%，几近停滞。尤其是葡萄牙，难以用一般的方法解释其糟糕的经济表现。那一时期也是一个财政和货币宽松的时期，葡萄牙和意大利都实施了积极的财政刺激政策。葡萄牙平均预算赤字占 GDP 的比例达 4.3%，始终高于《马斯特里赫特条约》规定的 3% 上限。意大利平均预算赤字占 GDP 的比例为 3.2%，只有 2007 年符合《马斯特里赫特条约》的相关规定。但两国都能维持赤字，因为它们都从欧元债券的低利率中获益。对于意大利和希腊，低增长的原因有许多：最糟糕的商业环境、最严重的腐败问题以及在欧盟中监管最为过度的市场。但是，葡萄牙和西班牙不存在这些致命的缺陷，而只有西班牙的经济大起大落。

　　证据表明，南欧四国的问题出在其他地方。2012 年，南欧四国 25～64 岁人口中接受高中及以上教育水平的比例都非常低：葡萄牙为 38%，西班牙为 54%，意大利为 57%，希腊为 66%，而美国为 88%。由于公民严重缺乏教育，目前生活水平的提高难以持续。从这个角度看，目前西班牙和希腊失业率超过 26% 的情况并不反常。欧洲四国必须降低工资，或提高教育水平。这并不是财政不足的问题。根据欧盟统计局的数据，在 2012 年，公共支出占 GDP 的比重从西班牙的 47% 到希腊的 55%。但是，在 2009 年，意大利教育支出仅占 GDP 的 4.7%，西班牙为 5.0%，葡萄牙也只达到欧盟的平均水平 5.8%。四国政府需要将公共资金重新分配给教育部门，并提高教育体系的效率。

教育另一个重要的问题是质量。最贴切的指标是国际学生评估项目（PISA）为经济合作与发展组织（OECD）提供的 75 个国家八年级学生对数学知识掌握情况的排名。2009 年南欧国家几乎在欧洲国家中垫底。

经济表现良好的北欧与表现不佳的南欧之间最重要的区别在教育方面。南欧最深层次的危机是公民缺乏良好的教育。

通过这些简单的观测得出的结论意义深远且重要。

第一，南欧国家需要大幅增加对教育的投入并提高学校的教学质量。这些国家有充足的预算来进行改革，但它们需要在教育上投入更多并提高效率。

第二，推动大众教育需要长期的努力。同时，南欧可能会在一个更低的收入水平上达到宏观经济均衡。为了达到该均衡，需要解除对其劳动力市场的管制。

第三，自然地，财政刺激不能解决该问题。继续维持巨额公共开支和财政赤字只会导致这些国家的债务危机进一步恶化，并推迟经济复苏。

本文原题名为 "Southern Europe's Problem: Poor Education"。作者 Anders Aslund 是彼得森国际经济研究所的高级研究员。本文于 2013 年 5 月 3 日刊于 PIIE 网站。

导读 ◄◄

　　本文运用四个地区 20 个新兴市场国家 2004～2012 年的数据，分析了新兴市场主权信用违约互换（CDS）利差的影响因素。结果显示，全球金融危机前，贸易开放度和国家脆弱性是影响主权 CDS 利差最主要的因素；金融危机期间，外债/GDP 占比和通货膨胀是影响该指标的主要因素；而危机后，公共债务/GDP 占比和通货膨胀成为影响该指标最重要的因素。亚洲国家主权利差低于拉丁美洲，并且这一差距在危机期间和危机后扩大了。

新兴市场的经济基本面和
主权风险

文 Joshua Aizenman, Yothin Jinjarak and Donghyun Park　编译 邹晓梅

　　目前，发达国家的经济仍然停滞并充满不确定性。虽然，受发达国家经济持续疲软的影响，新兴市场经济增长速度有所下降，但它们仍然保持着健康的增长速度。最近，经济学家们经常谈论"两种速度的世界经济"，即新兴市场经济复苏和增长的势头比发达国家更快、更强劲。

　　乍一看，"脱钩"可以解释这种差别，但很多分析强调将世界经济呈现双速发展视为脱钩假设的确切证据时要保持谨慎。IMF（2012）警告，得出全球危机后新兴市场经济充满弹性这样的结论可能太过仓促。例如，即使是最有活力的新兴市场与发达经济体的经济周期是否脱钩尚不清楚。

　　毫无疑问，新兴市场经济在全球危机期间和危机后的表现比预期好。关键的问题在于：什么原因能解释新兴市场经济显著的灵活性？一个流行的解释是，新兴市场拥有稳健的经济基本面和良好的政策。亚洲国家历来拥有强健的经济基本面，例如健康的财政状况，这些能解释新兴国家在过去几十年里优异的经济表现。IMF（2012）认为，好的经济政策能解释新兴市场良好

宏观经济表现的 3/5。

新的研究

研究将样本区间分为三个阶段：危机前（2004~2007 年）、危机期间（2008~2009 年）和危机后（2010~2011 年）。基于数据的可获得性，样本包括 20 个新兴市场国家，其中有 7 个亚洲国家、6 个拉丁美洲国家、5 个欧洲国家和 2 个非洲国家。

研究显示，2004~2012 年，亚洲和拉丁美洲新兴市场的主权债券收益（EMBI）和主权信用掉期风险（CDS）明显上升。亚洲国家的债券收益和违约风险都要低于拉丁美洲国家，并且该差距在 2008~2009 年危机期间有所扩大。

结果

将主权信用违约风险（以 CDS 价格衡量）对一国内部和外部经济因素进行回归。我们发现：危机前，贸易开放度和国家脆弱性是最主要的因素，贸易开放度和国家脆弱性每上升一个标准差，主权 CDS 利差将分别下降 19 个基点和上升 10 个基点；危机期间，外债/GDP 占比和通货膨胀是最主要的因素，外债/GDP 占比和通货膨胀每上升一个标准差，主权 CDS 利差将分别上升 21 个和 13 个基点；危机后，通货膨胀和公共债务/GDP 占比是最主要的因素，通货膨胀和公共债务/GDP 占比每上升一个标准差，主权 CDS 利差将分别上升 27 个和 16 个基点。

危机前，亚洲较高的贸易开放度是解释亚洲和拉丁美洲主权违约风险差异最重要的因素，较高的贸易开放度使得亚洲主权 CDS 利差比拉丁美洲低 37 个基点，而国家脆弱性使得亚洲 CDS 利差比拉丁美洲高 18 个基点；危机期间，较低的通货膨胀使得亚洲主权 CDS 利差低于拉丁美洲 11 个基点，而较高的外部债务/GDP 占比使得亚洲 CDS 利差高于拉丁美洲 5 个基点；危机后，较低的通货膨胀使得亚洲主权 CDS 利差低于拉丁美洲 44 个基点，而较高的外部债务/GDP 占比使得亚洲 CDS 利差高于拉丁美洲 13 个基点。

结论

运用四个地区 20 个新兴市场国家 2004~2012 年的数据，我们发现通货膨胀、国家脆弱性、外债、商品贸易条件波动与 CDS 利差正相关，贸易开放度和财政余额/GDP 占比与主权 CDS 利差负相关。危机前，影响主权 CDS 利差的关键因素是贸易开放度和国家脆弱性；危机期间，关键因素变为外债/GDP 占比和通货膨胀；危机后，关键因素变为通货膨胀和公共债务/GDP 占比。将亚洲和拉丁美洲收入水平相近但经济基本面显著不同的新兴市场相比较，我们发现亚洲国家的主权 CDS 利差低于拉丁美洲，并且这个差距在危机期间和危机后有所扩大。危机前，贸易开放度高是亚洲国家主权 CDS 利差低的最主要原因，而低通胀是危机期间和危机后的主要原因。亚洲国家较低的 CDS 利差很可能是因为它们更稳健的经济基本面。

结果显示，风险定价既依赖外部因素也依赖内部因素。危机之前，市场更倚重外部因素，特别是贸易开放度。一个国家对外贸易敞口越高，经济就越依赖全球经济，就越容易受国外产出冲击的影响。而全球金融危机凸显危机管理的挑战。市场更加倚重政府运用财政和货币政策缓解危机的范围。结果，公共债务/GDP 占比和通货膨胀在解释主权信用违约风险时就更为重要。另外，外债/GDP 占比也变得非常重要。

本文原题名为 "Fundamentals and sovereign risk of emerging markets"。Joshua Aizenman 为美国国家经济研究局副研究员，Yothin Jinjarak 为亚洲开发银行研究员，Donghyun Park 为亚洲开发银行首席经济学家。本文于 2013 年 7 月刊于 VOX 网站。

导读 ◀◀

鉴于就业、外部环境、国内稳定等多方面原因，亚洲亟须发展服务业。目前，亚洲的服务业仍以传统行业为主，在生产力方面与发达国家的差距很大，必须向现代产业大规模发展。这对服务业本身、制造业乃至整个经济而言都有重大意义。政府应努力营造一个更富竞争力的服务业市场。

亚洲服务业部门亟待发展

文 Marcus Noland, Donghyun Park and Gemma B. Estrada 编译 茅锐

发展服务业部门的理由

数十年来，亚洲的增长模式表现出劳动密集型和出口导向型特征，并主要由制造业部门推动。但随着许多地区的制造业部门渐趋饱和，经济和就业增长面临挑战。因此，发展服务业至关重要。

从外部环境看，服务业也有特殊意义。尽管金融危机并非始于亚洲，但亚洲国家也无法独善其身。发达国家的经济增长在危机以后有所放缓，意味着亚洲必须转向内需。发展服务业因而举足轻重。

就国内政治而言，服务业也亟待强化。许多亚洲国家的人口结构正在老龄化。相比年轻人，老人的制造业消费较少，服务业消费较多。由于服务业往往依赖公共财政的支持或辅助，发展服务业也有助于改善财政绩效。

不难看出，亚洲发展服务业的需求十分迫切。但如何才能实现服务业的增长呢？亚洲的金融部门在过去 20 年中快速发展。亚洲金融危机后，许多国家强化了对金融部门的监管。此次全球金融危机无疑进一步强化了该地区

的监管改革进程。比如，金融稳定委员会（FSB）就要求主要的国际标准制订机构提出具体的管理要求。

亚洲不乏为人熟知的服务业成功案例。比如，印度已经成为全球领先的信息和通信技术业务流程外包出口国。菲律宾也成为这方面的主要出口国。但即使在这些国家，成功也是有限的，仅仅局限在个别可贸易的服务产业，而非整个服务业部门。在亚洲的大部分地区，服务业还很落后，其生产效率不仅低于国际水平，也低于它们自己的制造业部门。而个别服务业强势的地区有可能只是与外界隔绝的"孤岛"。出口导向的工业化将亚洲变成了世界工厂，但它们的服务业部门与之相比却黯然失色。

亚洲低效的服务业部门

全球的跨国服务贸易在过去 25 年中稳步增长。服务贸易额在世界收入中的比重不断提高。在许多国家中，服务业无疑已在扮演着越来越重要的角色。但在亚洲，跨国服务贸易并没有显著扩张。批发零售、酒店餐饮、房地产、交通运输、个人服务和公共管理等传统服务产业依然占据主导地位。信息通信、金融和专业性的商务服务等现代服务产业在中国、印度、印度尼西亚、泰国和中国台湾仅占国内生产总值的 8%～12%，远低于法国、日本和美国等经合组织（OECD）国家的 17%～25%。相比传统服务产业，现代服务产业的效率更高，也能给员工支付更高的薪酬。同时，在很大程度上，它们还是可贸易的，有助于促使贸易结构多样化。

亚洲国家与 OECD 国家的服务业生产力之间存在巨大的鸿沟。大多数亚洲国家的劳动服务生产力还不到 OECD 国家的 10%。但也有部分亚洲地区已经追上了 OECD 国家。比如，中国香港在 1990 年和新加坡在 2000 年分别实现了赶超。中国台湾也紧随其后。但基于生产力平均增速的粗略估计显示，亚洲的其他发展中地区在 2000～2009 年，服务业生产力每年仅提高 4%。这意味着，它们起码还需要 15～30 年时间，才能达到 OECD 国家现在的服务业生产力的 1/5。中国和印度的服务业生产力增速相对较快，每年大约为 8%，但它们也需要花上 10 年时间。

同时，服务业部门的效率在一些国家中几十年来几乎没有增长。比如，韩国的服务业生产力大约为 OECD 国家的 40%，但其增速每年还不到 1%。根据一些估计，考量了劳动力和资本要素投入贡献后的全要素生产力竟是负增长的！与此相类似，泰国的服务业劳动生产力也是停滞的。在服务业规模相对较大的地区，如巴基斯坦、菲律宾和斯里兰卡，服务业劳动生产力的增速虽然为正，但每年也只有 2%～3%。

当然，和服务业部门一样，亚洲国家和 OECD 国家的制造业生产力之间也存在明显的差别。但这相比服务业部门的差距要小得多。不过，在印度、马尔代夫、巴基斯坦和斯里兰卡等一些南亚国家中，服务业生产力离世界前沿的距离却比制造业更小。但对大多数亚洲国家而言，提升服务业生产力依然任重而道远。

生产力方面的巨大鸿沟意味着亚洲的发展中国家仍需进行大规模的改革才能缩小其服务业部门与 OECD 国家的差距。积极地来看，这意味着提升服务业生产力仍有空间，服务业也可能对经济增长做出更大的贡献。尽管亚洲许多国家的服务业规模都有所增长，但其结构却鲜有改变。从结构转型的速度来看，亚洲国家要转向更为复杂和现代化的服务产业依然需要很长时间。亚洲国家可以坐待这一过程自然发生，也可以采取积极行动加速转变过程。转向现代化、高生产力的服务产业对深陷传统、低效服务产业的国家而言是一条康庄大道，对贫困国家而言更是可能实现包容性增长的政策工具。

服务业部门生产力进步迟缓可能波及整个经济。反过来，服务业的技术进步则可能对制造业和经济的其他部门产生正向的溢出效应。比如，有效的信息和通信技术、快捷的交通运输可以提高整个经济的生产力。强大的现代服务业部门，尤其是设计、品牌和营销等商务服务，有助于中等收入的亚洲国家向上攀升价值链，逃离"中等收入陷阱"。在国际层面，服务业部门可贸易性的增强和随之而来的全球供应链的形成（如在医疗领域），将为这些已身处制造业全球供应链中的国家带来新的增长契机。

通过政策改革和基础设施、人力资本等投资，政府在发展富有活力的服务业部门的过程中大有可为。减少管制十分重要。印度通过减少管制推动了其信息和通信产业的发展。而中国则由于过于保护制造业部门，造成服务业停滞不前。政府还可以营造更适于服务业发展的环境，比如加大对通信设施和教育及人力资本的投资。

结语

鉴于就业、外部环境、国内稳定等多方面原因，亚洲亟须发展服务业。

亚洲低收入国家目前仍以传统服务业为主，而高收入国家则主要发展现代服务业。这一差异表明，不同地区发展服务业的方式可能有所差异，但其目标都无疑应当朝向现代服务业。

尽管服务业产品往往是无形的，但它们的经济影响却是实际的。比如，有效的能源、运输和销售网络有利于推动制造业的技术进步。以商务服务为代表的现代服务业还能帮助一些国家脱离"中等收入陷阱"。

为了缩小服务业生产力与世界前沿的差距，亚洲国家必须实施大规模的改革，政策限制必须取消。这些举措包括强化劳动力和资本市场、改革税制、取消对既有企业的保护等。国际经验表明，改革这些管制将有助于提高生产力并降低价格。

服务业贸易壁垒也阻碍了国内服务业市场的竞争。贸易和对外投资自由化有助于提高服务业生产力、增加出口和保持经济增长。印度是这方面的成功案例。总体来说，亚洲的政策制定者必须为服务业部门营造一个更具竞争性的环境。

本文原题名为"Asia's service sector imperative"。本文作者 Marcus Noland 是彼得森国际经济研究所的研究员，Donghyun Park 和 Gemma B. Estrada 是亚洲开发银行的研究员。本文于 2012 年 12 月刊于彼得森国际经济研究所网站。

导读

印度经济正在崛起之时，很多人误以为印度还在靠信息技术部门驱动。在这个背景下，作者所在的战略与国际研究中心邀请印度各个行业的商界领袖对印度的不同行业面临的挑战进行讨论。

正在崛起的印度经济

文 Persis Khambatta and Amb Karl F. Inderfurth **编译** 黄懿杰

全球经济中心将移向亚洲的判断正在获得越来越多的共识。因此，随着中产阶级逐渐扩大，印度这一新兴大国已经引起发达国家的注意。根据一些估计，印度的GDP将从现在的1.8万亿美元，增长到2030年的近30万亿美元，成为当时世界上的第三大经济体。国家情报委员会的一份报告指出，到2030年，"印度可能会像今天的中国那样，成为全球的增长引擎"。

然而，大部分人仍然认为印度经济还是靠信息技术（IT）产业驱动的。事实上，IT产业仅占印度经济的7.5%，吸收就业也很有限。它仅仅是驱动因素之一。当印度从农业社会向知识经济大步前进时，还认为IT产业是主要产业部门显然已经过时。因此，我们邀请来自不同产业部门的企业总裁对相关产业进行讨论，提出他们认为的政策挑战，下面是讨论集锦。

能源困境

对于印度未来的增长而言，没有什么比能源更重要。长期的能源短缺、基础设施不足以及对环境的顾虑，使得能源成为印度经济潜力发挥的制约因素。壳牌（印度）公司的维克拉姆·梅赫塔（Vikram Mehta）强调，印度现在对技术利用不足，环境也遭受威胁，且没有制定足够的政策，因而印度必须找到满足日益增长的能源需求的办法。

梅赫塔的建议包括：建立更多的公私合营公司促进增产；使用天然气作

为现在能源和可再生能源的过渡；让能源价格更加合理；为现有技术提供资金支持等。最重要的是，梅赫塔提议成立一个"超级能源部"（Engery Super Ministry），制定更具有战略性的能源政策。而现在有八个不同部门管理能源问题的不同方面。如果建立这样一个制度框架，整合能源政策，那么印度就能够处理好现在面临的能源问题。

基础设施需求

来自基础设施发展金融公司（Infrastructure Development Finance Company）的拉吉夫·拉尔（Rajiv Lall）使用"基础设施困境"（Infrastruggles）一词来形容私营企业在提供基础设施服务方面所受到的阻碍。私人基础设施投资自 2003 年起开始迅速增加，现在每年的规模为 600 亿～700 亿美元，在港口、电力、电信、公路和铁路部门都进行了迅速扩张，但是需要做的还有很多。拉尔强调了以下几点的重要性：征收土地；平衡村民、环境和煤炭储备之间的关系；基础设施融资的长期资本；建立行政管理、市场管制能力及其独立性。同时快速城市化仍然是印度面临的严峻考验。

通用电气印度分公司的约翰·弗兰纳里（John Flannery）则指出，印度政府应该把基础设施作为国家安全之后的最高优先战略。创新而有效率的基础设施能够促使其他部门保持繁荣。他提出了两个问题：长期融资的可得性以及混乱的税收政策。2012 年印度预算包含的税收条款，表达了"一种在游戏开始之后再改变基本游戏规则的倾向"，这在投资者中引发了很大震动。虽然政策制定者改变心意最重要，但延续之前的政策也有必要。当价值数百万美元的工程纷纷停工，对其中的一小部分开绿灯将提高印度国家形象，增加投资者信心。

医疗保健

印度的医疗保健行业面临诸多挑战，许多市民仍然不能获得医保。根据阿波罗医院集团（Apollo Hospitals Group）的普拉塔普·雷迪（Pratap Reddy）的观点，这一产业面临的最大问题包括增加供给能力，以满足数亿人民的需要，同时要应对不断增长的非传染性疾病发病率。

雷迪目前优先考虑运用 IT 技术使医疗保健服务转型。他认为印度应该更加依赖已经存在的技术创新，例如电子医疗记录。他强调运用整体方法来对抗疾病，涉及范围从古代药物到现代 IT 创新，并且鼓励印度运用这两种手段来提高人民健康水平。雷迪建议增加"国家农村保障计划"（National Rural Health Mission）下医疗队伍的规模，以提高全国医疗工作者的数量。现在美国每年在医疗保健上的花费达 GDP 的 15%，因此找到低成本的替代品是未来可能的合作领域。

制造业升温

印度的国家制造业政策（National Manufacturing Policy）计划将制造业部门占 GDP 的比重从 16% 增加至 25%，创造出 100 万个工作岗位。塔塔汽车零部件系统公司（Tata AutoCompSystems）的阿尔温德·戈埃尔（Arvind-Goel）指出一系列的政策工具，包括最近提出的"国家投资和制造业特区"（National Investment and Manufacturing Zones）。在这一区域内，中央和各邦政府修改了管制措施，以鼓励更高的制造业增长。

戈埃尔指出能源短缺和持续高涨的通胀是主要问题。高企的通胀增加了汽车制造关键资本投入的成本，例如钢材，使得已经微薄的利润空间变得更加紧张。因此，控制通胀、降低市场不确定性的财政和货币政策将为制造商提供更稳定的成本结构。

人力资本同样是一个主要问题，汽车制造部门中很多工作职位仍然因为缺乏熟练工人而空缺。人才缺口是印度和美国都敏锐感觉到的问题，使得职业培训和发展成为双方合作的又一潜在领域。

新的一代

对印度政策制定者的失望以及对不能向国民提供基本服务的沮丧是以上诸位商界领袖意见的共同点。然而，以上讨论的每个部门都谈到了印度新兴的中产阶级。这种强调很难说是一种夸大。因为他们代表了一个崭新的印度，其观点、期望和抱负都与老一代印度人截然不同。

本文原题名为"India's Emerging Economy：Sector by Sector"，本文作者均为战略与国际研究中心（CSIS）研究美-印政策的研究员。本文于 2012 年 12 月发表于 *CSIS India Insight* 月刊。

导读 ◀◀

　　非洲近10年的经济增长使得人们认为此片大陆终于有机会像亚洲和拉丁美洲一样快速增长，然而历史表明这种乐观可能是错误的。历史上非洲每有一次快速的经济增长，衰退就接踵而至，非洲要想转型进入现代经济增长必须从这个怪圈中跳出。如果把非洲的表现放到历史中去看，它的人均收入水平相当于欧洲工业化前的阶段。欧洲自从中世纪开始，经济增长就和衰退交替进行，人均收入并没有增长许多，直到制度变迁以后这种模式才被打破。而在非洲，相应的制度变迁还没有到来。所以未来非洲的增长很可能会倒退，政策制定者应该在制度建设上更加注意。

非洲增长前景：以欧洲为鉴

文 Stephen Broadberry and Leigh Gardner　编译　孙瑜

非洲1950年后的经济增长

　　自1950年以后，多数非洲国家走了先增长后衰退的道路。20世纪50～70年代是增长的20年，80年代和90年代经济停滞甚至开始负增长。

　　在多数国家，最新的经济增长发生在90年代后期，这抵消了前20年的衰退。非洲国家经历的这轮不可思议的增长，仅次于东亚，人们开始讨论这种增长能否持续。乐观者和悲观者都注意到自"二战"以来非洲经济快速增长而在70年代又下降的局面，乐观者认为这只是殖民留下的影响，而悲观者认为今天出口导向的增长和五六十年代很相似。

　　而在更长的历史时期内，非洲这种先增长后衰退的模式已经持续了几个世纪。因此，非洲的人均收入增长缓慢，而这些经济的增长和衰退都是受外部对初级产品的需求所驱动的。

欧洲国家类似的故事

最近对欧洲历史人均 GDP 的研究显示,在 19 世纪前,欧洲也有类似的增长模式。出口的成功和失败,尤其是羊毛制品,导致欧洲经济的增长和负增长。

大不列颠、荷兰、意大利和西班牙的人均收入在 13 世纪和 19 世纪中期之间就经历了先增长后衰退的模式。然而,大不列颠和荷兰打破了这种模式。尽管意大利和西班牙在 14 世纪初比大不列颠和荷兰人均收入高,然而后者在 19 世纪超过了他们。大不列颠和荷兰的第一轮增长是在 14 世纪的黑死病以及瘟疫之后,第二波增长荷兰是在 1500~1650 年,英国是在 17 世纪中期。

欧洲如何转向现代经济增长

欧洲在现代意义上的经济增长最初发生在北海地区,这是由于制度变迁的原因。大不列颠在工业革命时期第一个转向现代经济增长,新制度经济史认为这是由于政府预算的加强和中央政府的集权。

1688 年的"光荣革命"通过加强议会的影响,限制了君主的权力。同时,给予议会增加税收的权力,允许政府能力增长,加强中央集权,形成"财政国家"。制度变迁使得欧洲的经济结构发生了变化,大且细分的工业行业和服务部门开始涌现。经济增长不必再依靠初级产品,而开始依靠更多样的生产活动。

非洲经济持续增长的制度缺陷

有人认为阻碍非洲经济增长的原因是政策制定者的政治干预。确实,20 世纪 80 年代和 90 年代实行的许多结构调整措施旨在限制非洲执政者的权力来防止寻租。有人认为非洲政府的政府结构是由于劳动力少、殖民遗留下来的制度问题等形成的。最近有学者将多种观点结合,认为较晚形成的集权政府、信奉专制主义的天性造成了非洲的贫困。目前非洲国家的政治制度仍然很不民主,如果没有制度的变迁,那么衰退还会重演。

本文原题名为 "Africa's Growth Prospects in a European Mirror: A Historical Perspective"。本文作者供职于伦敦政治经济学院。本文于 2013 年 2 月刊于 Chatham House 网站。

导读 ◀◀

21 世纪或许是非洲而非亚洲的时代。

未来人口增长最快的25个国家

文 Gabriel Stein 编译 茅锐

图1 说明了什么：图1 列出了在未来 25 年中，全球 25 个预期人口增速最快的国家。其中，只有一个（最后一个）不是非洲国家。

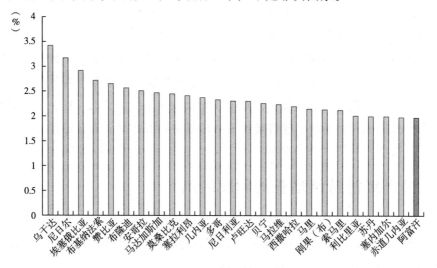

图 1　未来人口增速最快的国家

图1 为什么有趣：人口学不是绝对的科学，但人口增长趋势是基本可以预测的。尽管存在不少例外，人口增长应当带来经济增长，并反过来提升一个国家的政治重要性。经济增长同时也是投资在中长期内获得回报的前提。我们常听到，20 世纪是美国的时代，21 世纪是亚洲的时代。但从人口角度来看，亚洲国家的状况与欧洲一样糟糕。在新时代中，最快的人口增长将出

现在非洲。我们同时也已经在这片土地上看到了一些最快的经济增长。非洲政府与人民能否再接再厉我们不得而知，但增长的条件已经摆在那里。21 世纪或许将是非洲的时代。

本文原题名为 "Chart of the week：25 fastest growing countries，2015 ~ 2050"。本文作者 Gabriel Stein 是宏观研究咨询公司 Stein Brothers (UK) 的董事总经理和 OMFIF 的首席经济顾问。本文于 2013 年 3 月 19 日刊于 Adam Smith Institute 网站。

全球智库观点（No.2）

世界热点 · 财政

导读 ◄◄

　　本文认为现在的大西洋两岸——美国和欧洲都陷入了财政问题的政治僵局，政客们围绕财政上演着一出"闹剧"。这将给全球经济再次带来剧烈的双重打击，加拿大也难以幸免。

跨大西洋的财政"闹剧"

文 Fen Osler Hampson　编译 吴海英

　　大西洋两岸的罗马和华盛顿正酝酿着一场超级风暴，当这两个政治前锋系统会聚时，接踵而至的飓风将进一步摧毁全球经济，不仅仅是在欧洲和美国，还包括加拿大。

意大利的僵局

　　意大利的选举在欧洲这个第三大和负债最为严重的经济体内制造了僵局。除非其政党停止胡闹，否则临时总理蒙蒂承诺的削减意大利开支和增加税收所带来的适度但却是重要的收益将无从谈起。投资者和金融市场已经受到惊吓，欧元已出现暴跌。

　　有这样的说法，如果目前的危机没有解决方案，意大利将会彻底拖垮欧元。或者是通过和贝卢斯科尼组阁政府，这不太可能，虽然其右翼联盟得票惊人地接近贝尔萨尼领导的中左翼联盟；或者是通过新的选举使某一政党完全胜出。这两种情形都不太可能发生。

英法的麻烦

　　法国和英国同样有麻烦。奥朗德的政府通过对企业和个人收入增加税收，尤其是对最富有的人增税，愚蠢地对私人投资者开炮，而它正需要依靠这些投资者来提振法国萎靡不振的经济。法国仍然不能太指望公共部门来促

201

进就业和经济增长，目前政府支出规模已经超过 GDP 的一半。

英国则有相反的问题：过度的紧缩。许多经济学家认为就英国目前脆弱的经济状况而言，首相卡梅伦的财政削减过于严厉。英国当下已经陷入减少赤字和增长萎缩的旋涡之中，除非卡梅伦松开脚刹并有力踩下加速财政支出的油门，而这是卡梅伦和财政大臣奥斯本不情愿做的事。

德国的止步

即使是长久以来被称为欧洲经济发动机的德国也开始止步不前，原因是在关键的出口市场上对德国产品的需求（占据欧元区市场的 60%）正经历大幅下滑。

随着 2013 年 9 月来临的联邦选举，德国政治也正进入风暴之中。虽然在个人魅力方面，默克尔总理遥遥领先于社民党的竞争对手，但她的执政联盟自由民主党（FDP）正陷入困境。除非她自己的政党基民盟能赢得更多的选票以弥补执政联盟选票的下滑，否则默克尔将有可能在下届联邦选举中输给社民党和绿党。

美国的衰落

美国的衰落已经是一个长期以来的话题。如果你需要一些证据，那上周在自动减赤辩论中展示出来的令人震惊的领导力缺乏就是一个明证。这次对美国的伤害不单单来自心胸狭隘的共和党，而且还来自雅量不足的总统。他又一次展示在政治谈判艺术方面，自己既不如林肯也不如约翰逊。或许美国两党还需要时间，但来自各方如此众多的华丽辞藻和相互指责意味着两党不会很快达成一致的预算协议。

美国即将进入所有可能中最坏的情形：大幅削减国防和使美国保持强大的其他可任意支配资金项目（如国外援助和教育经费），而对最应该削减的大额支出项目——福利项目没有实质性的减少。来自美国的潜在危机使跨大西洋持续的经济不景气变得更糟。当我们自认为正在脱离困境时，欧洲和美国政党自焚式的行为对全球经济又带来一次剧烈的双重打击。

加拿大的落难

加拿大将遭受这些暴风雨的袭击。不仅仅是它的贸易和投资将再度受到欧洲经济放缓的负面冲击，而且除非加拿大能够迅速和欧盟达成贸易自由协定，否则我们将被迫认输。时间所剩不多，在这场较量中欧洲最大的助推器，默克尔正在为她再次赢得选举展开一场真正的战斗。

加拿大和美国大量存在的跨境交易也将成为白宫和议会自动减赤斗争的受害者。短期内，我们将看到更少的美国海关和移民官在边境工作，这将导致更长的排队、更多的延迟和一些关键中转站更为恶劣的拥堵。

华盛顿日益高涨的政党间的丑恶斗争，将使美国的最大贸易伙伴加拿大要求美国给予特殊待遇的请求破灭。加拿大争取白宫的支持和一如既往的关注将注定是竹篮打水一场空。

本文原题名为"It's a trans – Atlantic fiscal circus – complete with clowns"。本文作者 Fen Osler Hampson 为国际治理创新中心（CIGI）高级研究员和全球安全项目主管。本文于 2013 年 3 月 4 日刊于 CIGI 网站。

导读 ◀◀

随着美国就业问题逐步解决，家庭部门逐渐去杠杆化，市场对美国的增长前景非常乐观。但本文则指出了美国的一个问题，即美国的财政情况不容乐观，且政府的支出责任较多，未来也难以减负。

哪个国家的财政远景最糟糕？

文 Daniel J. Michell **编译** 黄懿杰

根据国际清算银行（BIS）的观点，美国财政的长期远景非常糟糕。如果美国不进行福利改革，美国的情况只比英国和日本稍好。经济合作与发展组织（OECD）对美国财政的预测也较为黯淡，其数据表明美国的财政情况仅优于新西兰和日本。

BIS 和 OECD 的研究仅仅关注赤字、债务和财政平衡等指标。虽然这类指标很重要，但只能说明现在美国的财政情况很糟糕。而潜在的根本问题在于，美国政府的支出负担太高，特别是由于老龄化问题。这也就意味着美国财政在未来也难以减负，只会越陷越深。BIS 和 OECD 的研究实际上也显示公共部门在不断扩大。

图 1 按照另外一种方式，利用 IMF 数据来观察各国长期财政展望。纵坐标为 2011～2030 年医保和养老金支出的增加值，横坐标为同一时期内，某国政府若想达成政府债务目标而必须进行的基础财政平衡/GDP 的调整值（其中圆圈表示负债/GDP 在 60% 以上的发达国家或 40% 以上的发展中国家；三角形则相反）。图中纵向的黑线代表需要进行的财政调整的平均值，横向的黑线代表支出增加的平均值。

因此，位于第一象限意味着老龄化相关的政府支出增量高于平均值，且为了控制政府债务所需要进行的财政调整也高于平均值。美国恰好位于第一象限，而且位于最外端。也就是说，虽然日本需要进行更高的财政调整，比

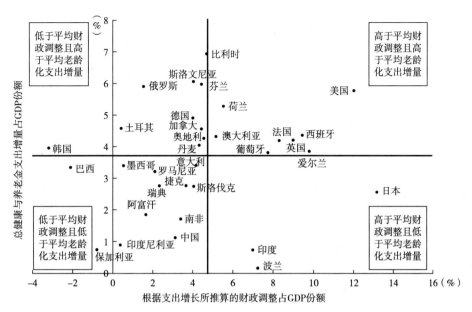

图1　2011～2030年各国预测老龄化相关支出增量及所需要的财政调整

利时的老龄化相关支出增量最高，但从两个指标综合来看，美国的财政远景最为糟糕。

本文原题名为"Mirror, Mirror, on the Wall, Which Nation Is in the Deepest Fiscal Doo - Doo of All?"。作者 Daniel J. Mitchell 为卡托研究所（Cato Institute）研究员。本文于 2013 年 7 月 2 日发表于 Cato 网站。

导读 ◀◀

　　华盛顿财政悬崖谈判初见转机，然而困扰美国的不仅仅是短期的债务问题，更是福利支出大幅扩张的长期隐患。本文认为美国在错误的路上越走越远，很可能会重蹈欧洲福利国家的覆辙。和福利支出的定时炸弹相比，财政悬崖只是小菜一碟。

财政悬崖，小菜一碟

文　Daniel J. Mitchell　编译　陈博

　　华盛顿正在为 2013 年 1 月 1 日启动的自动增税和开支削减计划而争论不休。这就是所谓的"财政悬崖"。其中不少增税措施会对工作、储蓄、投资和创造就业岗位有极大的负面影响。比如，对红利和资本所得进行双重征税在日趋激烈的全球化竞争环境中无异于自毁。

　　而且别忘了，奥巴马的医疗改革法案本身也增加了税务负担，特别是对投资的增税将在 2013 年 1 月开始执行，使得不少纳税人深受影响。同时，工资税也即将上调；尽管对就业来说影响较为轻微，但是对家庭收入来说可就不同了。此外，如果议员们再不采取行动的话，数以百万计的美国人将会被拖入"替代性最低税"（Alternative minimum tax）的泥潭中，在复杂的税制里无所适从。

　　尽管这些都是坏消息，但还称不上是危机。跨过这道悬崖，只不过意味着经济增速放缓，政治家们又增加了点开支。事实上强制开支削减（sequester）未尝不是好事，毕竟一旦实行，10 年后政府开支和今天相比，只不过增加了"区区"的 2 万亿美元，而不是 2.1 万亿美元。

　　就算奥巴马在这场斗争中占了上风，也不过意味着更高的税率和更多的政府开支。确实，这对经济不好，但这绝对不是世界末日。

　　真正的危机是我们正在走向高福利国家的道路上。这已经成为美国经济的一颗定时炸弹。

这颗炸弹不会在2013年或者2014年爆炸。甚至20年内都不会炸响。但假如不对福利项目进行改革，在未来的某一时刻，美国将会重蹈希腊的覆辙，财政崩溃。

想想美国老龄化的人口结构，再扳着指头算算就知道了。根据国际清算银行和OECD的估计，美国未来的开支会猛涨到一个高点，以至于我们的境地将比欧洲的福利国家还要糟糕，包括希腊。

不少人对美国的政府债务问题表示悲观。11万亿美元左右（或者16万亿美元，如果把政府自己所持有的债务算上的话）的负担看起来就已经够庞大的了，但这和福利开支相比只是冰山一角。算一算政府承诺的福利开支额和政府计划为这些项目所征的税收，就知道两者之间的差额超过了100万亿美元。

而这还是扣除了通胀因素后的实际值。

一些政治家认为只要我们能够提升税率，巨大的开支就不是问题。但这恰恰就是欧洲所做的事情，而显然这并不奏效。只要政府开支的扩张速度高于私人部门的增速，赤字就会持续扩大。而这才是我们需要重点关注的财政问题。没有实际有效的福利制度改革，只会使得政府开支不断侵蚀美国经济产出的成果。

届时，政客们是否施行奥巴马阶级斗争般的增税措施已经不再重要了。中产阶级的工资税是否提高也不再重要了。甚至连是否征收增值税这种欧洲式的销售税也不再重要了。只要政府开支增速快于经济发展，那么迟早有一天国际投资者就会停止购买我们的国债。

不幸的是，我们拖得越久，这个问题就越难以解决。越来越多的美国人会依赖政府的恩惠过活，而私人部门则被税收压得喘不过气，无法有效地创造就业岗位。我们可能会变成另一个希腊——那时候，绝大多数选民都将不思改变，安于现状。

而当现状再也维持不下去的时候，话语权就掌握在债券持有人手上了。一旦他们断了华盛顿的"信用卡"，情形可就不大妙了——尤其是考虑到再也没有其他人能拯救我们。

和那种情形相比，财政悬崖简直就是小菜一碟。

本文原题名为"The Fiscal Cliff's Not the Problem"。本文的作者Daniel J. Mitchell为卡托研究所（Cato Institute）研究员，长期研究财税制度。本文于2012年12月3日发表于《纽约邮报》网站。

导读 ◀◀

　　本文评论了美国"财政悬崖"支出的六个方面，指出奥巴马应该努力削减财政支出，这是难得的历史机遇。如果奥巴马无法为财政支出建立约束纪律，那么其将以悲剧为第二任期开场。

奥巴马财政预算的历史机遇

文 Robert B. Zoellick **编译** 熊爱宗

　　大选之后，奥巴马将"财政悬崖"争论的焦点集中在税收问题上。这一政治定位正将支持增长预算计划的战略目标置于危险之中。除非奥巴马能够降低财政支出的增长速度，否则他很难达成协议。这将削弱美国的增长前景，最终侵蚀美国的社保网络。美国的国际地位也将会被动摇，因为总统无法展示美国的"治理能力"。

　　共和党反对税收增加有诸多原因。其中一个担心是，"支出削减"并不是削减现有预算规模，而是降低预先假定的预算增长速度。另外一个担心是税收增加一旦立法通过生效，反而会在将来忽略支出削减。

　　为了判断财政支出是不是真对预算协议达成那么重要，国会以及公众应对以下六个领域做出评估。

　　第一，华盛顿所达成的协议应该确保社会保障不断增长，以能满足对未来退休者的支付需要。对于严重依赖社保的人，社保金的增长可以根据工资支出增长，而对于其他人则可以按物价增长。

　　第二，共和党人瑞恩的联邦医疗保险支持计划试图复制私人部门从"定额收益"到"定额支付"的经验。他甚至建议如果能够对结构性激励改革，还可以增加支付的弹性。作为一种次优选择，即使在共同支付和可扣除部分进行轻微的增加也会导致财政的节约。这一调整可以作为联邦保险计划简化的一部分。

协议应该保证医疗保险的资格年龄与社保年龄相符，从而实现帮助退休人员的目标，避免沦为一般性补贴。降低预算支出的传统措施，即削减对医疗服务提供者的支出，将会导致更差的医疗服务、更少的医疗供给，导致预算削减适得其反。

第三，奥巴马医疗改革（Obama Care）同样面临着挑战，如果使用与覆盖范围扩大目的的激励机制不相容，那么成本将不断攀升，最终拖垮医改计划。里根政府通过的大病医疗方案即是如此，当公民看到对收入征税而导致成本增加时，这一方案即被废除。奥巴马医改成本和税收之间的混乱关系将会为其争取更多的时间，但是总统和国会将会面临一定的风险。

第四，自由支配支出限额也仅取得有限成功。在过去数年内，除了某些年份，自由支配支出部分不断增加，因此，双方的协议应同意进行一个立法改革，并建立开支计划的日落条款。

第五，财政保守派需要仔细审查国防支出。国家安全是联邦政府的首要职责，但是国防部门确定的节支计划遭到国会的反对。协议应包括一个扩大的《军事基地改组和关闭计划》，使得国家安全利益可以应对特殊支出利益集团的挑战。

第六，需要努力限制政府支出。一般来说，联邦支出占到美国经济的18%～19%，目前已经攀升至23%～24%。罗姆尼建议这一限额应定在20%，而辛普森－鲍尔斯（Simpson－Bowles）赤字委员会的建议是21%。谈判应就限额达成一致，否则政府官员没有约束财政支出增长的激励。

奥巴马面临两个选择。一个选择是在未来10年内削减支出10万亿美元，这包括战争支出削减、增加税收以及其他项目支出削减；另外一个替代选择是任财政悬崖发展，至少在2012年允许税收削减到期，这样他就可以在2013年重开谈判，并大幅增加收入。

对于奥巴马来说，后一个谈判策略将会浪费一次留名青史的历史机遇。所有主要立法成就的达成，都要求总统领导其过程。奥巴马可以尽力与共和党讨价还价，但总统需要的是建立信任，因为其代表的是整个国家，而不是一个政党。错误的策略安排将会导致未来4年蒙上政治斗争的阴影，延缓其他可能的改革。如果奥巴马无法为财政支出建立约束纪律，那么他将以悲剧为第二任期开场。

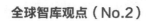

　　本文原题名为"Obama's Historic Budget Opportunity"。本文作者为世界银行前行长、彼得森国际经济研究所客座研究员。本文于 2012 年 12 月 9 日刊于彼得森国际经济研究所网站。

导读 ◀◀

　　不管有没有财政悬崖，由于奥巴马的医疗改革，美国在 2013 年一定会增税。从 2013 年开始，富有家庭将增收医疗保险工资税；中产阶级也会受到影响，弹性支出账户计划（FSAs）的医疗费用报销额度将减少一半，医疗支出占个人调整后收入的免税比例减少；医疗设备制造商多承担 2.3% 的消费税，也将给人们带来间接影响。而医疗改革还将导致近几年内其他新的增税措施，如个人强制保险、雇主强制保费、新一批的商业税等。本文认为，这些增税方案将引起新一轮的财政悬崖。

无论如何，你都要付更多税

文　Michael D. Tanner　编译　孙瑜

美国2013年一定会增税

　　不管美国财政悬崖问题的谈判结果如何，美国 2013 年的税收肯定会上升。在未来的 10 年里，税收预计将增加 1.6 万亿美元，而这还不包括奥巴马医改所带来的 1 万亿美元税收增加。

富有家庭受到影响

　　奥巴马总说要给富人征税，比如对个人收入超过 20 万美元、家庭收入超过 25 万美元的群体多征税。从 2013 年 1 月 1 日起，在奥巴马的医改计划下，这些家庭的医疗保险工资税将上涨 0.9%，约 300 万美国人将受此影响，共计增加 8600 万美元税收。尽管 25 万美元对于大多数人来说数目不小，但是这些家庭也并不富有。比如在纽约，由一个教师和警察组成的家庭就属于这一类。

　　另外，这些家庭的医疗保险税基还包括利息收入、股息以及其他资本收益。在当前经济非常需要投资的情况下，这将导致企业家更不愿意投入资本。另外，这项措施也会对许多中小企业造成影响。

此外，医改涉及的增税并不包括解决财政悬崖问题所涉及的增税计划。因此，如果加上为解决财政悬崖问题可能在非工薪收入方面增加的税收，美国高收入群体的利率和股息税收比率将达到43.3%，资本收益税率达到23.8%。

中产阶级也将受损

当然，并不仅仅是所谓的"富人"受到奥巴马医改增税计划的影响。有3000万人参加了弹性支出账户计划（FSAs），其中大部分是中产阶级。而从2013年开始，这些账户的医疗费用报销额度将减少一半，从5000美元降到2500美元，因此那些医疗费刚刚超过2500美元的人将支付更多的医药费，这一部分约有570万人。

中产阶级会是奥巴马医改中医疗支出免税方案改革的最大受损群体。目前，医疗支出超过个人调整后总收入（AGI）7.5%的部分可以免税。数据显示有6%的纳税人，约750万美国人，受益于这项条款。但是从2013年开始，该比率将从7.5%上升到10%，这意味着数百万中产阶级将不能再利用这项税收优惠，尤其对于那些快退休的工人，收入有限但医疗支出较高，更将感到日子不好过。对于一种常见情况，如调整后收入为每年8万美元和医疗支出小于每年8000美元的家庭来说，这将导致每年多缴500美元的税收。

政府希望从医改的这两项条款中增加400亿美元税收，但事实上这会使人们更穷。

新增商业税的间接影响

此外，人们还会间接地受到奥巴马医改带来的新增商业税的影响。比如，2013年医疗设备制造商将会多承担2.3%的消费税。糟糕的是这项税收是基于企业收入，而不是个人收入，因此实际的效果比同样数量的收入税影响更大。尽管这个行业的36万名工人将付出最大的代价，比如失去工作和降低薪水，但是所有人都将为更高的医疗成本支付更多。因为更多的税收会转移到更高的价格上，可以预见，从起搏器到轮椅等各种设施都会变得更贵。

奥巴马医改增税方案的长期影响

而这些只是奥巴马医改增税方案的第一轮。另一波奥巴马医改带来的增税将在 2014 年，包括个人强制保险、雇主强制保费、对医院和保险公司征收的新一批商业税。值得一提的是，自 2014 年开始，美国卫生部（HHS）将筹集 25 亿美元以减轻医疗保险企业之前的成本。HHS 还于日前宣布，将对参加政府运行的医疗保险转换计划的保险公司的保险费征收 3.5% 的税收。而从 2018 年开始，美国将在 "Cadillac" 医疗保险计划上征收 40% 的消费税。

总结

即使没有财政悬崖，这些也将造成大量的税收增加。在消除重复计算的情况下，奥巴马医改在未来的 10 年里将给国家增加大约 1.5 万亿美元的债务。巧合的是，这与非医改方面的增税额度一样。

因此，更多的税收，导致更多的债务，我们今后将迎来另一个财政悬崖。

本文原题名为 "Regardless，You'll Pay More"。本文作者为 Cato 研究所高级研究员。本文于 2012 年 12 月刊于 Cato 网站。

导读 ◀◀

在财政悬崖的僵局中，共和党向选民做出的不加税承诺饱受质疑和压力，不少人认为其顽固的立场不利于谈判。但在这篇评论中，作者认为民主党人执着于增加财政开支才是真正的症结所在。所以他的标题略带讽刺地质问：这仅仅是税收的问题吗？

仅仅是税收的问题吗？

文 Michael D. Tanner 编译 陈博

我们已经不止一次听说，在民主、共和两党降低公共债务谈判的进程中最大的障碍就是共和党人对税收问题的冥顽不化。一旦共和党人同意加税，民主党人就会削减开支并改革福利项目。这样，我们就可以手拉手共唱天下大同，迎接一个充满和解以及财政负责的新时代了。

只不过当现在共和党已经同意提高税率……呃，不，是提高税收收入以避免财政悬崖时，民主党人又似乎认为其实并没有必要削减开支了。

就像保罗·克鲁格曼说的那样："当前，美国经济迫在眉睫的危险不再是我们没能有效削减赤字，而是我们将赤字削减过了头。"不少自由派的经济学家更是纷纷认为对削减赤字的执着把我们从真正重要的问题上引开了——对他们来说，那应该是就业与增长。

国会里的民主党议员似乎已经成功地把社保改革的议题撤出了谈判桌——尽管当前社保基金还面临着 22 万亿美元无资金准备的债务。民主党人或许愿意略微削减一些 Medicare（医疗保险）的开支，但参议院的两位民主党党魁都反对任何结构性的调整，包括法定年龄的上调。而共和党人提出的政府保费分担计划，他们更是考虑都不考虑。民主党人更倾向于在奥巴马医改法案的框架下进行改革。但政府自己的精算师已经测算出，即使法案推行进展顺利，Medicare 也将有 42 万亿美元的赤字。而这已经是最乐观的情形了。

但在这种情况下，媒体的关注仍旧大多集中于共和党人会不会恪守不给选民加税这一承诺。而谈判的另一部分内容，也就是削减开支，则被人们忽略了。还记得那项增税 1 美元对应削减 10 美元开支的提议吗？共和党人至今还因为拒绝这项提议而备受批评。但别忘了要真正实行那样的计划就意味着在未来 10 年政府要削减 9 万亿美元的开支。总统或者民主党议员是不会真正考虑这样的提议的。

值得注意的是，已经有过半的民主党众议员和 11 名参议员签署了一项承诺，将反对社保或者医保计划的任何变动。假如这种承诺真是人们所说的万恶之源，那我们能暂停一下对共和党人反对增税承诺的鞭挞，转而对这个民主党人的承诺也表达一下愤怒吗？

事实上，至少在短期来说，不少的民主党人甚至还想增加开支呢。总统的最新财政预算提出从今天到 2022 年增加 2.6 万亿美元的开支。这比以前要求的 1 万亿美元增税还多了 1.6 万亿美元。也就是说，增加的税收不会被用来降低赤字，而是用来资助新的开支。而且根据新闻报道，总统已经有意推出更多的刺激政策来作为财政悬崖谈判的一部分。

这明显不是维持财政平衡的措施。这仅仅是老一套的收了税再花出去的政治游戏。

有一天，大家或许会重新审视共和党人签署的纳税人保护承诺的真正含义。但目前来说，共和党人只不过是在内部与自己以及与新闻媒体进行谈判。而民主党人甚至连谈判桌都还没上呢。

　　　　本文原题名为"All about Taxes"。本文作者 Michael D. Tanner 是 Cato Institute（编译者注：Cato Institute 是一个保守党智库）的高级研究员。

导读 ◀◀

目前美国总统和国会关于"财政悬崖"的谈判是全球焦点。本文通过对国会预算办公室最近发布的预算和经济展望的分析，指出美国面临的债务危机比财政悬崖更为危险。要解决这个危机，唯一的方法就是大力削减政府开支。

忘掉财政悬崖，迫在眉睫的债务危机更加危险

文 Doug Bandow　编译 刘悦

目前美国的头等大事是应付"财政悬崖"。奥巴马总统希望把增税作为削减赤字方案的一部分。但民众对此方案持怀疑态度，半数美国人认为增加的税收只会成为新的支出的一部分，而不会被用于减少赤字。

更重要的是，目前的财政危机已经过于严重，仅靠对"富人"增税根本无法解决问题。而且不幸的是，政府财政面临的长期挑战比短期的预算问题严重得多。当前国债已达 16.3 万亿美元，高于每年的 GDP，如果再算上没有资金着落的联邦负债，则高达 22.2 万亿美元。解决问题的唯一答案只能是减少支出。

过去，共和党政府和民主党政府一样挥霍无度且不负责任，但现在共和党似乎已经意识到必须改变，而大部分民主党人及他们的特殊利益集团盟友还不这么认为。如果决策者不愿改革社会福利、医疗保险和医疗补助这三项最大的支出项目，那么其他行动都没有意义。与这三项支出即将引发的财政支出海啸相比，财政悬崖简直不值一提。

国会预算办公室（CBO）最近发布的预算和经济展望显示，2012 年底公众持有的联邦债务将高达 GDP 的 73%，未来 10 年还将累计增加 2.3 万亿美元。

人们不相信政府真的能够执行削减开支的计划。社会福利、医疗保险，以及奥巴马医改计划（Obama Care）下的健康保险补贴支出都将上升。2011年的预算控制方案理论上包含了削减自由开支的条款，但自由开支只是联邦支出中相对较小的科目，而且国会也未必有胆量真正执行削减。此外，国会可能还会继续拒绝削减医疗保险支出。

根据 CBO 的替代财政方案①，短期预算情况令人担忧："2014～2022年的赤字可能会高达 GDP 的 5%，而非之前预测的 1%。"而且高赤字还会伴随着更高的国家债务。"2022年公众持有的国债将达到 GDP 的 90%，达到'二战'结束后的次高水平。"

但 CBO 的这个预测过于乐观了，未来有可能出现一次甚至多次经济衰退。油价或飙升，欧元危机或导致国际金融市场进一步动荡，波及美国，引发一轮自我增强的下行螺旋，减少家庭收入的增长和消费者与企业的支出，并影响就业。此外，更高的税率和赤字都将影响经济，前者将降低人们工作和储蓄的动力，后者会阻碍国民储蓄和投资，进而减少产出和收入。在替代财政方案下，GDP 将降低 1.7%。总体来说，"从经济和预算角度来看，替代方案带来的联邦债务都是不可持续的"。

对邮政、联邦房屋管理局、养老金收益担保公司的财政补助正在继续，未来还需要上万亿美元来照料战争中受伤的士兵和支付劳动者的养老金，但这些资金都还没有着落。

更糟的是应享权益支出将爆炸性增长。婴儿潮一代步入老年预示着受益于社会保障、医疗保险和医疗补助的人口比例将会显著而持续地增长。人均医疗保健的支出增速将继续超过其他商品和服务支出。CBO 指出，如果政策不做重大改变，这些因素将使联邦支出相对 GDP 的比例大幅增长，导致灾难性后果。

行动越迟，问题会越严重。如果推迟 10 年采取行动将使债务占 GDP 的比率升高 40%，长远来看会导致实际产出降低 7%～11.5%。更严重的是上

---

① 编译者注：每年 1 月，CBO 都会发布未来 10 年的"基线"预算预测。该预测并非基于对未来事件的预测，而是提供一个基准值，以此衡量未来政策改变可能带来的影响。因此，基线方案是假设法律规定将会得到执行而做出的预测。

但根据现行法律，2013 年税收和支出政策将发生一些实质性的改变。所以 CBO 还发布了一个"替代财政方案"预测，即假设目前或最近的一些政策虽然依法应该改变，但还会继续沿用、有效。

述估计还未把政府挥霍无度的政策对经济的损害考虑在内：飙升的债务将减少国民储蓄，导致更高的利率、更多的外债和更少的国内投资，这些都会降低收入的增长。政府排挤私人投资将使资本存量减少，降低劳动者的生产力和税前工资，从而减少劳动者工作的动力。CBO预测，2027年总GDP将降低4%，2037年将降低13%，之后还会继续下降。

更高的债务也将导致需要支付的利息增加，进一步推高联邦支出。如果实施替代财政方案，2037年的利息将达到GDP的10%，占到联邦支出的27%，并还将继续上升。

利息费用还有可能升得更高，因为政府借贷的增加可能会推高利率，以吸引人们拿出更多的储蓄来购买政府债券，这样就会挤占原本可用于生产资料的投资。如果没有相应的削减开支的措施，债务最终会增长得更高、更快。

更严重的是，日益增长的债务有可能引发突然的财政危机，届时投资者对政府管理预算的能力失去信心，政府因此无法以可承受的利率借款。结果将出现更多的政府救助，更高的利息支出，更多的债务，形成恶性循环，唯一的希望就是：当政府无法再轻易借款之时，可能会被迫推行之前无法推行的改革。

华盛顿未来的预算噩梦是由于过度消费，而不是税收不足造成的。到2037年，替代财政方案下的总开支将达到GDP的36%，比基线方案高10个百分点，比过去40年的平均水平高14个百分点。

减少联邦支出势在必行，山姆大叔必须量入为出。

美国人已无力再承担对外援助；无力为赢得连任而派发政治恩惠；无力给予各种利益集团无尽的赠款、贷款和贷款担保；无力承担五角大楼的巨额"国防"开支。美国人也无力再承担权益支出——这是由年轻人"买单"的中产阶级福利，而不是社会保险。所有这些支出都应该被砍掉，没有什么支出是神圣不可侵犯的。

政客们不需要更多的钱，他们需要的是减少开支，而且更明智地花钱。这是解决"财政悬崖"的唯一答案，也是解决长期债务危机的唯一答案。

本文原题名为"Forget the Fiscal Cliff, But Fear the Looming Debt Crisis"。本文作者为Cato研究所的资深研究员。本文于2012年12月刊于福布斯及Cato网站。

导读 ◀◀

近来，美国为了控制债务规模，趋于采取紧缩的财政政策。本文作者反对这种做法。在相关的国会听证会上，他分析了美国财政危机的根源与紧缩财政的利弊，指出美国债务水平尚可控制，紧缩财政只会适得其反，当务之急应降低医疗开支并提高劳动生产率。

国会证词：如何解决美国债务危机？

文 Simon Johnson　编译 纪洋

美国的"财政危机"从哪来？

乍看上去，美国似乎没有"财政危机"：若根据 IMF 的标准进行估算，美国国债需求旺盛，仍有"财政空间"，短期内不会出现财政危机；若根据市场的反应来推测，美国长期利率水平稳定保持在较低水平，被国际投资者所看好；若参考国会预算办公室的预测，随着布什减税政策到期，预算将会变得更充裕，短期内财政不会告急；若横向对比其他国家，发达国家的平均债务占 GDP 比例从 2006 年的 77.2% 升到 2012 年的 110.7%，而美国 2006 年是 66.6%，2012 年是 98.6%，恐怕算不上过分。

那么，"财政危机"到底在哪里呢？我的回答是，即便发生财政危机，也必然在 10 年之后。那时候，由于美国人口严重老龄化，医疗开支持续上升，美国的财政将不堪重负。而且，我们不能把这个负担从政府身上甩开，全抛给一个个美国家庭，那样只会进一步抬高全美医疗开销。

美国的医疗管理缺失效率，在发达国家医疗开销预测中，2030～2050 年美国的医疗费用最高；同时，美国正在经历人口转型，迅速步入老龄化社会。想应对"财政危机"，我们必须对此采取措施。一方面，控制医疗成本；另一方面，提高劳动生产率。只有如此，才能在不远的未来养得起所有美国人。

除了这种潜伏的"财政危机"，金融危机所带来的短期危机引发了诸多担忧。在金融危机前，国会预算办公室预测 2018 年债务将至 GDP 的 23%；但金融危机过后，预算办公室将这一比例修正为 65%，可见金融危机对美国财政的冲击之强。

然而，这种冲击究竟来源于何处呢？细看预算办公室的分解，不难发现，大部分都源于危机引发的经济衰退，进而导致税收减少。而政府刺激性开支的增加并不是主要原因。因此，要治疗短期财政担忧，削减政府开支只是头疼医头，帮助经济步入正轨、促进就业恢复才能标本兼治。

削减开支适得其反

削减开支容易导致经济衰退，这是大家都知道的事情。IMF 的跨国估算表明：每削减占 GDP1% 的开支，国内需求会减少 1%，失业率会增加 0.3%。

即便如此，考虑到紧缩财政的种种好处，各国政府还是不时地饮鸩止渴。但问题在于，那些"好处"美国通通无法享受：

首先，一般情况下，在国债违约风险较高时，紧缩财政能降低长期收益率，减少债务负担。但是，目前美国被视为风险最低的国家，美元作为国际储备货币，根本无须考虑违约风险。要降低国债长期收益率，紧缩财政用处不大，控制医疗开支才是正解。

其次，有人认为，紧缩财政能增强市场信心，使市场更加看好一国前景。但是，美国目前的实际 GDP 低于潜在水平，经济产出存在缺口，失业率居高不下，市场期望经济更加活跃，而非更加节制。紧缩政策显然不会增强对美国的经济信心。

最后，在开放的小国经济中，紧缩的财政政策结合宽松的货币政策，往往能促进货币贬值，提升出口的相对竞争力。但是，即便美国采取了上述政策，也没有太大意义，一方面是由于其他发达国家都在采取类似政策，抵消了美国的政策效果；另一方面则由于美元是国际货币，美元的汇率总随着国际事件波动，由不得我们控制。

因此，紧缩政策的"坏处"我们都要承担，而其"好处"我们都享受不到。最近英国的紧缩惨剧已经提醒我们，不要重蹈覆辙。

我们在做些什么？

现在，削减开支无法提振经济，更不可能增加税收，完全没有对症治疗，只起到了若干副作用。

第一，紧缩政策造成社会不公。在经济繁荣时，金融部门忽略风险，获取了巨额回报。当危机来临，我们没有收回那些无视风险的不当回报，而是削减了公共开支，逼高了失业率，让中产阶级与无产阶级承担了损失；同时我们不遗余力地救助"大而不倒"的金融部门，让那些曾经无视风险的人得不到惩罚，依然逍遥自在，没有任何动力去学会谨慎。这样一来，富的更富，穷的更穷。

第二，紧缩政策损伤人力资本储备。政府开支的减少，意味着教育、医疗等社会公共品的减少。然而，高质量的教育与医疗，才能保证我们的人力资本储备，才能提升整个社会的劳动生产率。削减了它们，就削减了长期的GDP 产出。捡了芝麻，丢了西瓜。

不幸的是，我发现美国正在干这些蠢事。

本文原题名为 "Flirting with Disaster：Solving the Federal Debt Crisis"。本文作者 Simon Johnson 是智库 PIIE 的研究员，本文是 2013 年 3 月 14 日提交给美国国会的听证词。本文于 2013 年 3 月 14 日刊于 PIIE 网站。

导读 ◄◄

　　本研究提供了一种联邦政府债务付息负担分布的测量方法。本文认为，负担的分布取决于利率水平以及付息的融资方式。

债务负担在美国各阶层
之间的分布

文 Aspen Gorry and Matthew H. Jensen 编译 冯维江

　　已有的研究集中在公共债务积累的宏观经济后果上。例如，不加遏止的债务积累，最终将减少一国的储蓄和未来的收入，同时还会造成利率的上升，等等。但是，很少有人注意债务负担在不同收入群体中分布的影响。

　　分析债务负担最一般的方法是将美国国债余额平摊到每个家庭头上，这样平均每户有71000美元的债务。但事实上，对不同收入水平的群体以及他们的后代来说，债务负担及其影响是不一样的。

测算的工作假设

　　本研究还对付款时间及融资方式做出了约定。在付款时间上，本研究测量每年应付的利息成本，并将其定义为每年的实际利率成本。此外，本研究假定每年实际债务余额没被清偿。举例来说，100美元的政府债务，假定名义利率为5%，通货膨胀率为2%，则实际利率为3%，次年付息的实际债务成本为3美元。

　　就不同的融资方式，本研究考虑了4种情景下，债务负担在不同收入群体中的分布情况。第一种情景，债务利息由对不同收入群体征收的个人所得税作为来源进行支付，债务负担的累进情况与个人所得税累进的情况一致。第二种情况，债务利息由对不同收入群体征收的联邦税作为来源进行支付，债务负担的累进情况与联邦税的情况一致。第三种情况，债务利息负担按照不同收入群体的家庭税前收入同比例累进分配。第四种情况，债务利息负担由全体纳税人平均分摊。本研究以第二种情景为基准情景，其累进的程度比第三种情景高，但比第一种情景低。

测算方法举例

按照第二种情景，在当前的税收政策之下，如果增加1万亿美元债务负担，则不同收入群体负担的债务如下：收入低于1万美元的家庭户均债务负担为69美元，收入在1万~2万美元之间的家庭户均债务负担107美元，而收入在5万~7.5万美元之间的家庭户均债务负担为4575美元，20万~50万美元之间的更是高达31946美元。如果不按照这种方法，而是按全部纳税人平均分配债务负担，则平均每户负担的债务为6319美元，但是，按照本方法，则收入在3万美元以下的家庭，其应当承担的债务在1000美元以下。

注意，按照本研究的假定，上述债务负担并非当代人实际需要支付的支出，实际要支付的是每年的利息成本。按照2.7%的长期平均有效实际利率水平计算，1万亿美元的债务负担带来的利息支付为270亿美元。相应，不同收入水平的家庭承担的债务利息支付额也各不相同。增加1万亿美元债务负担，给收入低于1万美元的家庭增加的户均付息为2美元，收入在1万~2万美元之间的家庭户均增加利息支付为3美元，5万~7.5万美元收入家庭户均增加利息支付为124美元，20万~50万美元收入家庭则每户增加863美元的利息支付。

美国当前及未来的债务负担分布

截至2012年9月26日，美国未清偿的债务净额为11.254万亿美元，按照2.7%的实际利率计算，每年应支付的利息约为3040亿美元。如果各方就财政悬崖未达成协议，布什减税政策在2013年退出，根据前述方法测算，收入在1万~2万美元之间的家庭，每户要承担的利息成本为69美元。收入在5万~7.5万美元之间的家庭，每户承担1366美元。20万~50万美元收入家庭则每户承担9586美元。如果2012年的政策（包括减税政策）在2013年得以延续，则前述不同收入群体的户均债务利息支付分布为33美元、1390美元和9707美元。换言之，减税政策退出之后，年收入在5万美元以下的家庭承担的债务利息支付会有所下降，年收入在5万美元以上的则会有所增加。

如果按照减税政策退出的方式计算，到 2022 年将新增 3.21 万亿美元的公共债务。届时，不同收入家庭每年增加的利息支付是：收入在 1 万～2 万美元的每户每年增加 20 美元的利息支付，5 万～7.5 万美元收入的每户每年增支 390 美元，20 万～50 万美元收入的每户每年增支 2734 美元。如果延续当前的减税政策，到 2022 年将新增债务 10.9 万亿美元。届时，上述各收入群体每年每户增加的债务利息支出分别为 32 美元、1350 美元和 9425 美元。变化的幅度分别为 60%、246% 和 245%。尽管当前政策在利息支付上更加"累进"，但对低收入群体来说，减税政策退出还是利息负担更少的选择。

本文原题名为 "A Simple Measure of the Distributional Burden of Debt"。作者 Aspen Gorry 是加州大学助理教授及美国企业研究所研究员，Matthew H. Jensen 是美国企业研究所助理研究员。本文于 2012 年 12 月刊于 AEI 网站。

导读 ◀◀

　　美国总统奥巴马的预算提案阐述了美国可能的预算方案和利害关系。由于维持福利待遇、保持现有消费水平、避免税收增加、增加就业、实现增长、减轻后代负担等举措不可能同时实现，因此必然有人承担损失。奥巴马的预算提案希望确保在重回增长路径的过程中产生的负担在不同群体之间公平分配。

预算战场

文 A. Michael Spence　**编译** 孙瑜

　　美国正在面临艰难的政治社会选择。总统奥巴马的预算提案阐述了美国可能的预算方案和利害关系。之后美国国内的辩论将决定美国能否重回增长路径，以及在重新转向增长的过程中，不同年龄、不同教育背景、不同收入群体和不同财富群体所面临的负担被公平分配。

　　全球市场和技术进步减少了蓝领就业岗位，中产阶级的就业转向不可贸易部门，导致国民收入向资本和高端就业转变，而其他部门的收入陷入停滞。就业持续低迷，与增长越来越远。

　　这些趋势不能完全归结于政府的短视或者政策选择。它们主要是由于全球一体化改变了技术布局而导致的，但同时，公众部门的投资不足加剧了这些趋势。

　　发达国家和发展中国家的经验表明，基础设施、人力资本、制度等投资的不足会影响长期增长。尽管中短期的增长可以通过以公共及私人债务替代投资而维持，即通过抵押未来的收入和消费来借贷，但是这种模式不能持久，因为人们对未来的预期会逐渐下调。

　　在理想的情况中，美国将保证福利待遇、维持现有消费水平、避免税收增加、增加就业、实现增长，并且避免留给后代过重的负担。然而这些目标是不可能同时实现的，即使税收、管制、医疗等改革有助于恢复再平衡且不给公共部门带来大幅成本增加，但是这却不足以促使经济重新恢复增长势头。而如果想保持现有的消费水平，公共投资一定会减少，债务将继续上升，下一代负担增加成为必然。因此这些目标不可能同时实现。

而如果不做出任何改变，那么可能出现的结果是福利计划减少，但仍不能抵消后代增加的负担。高收入群体税收上升，用于福利和再分配。然而避免大幅增税和维持现有消费水平的愿望将肯定导致公共部门投资不足，进而影响长期增长。

增长问题既是分配问题，也是代际问题。奥巴马的预算报告让美国国会和公众了解了重回经济增长路径方案的利害关系，确保负担将被公平分配。如果不做出适当的选择，那么增长会受到破坏，未来的分配问题也会更加棘手。

本文原题名为"Battleground Budget"。本文作者为 Council on Foreign Relations 的访问研究员。本文于 2013 年 4 月刊于 CFR 网站。

导读 ◀◀

　　美国经济虽然暂时不至于跌落"财政悬崖"，但低增长和高负债的阴影却挥之难去。很多决策者认为这两个问题的解决之道是相互对立的，因此财政政策面临两难困境，很难找到出路。本文则认为如果能同时降低开支和保持低税率，那么不但能够在短期内加快经济复苏的速度，而且能够在长期内促进经济增长，并能够帮助财政恢复平衡。

美国财政政策该应对低增长还是债务问题：并非两难困境

文　Jeffrey Miron　编译　刘悦

美国经济面临两大挑战

　　虽然最近美国国会已经达成协议，避免"财政悬崖"，但美国仍然面临两大经济挑战：低增长和不断上升的债务。由于解决这两个问题需要采取相反的政策，因此许多决策者感到进退维谷——按照凯恩斯理论，想要解决低增长，就需要实施减税或增加开支的财政刺激政策，但这会加剧长期财政失衡；同样，降低债务的政策又有可能进一步放缓经济恢复的速度，甚至引发新一轮衰退。想要首先采取财政刺激措施恢复经济增长，然后再通过财政紧缩来解决债务问题无疑是白日做梦，适合财政紧缩的"正确时机"永远不会出现。有关"财政悬崖"的协议并没有从根本上解决任何财政问题，选择合适的政策路径仍然是政府的当务之急。

正确的政策必须考虑经济效率

　　事实上，这种政策的两难处境并不存在。凯恩斯主义认为对抗经济衰退就需要增加政府支出的理论具有误导性。在凯恩斯模型中，经济衰退反映了市场对商品和服务需求的减少，因此当私人市场的需求下降时，政府可以利用政策来刺激消费需求，对抗经济衰退。第一个办法是减税或者增加转移性支付，让消费者手里有更多的钱可以消费；第二个办法是提供税收抵扣，以鼓励投资；第三个办法就是增加政府支出，用于购买货物和服务，如道路、国防、教育、R&D 或者绿色能源等，以此抵消私人市场消费的下降，稳定生产。但是，凯恩斯模型没有使用标准的微观经济的经济效益概念（即成本－收益分析）来评估政府支出和税收政策。相反，凯恩斯模型假设政府政策的目标就是为了提升 GDP。

政府支出由两部分组成：购买货物和服务（如道路、教育、R&D 等），转移支付（如失业保险、食品券、医疗保险、医疗救助及社会保险）。在凯恩斯主义理论中，建造没人需要的桥梁和针对假想的外星人入侵的军事支出都是必要的，因为这些能够提升 GDP。但从成本－收益的角度来看，这些支出毫无意义。政府的支出应该首先考虑是否必要，其次还要考虑支出金额是否与当前政府的规模相符——即使有些项目的成本－收益分析是正面的，也不意味着这些支出就应该获得支持。

转移支付同样存在问题，因为它扭曲了经济激励。失业保险降低了人们寻找工作的意愿，因而减少了劳动力供给并令工资虚高。社会保险鼓励了提前退休。医疗保险和医疗救助诱发了健康保险领域的道德风险，降低了医疗保健市场的效率。

减税则通常都是有益的，因为低税率提高了经济激励并减少了扭曲，从而提振经济增长。因此，无论是基于凯恩斯理论还是追求经济效益的立场，减税都是最吸引人的经济刺激政策。

政府应该采取哪些措施走出困境？

历史数据表明，减税总是能够刺激经济增长，而减少政府支出对 GDP 增长的负面影响并不大。因此，美国要解决当前的经济两难问题就应该削减非生产性的开支，并同时保持较低的税率。

第一，医疗保险已经占到联邦预算的 13.5%，从成本－收益角度分析过于昂贵。政府应该为大额和意外的医疗支出提供高免赔额的保险，而不是像现在这样全面覆盖所有的医疗保健支出。如果每个被保险人的免赔额提高

6400 美元，那么一年就能够节省超过 2500 亿美元的财政支出，医疗保健系统也会更有效率。

第二，占联邦预算 20.3% 的社会保险也过于慷慨。当 1935 年开始实行社保计划的时候，美国人均寿命是 63 岁，而现在是 78 岁。现在人们在 65 岁开始领取社会保险时健康状况还很好，因此可以推迟退休的时间，或者降低年金的增长，这样每年可以减少 1000 亿美元的支出。

第三，国防开支占到联邦预算的 19.6%，其中也有太多不必要的支出。当前和过去的很多军事和国家安全行动开支巨大，却很难衡量其效益。例如对伊拉克的入侵和占领，以及对阿富汗的军事占领，重复建设的军事基地等。国防方面每年节省 1000 亿美元是轻而易举之事。

第四，削减很多非军事、自由裁量的支出。因为其效益也很低。削减项目包括禁毒、国家艺术和人文基金、公共广播公司、美国宇航局、专项拨款、邮政、铁路公司、对外援助等。这些方面每年也可以轻易地节省 1000 亿美元的开支。

第五，很多因为税法而产生的隐性支出也对经济效率有负面影响。最明显的例子是雇主支付的医疗保险费享受税收优惠，这刺激了员工更多地购买医疗保险，因而引起过度医疗保健消费。另一个例子是允许房屋按按揭利息抵扣，这使得人们过度投资于住宅资本而不是商业厂房、设备或研发。如果调整相关政策，每年能够增加 2350 亿美元的税收收入，可以弥补降低边际税率的损失。

以上各项加起来每年可以为美国政府节省约 8000 亿美元的财政支出。即使不考虑当前高企的债务和经济复苏迟缓的现状，决策者们也应该削减上述支出。因为这些支出降低了经济生产效率，减少了产出，拖累了经济增长。

重振美国经济的办法其实非常简单——大幅削减开支并保持低税率。减少支出能够改善债务前景，使经济变得更有效率；保持低税率能够激励工作、储蓄和创业，这同样可以提高经济的效率。

本文原题名为 "Should U. S. Fiscal Policy Address Slow Growth or the Debt? A Nondilemma"。本文作者为哈佛大学经济学高级讲师和 CATO 研究中心资深研究员。本文于 2013 年 1 月 4 日刊于 CATO 网站。

导读 ◀◀

　　欧盟税务委员 Algirdas Semeta 在华府推销欧盟部分成员国采用共同金融交易税的决定，企图招徕美国加入其行列。尽管他试图用"托宾税"为金融交易税正名，但现行方案还存在征收依据不充分、征收标准欠妥当和税收用途不明确等大量问题。

"托宾税"是否重现？

文　Edwin M. Truman　编译　茅锐

　　欧盟税务委员 Algirdas Semeta 近日来到华盛顿兜售欧元区 17 个成员中 11 个采用共同金融交易税的决定。在其公开谈话中，Semeta 委员提及了诺奖得主、耶鲁大学的经济学教授托宾（James Tobin），因为托宾曾在 20 世纪 70 年代倡导金融交易税以期遏制外汇市场投机。但是，欧盟倡导金融交易税的根据却比"托宾税"宽泛得多。

征收依据不充分

　　金融交易税的征收依据是多方面的。首先，它可以被用来限制金融市场投机（无论是在特定市场中还是在更广泛的市场中），或被视为针对某种被社会普遍厌弃却又有刚性的需求（即高价格和高税收不会大幅减少需求）行径的"罪孽税"（sin tax）。其次，它可以被用来惩罚获取超额利润的金融部门，或增加税收以利于其他各种目的。在与华府的美国进步中心的谈话中，Semeta 委员暗示欧盟征收金融交易税的依据包括以上各方面。然而，一般来说，一项政策的目标越分散，其有效达成其中任何一个目标也就越困难。

　　托宾离世前，曾在《金融时报》上撰文并在接受 *Der Spiegel* 杂志采访时指出，他认为"托宾税"的征收目的仅仅是限制有损于国内宏观经济稳定的外汇市场投机。他反对将他的名字与任何旨在增加财政税收的企图联系在一起，即便这些企图很有价值，比如是促进经济增长。他同时也对因为自己支持一项限制投机的税种而被反国际化运动"劫持"了声名倍感不悦。

征收标准欠妥当

Semeta 委员没有正视托宾的意愿。在美国进步中心，他提及托宾的名字来鼓吹金融交易税，而其所谓"金融交易税旨在遏制造成（国际金融和欧洲债务）危机的'赌场一般'的交易"这一理由却恰恰是托宾可能批评的。多数的分析师认为，如果真要对金融市场行为造成足够的遏制效果，"托宾税"必须高于现在所提出的对金融衍生品按面值征收 0.01% 和对其他金融工具征收 0.1% 的标准，并且"托宾税"也必须要尽量在全球执行。托宾的理念是向外汇市场交易的车轮中加些沙子。他建议的税率是欧盟现在倡导的 5 倍。许多学者认为，想要对这些企图在短短数日或数周中从不断贬值或升值的货币中快速盈利的投机者造成足够的威慑，税率还需要更高。

Semeta 委员还辩称即使不在全球范围内实施，金融交易税也将同样有效。但这与他自己先前有关欧盟此项提议旨在适用于"与 11 个成员存在确定经济联系的所有交易"，即跨领土实施将提高金融交易税在增加税收方面的有效性并在实施国中构建金融机构许可这一论断自相矛盾。同时，Semeta 委员来到华府的目的也正是招徕对美国加入欧盟行列的支持，而这正表明"全球性的金融交易税也终将在某天到来"。

税收用途不明确

Semeta 委员还声称，欧盟所提出的金融交易税将"小心地保护实体经济"，不会使其受损。他的理由是金融交易税是一种"罪孽税"，而罪孽越少，整个世界都将越好。他认为，欧盟的分析表明，"只要明智地使用税收收入，就会给欧盟经济带来增长效应"。关键的问题是，金融交易税收入到底将被如何使用和分配呢？欧盟预计每年将为参与这项罕见的、仅涵盖部分欧元区和欧盟地区的"紧密合作"的成员国增加 300 亿～350 亿欧元（400 亿～450 亿美元）的税收收入。但欧盟及其成员国均未说明如何使用这笔资金。Semeta 委员也只表明"每个政府现在都需要为公共融资寻找新的资金来源"。

最后，Semeta 委员还指出，"与其他部门相比，金融部门目前课税太低"，因此金融交易税有助于促进公平和平衡不同经济主体为公共利益做出的贡献。

Semeta 委员关于许多政府急需额外收入的判断是正确的。如果在不对实体经济造成任何负面影响的前提下能够获得额外收入，这无疑是好事。他关于金融部门课税过低的判断也可能是正确的，不过这可能因为一些充满假设和主观判定的复杂计算而遭到质疑。如他所认为的，金融部门也许的确需要接受惩罚。不过，他由此得出金融交易税便是一项有百利而无一害的政策工具则似乎过于夸张了。给定现在建议的税率，金融交易税很难有效遏制投机。"托宾税"回来了，但让公众知情的公开辩论却还没有。

本文原题名为"The Return of the Tobin Tax?"。本文作者 Edwin M. Truman 是彼特森国际经济研究所的高级研究员。本文于 2013 年 3 月 12 日刊于 PIIE 网站。

世界热点·货币政策

导读 ◀◀

　　本文是 Christine Lagarde 在杰克逊霍尔经济研讨会上的演讲，主要涉及非常规货币政策的好处、政策的退出与溢出效应、针对退出的政策管理等。

对非常规货币政策的全面分析

文 Christine Lagarde　编译 黄杨荔

　　眼下，政策制定者面临着反思并重新计划如何让经济回到正轨的挑战，显著特征之一就是发达经济体的央行乐于"扎进政策制定这个泳池的深水区"。与常规货币政策相比，过去几年的非常规货币政策更为大胆、更具规模。这些非常行动也使全球在新一轮大萧条前悬崖勒马。

　　危机促使我们反思各国间的关联度，非常规货币政策更带来了附加的扭曲。世界各地的政策行动都将影响全球，而 IMF 的任务就是为世界各地发展提供指导。非常规货币政策是对新世界的探索，我们应共同点亮这间黑屋。

　　因此，我今天的主旨是：齐心协力，更全面地了解非常规政策对本国和全球的影响，及其对政策退出路径的影响。全球的政策制定者有责任采取行动，以恢复稳定、促进增长并减少失衡。在此精神下，我想从三个主要方面分享基金组织的想法。

迄今为止非常规货币政策的好处

　　非常规货币政策是否必要且有用？尽管尚存争议，基金组织明确认为，迄今为止，此类政策的影响都是正面的。危机初期，非常规货币政策使金融系统和活动免于崩溃。面对金融动荡，非常规货币政策可为国内和国际经济活动与金融稳定提供支持。在改革后的监督框架中，基金组织更关注这些政策更广泛的影响，分析各国内部（如金融部门与实体经济间），以及各国间的关联性。这些政策的确切影响难以被精确说明，因为存在太多变化，且各国观点不同。我们正处于"新纪元"，必须尝试。

2013 年 8 月初的一份报告分析了非常规货币政策的溢出效应。估算显示，年初市场调整前，美联储的 QE 政策可能已使美国长期债券收益率下降超过 100 个基点，推动世界产出增长高于 1%。我们有信心认为，当全球经济可能衰退时，非常规货币政策起着振兴经济活动的作用。市场风险的衡量指标也得出类似结论，在金融压力上升期间，非常规货币政策降低了市场不确定性。

初期形势最严峻，政策成就也最大，但此后政策依旧成功。总体上，所有国家都获益了：先得益于最严峻的金融动荡风险的化解，后得益于对经济增长的促进作用。但这一情况可能不会持续。

目前对非常规货币政策的全面分析

首先，我不建议立即退出。已采用非常规货币政策的地方仍需要政策，尽管有些地方所需时间更长。随着经济复苏及其对通胀的影响，终止异常宽松的常规和非常规货币政策的一天终会到来。我们需要对此规划，尤其因为我们并不知道这一天的确切时间。可以肯定的是：退出路径将会而且也应该取决于复苏的速度，后者能减轻前者的潜在损失。但这一分析并不容易。我们要共同关注金融稳定性与增长，关注非常规货币政策是否收益递减，共同分析金融副作用是否逐渐恶化。

正如引入时那样，政策退出也会将我们带入未知领域。但我相信央行在处理退出时也能同样出色。所以，基金组织与政策制定者要考虑政策退出的情形，包括其对全球经济和金融稳定性整体的影响，这也是基金组织存在的目的。现在，我重点谈谈我们对这些渠道和联系的看法。

第一，稳定与冒险的平衡。

二者关系并不一目了然。长期的宽松货币政策和超低利率，加上获取更高收益的心态，确实是冒险行为；但缺乏非常规货币政策易使经济增长局面更糟，增加金融困境的风险。

随着时间推移，我们将对此更加了解，比如年初全球市场的调整预示着向好势头可以持续，还是新一轮动荡和恐慌的开始。我们都希望前者，但为保守起见要为后者做准备。一些非常规货币政策模式会影响收益率曲线的长端，其程度可能甚于常规货币政策。与后者的影响相比，它将影响更大范围的资产和资产类别，因而人们担心非常规政策会激励冒险。权衡上述，我们认为实施非常规货币政策的国家目前仍能获益。

第二，需更仔细地研究溢出效应。

很难将非常规货币政策的效应同其他因素分开。以往的紧缩周期也引发了溢出效应，我们应从历史中吸取经验。目前，发达国家和新兴国家在应对非常规货币政策的影响上都做得很好。我们以未实施非常规货币政策的 13 个大国为对象开展研究，发现政策推行后，资产价格上涨，资本流量增大。多国企业杠杆率和外汇风险也有所增加，如房地产价格高涨、股价反弹长时间持续、信贷迅速扩张。但近几个月，部分情况有所逆转。

我们能预见这一有利趋势，即便实施常规政策也将如此。这是低利率政策与资本追求回报的结果。总体上看，各国都推行了健全的宏观经济管理措施，并采取行动使金融系统更加安全。以上结果显示，对未实施非常规货币政策的国家来说，目前非常规货币政策的分析结果总体上是有利的。但情况可能瞬时逆转，需对这些风险持续监控和重估。

第三，更多地思考各类退出途径，能更好地评估风险和溢出效应的平衡。

何为"退出"非常规货币政策？答案并不明朗。人们对常规和非常规往往一概而论。当前货币政策包括多个方面，如对未来政策的"前瞻性"指导，购买私人资产以支持特定市场的稳定性等。从长期上看，非常规货币政策的退出包括逐步取消并最终逆转这些政策，但它们不必同时发生。非常规货币政策中较为"常规"的措施需要在资产出售前就被调整。这意味着，非常规货币政策的退出可能比人们想象和担心的更慢、更久。较肯定地说，退出还取决于其他政策进展及复苏的持久性。事实上，出于使市场尽可能顺利地理解并消化的考虑，政策退出还应视经济发展情况而定。

更好的全球政策组合

未来，政策道路会更广阔。尽管货币政策的表现如愿地好，但它并不能解决所有经济问题。非常规货币政策的实施还需要一系列促进全球经济发展的政策辅助。

有人认为 IMF 在采取非常规货币政策的国家面前很"软弱"，不愿对其提供建议。我不同意。多年来我们一直强调，政策组合要包含更多中期财政、金融和结构性改革。即便没有这些，推行非常规货币政策也比没有强。我担心若其他方面力度不够，各央行的努力将付诸东流。这需要各国实施那些难度更大的政策，以确保平衡、持久、包容的增长。尽管我们无法得知确切的反事实影响，但非常规货币政策为更多改革提供了空间。

对实施非常规货币政策的国家来说，采取正确的政策组合意味着两点：

一是推进深度改革，为持续持久的增长奠定基础。需要更广泛的政策工具来维持长期增长，确保财政可持续性并修复病态的银行系统。在更广泛的政策前沿取得进展，能使非常规货币政策更为有效，遏制潜在风险，也为顺利退出开了扇门。监管改革进步能使系统更安全。考虑到非常规货币政策拯救了金融部门，后者以加快改革作为回报也是应当的。

二是央行应管理退出风险。沟通很重要。政策制定者应对影响非常规货币政策决策的、关于经济活动和金融稳定性的考虑持明确、开放态度。还需要针对以下风险进行沟通：太早退出后复苏面临的风险，以及太迟退出后金融稳定性面临的风险。沟通金融状况可能削弱市场稳定性，但沟通过少可能更糟，会引发市场意外。即便管理适当，退出非常规货币政策也可能给未实施政策的国家带来巨大阻碍。

那么，未实施非常规货币政策的国家该如何准备及应对呢？

大多数未实施政策国在应对潜在风险上已经领先，这应继续保持，具体政策行动视各国情况而异。此类国家需要大力执行维持中期增长所需的深度政策，近期对新兴市场增长潜力放缓的担忧更突出了这一点。

然而，如何应对再次出现的金融不稳定性，这给未实施政策国带来了严重风险。好消息是，它们有应对的工具。汇率的灵活性对其有所帮助，一些市场干预可能有助于缓和汇率波动或短期流动性的压力。

迄今，发达国家和新兴国家都采取了宏观和微观审慎措施来抑制过剩——应对信贷增长泡沫或金融部门的潜在脆弱性。但即便尽最大努力，仍存在漏洞。所以我们需要巩固防线，这反映我们的相互依存、共同目标及对全球经济的共同责任。在基金组织方面，我们随时准备提供政策建议和金融支持。

结论

通过国际政策合作提升全球经济存在着很大空间。在当今这个相互联结的世界，本国政策的溢出效应会很快流向发源地。研究其更广泛的影响关乎自身利益，也关乎所有人的利益。实际中协同很困难。并非人人都认同溢出效应的规模甚至方向，消除或缩小这些差异是决定未来政策走向的重点，公开合作能更好地迎接挑战。

作为一个国际政策合作论坛，基金组织可以出力。在通过监督有效地支持成员国的政策决定上，我们义不容辞。我们可以更深入地研究成员国间的政策关联和溢出效应，就合作成果提供明确的分析，并鼓励政策制定者了解如何使其行动与全球政策议程相协调。通过行动，我们将使世界经济走上强劲、可持续、平衡增长之路。

世界已经涉水太久，政策制定者是时候上岸了。

本文原题名为"The Global Calculus of Unconventional Monetary Policies"。本文作者为 IMF 总裁。本文于 2013 年 8 月 23 日刊于 IMF 网站。

导读 ◀◀

　　许多中央银行采取了非常规货币政策以应对全球金融危机和大衰退。本评述回顾了被提出或付诸实施的非常规货币政策，并加以比较。

非常规货币政策评述

文 Biagio Bossone **编译** 茅锐

　　2007 年的金融危机和随后的经济衰退迫使许多发达国家的中央银行采取了非常规货币政策。危机的演进（尤其是在负债累累的欧洲国家）加上既有非常规政策已触及极限，引发了更多新的政策提议。下文对此进行综述。

让钱来得更容易、更便宜：数量和信贷宽松政策

　　危机爆发后，主要的中央银行采取了量化宽松政策，对金融部门进行干预，通过从银行和非银行机构购买资产（包括"有毒"资产）释放流动性，以缓解银行不再放贷、家庭与企业信贷冻结和政策利率降至零点的危局。随着危机蔓延至实体部门，量化宽松政策的目的也转为刺激需求和提升通胀预期，以期复苏经济活动。

　　量化宽松政策对金融市场崩溃的避免至关紧要，也对宏观经济产生了深远影响。但必须认识到，量化宽松政策实际上将便宜的货币提供给交易商、风投、银行、富商和投机者等资产所有者，而并未触及消费倾向更高的普通民众，因此其主要影响在于改变收入分配，对总需求的刺激作用并不确定。

　　量化宽松政策导致大企业通过资产回购和债务股权置换抬高股价，或增加现金持有量，但对产出和就业的刺激作用却很小。相反，小公司由于难以进入资本市场，依然面临严峻的借贷约束。

　　量化宽松政策还导致收益率曲线变得更加平坦，并扭曲了风险，以至于原本不具备生产力、无法盈利的项目获得了资本。货币增发孕育了债券和资

产价格泡沫，高风险的结构性金融工具死灰复燃。退出量化宽松政策的呼声则加剧了不确定性并推高了利率。

如何与财政政策相协调，是决定量化宽松政策对宏观经济影响的重要因素。如果在实施量化宽松政策的同时维持限制性的财政政策，就如同同时踩踏油门与刹车，而这正是美国和英国的情形。相反，日本根据"安倍经济学"所采取的政策则是财政和货币双宽松。不过，在日本已经高企的公共负债率下，这一政策组合究竟会产生何种影响？对中央银行的独立性又有何含义？目前仍不清楚。

通过前瞻性指导驾驭市场预期

前瞻性指导与量化宽松政策之间存在互补，并逐渐被中央银行用以影响市场对利率水平的预期。当中央银行受制于零利率下限而无法继续降低短期利率时，前瞻性指导能帮助中央银行与市场沟通，表明其将继续维持低利率政策的意图。因此，前瞻性指导预示着对更高通胀水平的容忍，有助于在恒定的短期利率水平下继续放松信贷条件。重要的是，前瞻性指导标志着政策重心从货币当局转移到经济活动和就业，有利于在不危害价格和金融稳定的前提下扩张经济。

但辩证地看，既有宏观模型往往高估了前瞻性指导政策的宏观影响，导致"前瞻性指导之谜"。实际上，有关前瞻性指导改善市场参与者预测短期利率水平的能力、提高货币政策效率的证据依然匮乏。前瞻性指导并不能保证中央银行誓守诺言，也没有改变零利率下限对货币政策的束缚。

零下世界：负利率当道

当经济深陷衰退时，政策利率将迫近零利率下限。但如果允许名义利率为负，零利率下限将不复存在。事实上，对中央银行储备或存款等其他储蓄工具，都可以尝试实行负利率。负利率意味着对货币征税，或以廉价的新货币取代流通中的货币。这将使货币变成"烫手山芋"——消费者会急于将其花出，银行则会急于将其借出。

然而，反对负利率的声音层出不穷。首先，对货币和存款征税是对银行的阴性补贴。其次，负利率未必刺激消费，反而可能增加货币囤积和安全资产的积累。如果风险高企，银行也未必会增加放贷，反而可能提高贷款利率。

相比其他政策，负利率的好处在于，它无损央行的独立性，也不需要改变其资产负债表。但有关实施可能引发的法律问题目前依然不明，真正实施负利率的案例也不多。瑞典在 2008 年对存款工具实施过负利率，但没有转变货币政策体制；丹麦在 2012 年对存款凭证实施过负利率，但目的在于缓解汇率压力。2013 年初，英国央行为维持宏观稳定而考虑过负利率；6 月，欧央行也表示负利率在技术上已经可行。但这两个中央银行至今都没有付诸行动。

公然的财政负担货币化

日本中央银行通过购买政府债务抗击通缩。新增货币为税收削减和公共支出项目融资。由于债务负担并未加重，消费者和企业可能将税收削减用于增加支出。但公然的财政负担货币化将颠覆"李嘉图等价"，从而限制新增债务的规模，并恶化政府与中央银行间的关系。这就好比"直升机撒钱"那样，将货币置于公共支出之手。在更极端的情形下，这就好比将印钞机赋予财政部。

对于债务累累的欧元区国家，财政负担货币化更像一剂猛药，目标在于用通胀代替债务，而不在于直接支持经济活动。鉴于目前这些国家经济疲软，通胀的后果也许多年后才会显现，这将给欧洲中央银行冲销这笔流动性提供时间。但在多国框架内，实施财政负担货币化必将面临诸多体制性问题，也将削弱这一设想的可行性。

> 本文原题名为"Unconventional monetary policies revisited"。本文作者 Biagio Bossone 是莱切小组（Group of Lecce）主席。本文于 2013 年 10 月 4 日刊于 VOX 网站。

导读 ◀◀

　　本文首先概述美联储与 IMF 关于 QE 会带来财政损失的研究成果，然后基于一个强化因素和四个抵消因素给出了自己的估算结果和判断，最终得出的结论为 QE 将会降低美国债务负担。

QE 的财政收益将超出其财政成本

文　Joseph E. Gagnon　编译　刘洁

　　美联储主席伯南克（Bernanke）本周在国会作证时可能会听到国会成员的一些质疑的声音。其中最容易被问到的问题是量化宽松（QE）政策是否会给美联储的财政账户带来风险。伯南克或许会对美联储未来的潜在损失有所担心，然而，他非常明白这些损失将会被财政部由此产生的收益抵消，QE 将会降低美国债务负担。

　　近期美联储的一项研究与国际货币基金组织的一项研究都对美联储的这一潜在未来损失进行了分析，结果表明：未来几年内美联储的收益有可能降低至正常值之下，尤其是当美联储为应对突如其来的通货膨胀而被迫大幅提高利率时将更为严重。在这两篇研究报告中，IMF 的"尾部风险"被认为是所有情况中最严重的。在这一不太可能发生的情景下，未来某一时期短期利率将上升 600 个基点，长期利率将上升近 400 个基点。根据 IMF 的研究，在上述情况下美联储资产的市值下降幅度将达到 GDP 的 4.25%。美联储并不会以市值来评估其资产，并且作为法定货币的垄断提供者，在任何情况下美联储的净资产都不必为正值。然而，受利率维持在该水平的时长影响，或许美联储在长期的收益无法抵补其损失。这将导致美国财政赤字加剧，债务负担逐渐增加。

　　但是，在上述假设事件下美联储将遭受损失仅仅是一面之词。为了测定

QE 给美国的债务负担造成的整体影响，我们应当考虑一个强化因素和四个抵消因素。强化因素是指利率提高至 QE 前的水平将导致财政的借款成本暂时增加。抵消因素是指：①在利率有任何提高之前，美联储应当会在几年内从 QE 中获得巨额收益；②在利率有任何提高之前，美联储应当会在一个较长时期内以极低利率融资；③QE 带来的高水平经济增长和通货膨胀将增加税收收入；④高水平通货膨胀将使得财政债务的实际值降低。

在 2009 年末，我考察了所有上述因素并计算了 QE 的扩容给美国未来债务负担带来的效应。在一种与 IMF 的"尾部风险"相似的情况下，我发现 QE 的再推出将永久性地使财政债务占 GDP 的比率降低 1 个百分点。在一种与目前金融市场预期更为一致的情况下，我发现 QE 的再推出将使债务比率永久性地降低近 3 个百分点。

这些估算包括了 QE 的所有潜在成本，但并不包括其所有的潜在收益，因为 2009 年实行的第一轮 QE 带来的收益没有包括在内。此外，该计算过程假设在"尾部风险"的情况下，低利率时期持续仅一年，而在基准情况下持续两年，但事实上低利率时期已经持续超过四年了，并且还将持续一年或两年。

如果通货膨胀率保持在 2% 左右的水平，而利率逐渐回归正常水平，那么正如指数债券目前的名义收益率所反映的那样，美联储未来几年所获收益将低于正常水平。然而，在 2015 年以后美联储收益比正常值更低部分的贴现值比 2009~2015 年美联储收益高于正常值那部分要更小，这表明单从美联储方面来看，QE 会带来微小的净收益。在同样的假设下，如果不考虑抵消之后几年更高的利息支出，财政部将在 2009~2015 年发行的长期债券上节约的利息支出至少能够达到 GDP 的 2%。

此外，QE 除了能促进经济增长和/或通货膨胀外，它还能增加税收收入。美联储副主席珍妮特·耶伦（Janet Yellen，2013）预计美联储购买的 5000 亿美元长期资产将在长期中使债务比率降低 1.5 个百分点，这主要归功于高水平的税收收入。以此类推，到 2014 年初美联储计划拥有 4 万亿美元长期资产，QE 将使美国债务负担比率降低 12 个百分点。在"尾部风险"的情况下，债务比率将降低约 2 个百分点，该比率与耶伦所做的假设情况相比要更小。

在我看来，近期关于美联储财政赤字的好消息很大程度上与美联储的

QE 政策有关。对美联储财政账户上潜在损失的担心只是谣传和误导罢了。

本文原题名为 "QE's Fiscal Benefits Outweigh Any Fiscal Costs"。本文作者为彼得森世界经济研究所（Peterson Institute for International Economics）研究员。本文于 2013 年 7 月刊于 Peterson 网站。

导读 ◄◄

　　金融危机期间，常规货币政策传导机制失效，趋近于零的利率也令央行缺乏进一步操作空间，包括美国在内的多国央行采取大量非常规政策来稳定金融市场。随着全球经济的逐渐恢复，非常规货币政策的退出也被提上了议程。本文认为，所谓的"非常规政策"不应只是危机时期的应急措施，而应被纳入央行"兵器库"，成为其进行宏观调控的常规手段之一。

伯南克后的"非常规政策常态化"

文 Adam S. Posen　**编译** 匡可可

　　对本·伯南克（Ben Bernanke）继任者人选的讨论集中在一个问题上：谁能最好地带领美联储退出其实施多年的扩张性货币政策？虽然这是奥巴马总统应该考虑的问题之一，但是，他真正应当寻找的是一位能将新的央行政策手段制度化，并能在此事上获得国会支持的人选。

　　不管人们喜欢与否，当伯南克2014年1月卸任时，他的继任者都必将使非常规货币政策常规化，并建立一套切实可行的相关监督框架。

　　在货币政策方面，金融危机给我们带来的重大教训是，现代经济中并不存在可以决定，甚或是仅仅代表信贷环境的利率。在过去的30年里，货币经济学和政策制定都依赖一个安慰人心的假设，即央行基准政策利率的变化会以一种可预测的方式影响整个经济，这个假设导致学界和市场分析人士试图用简单的规律来解释央行行为。更重要的是，这种假设使央行官员们抱有一种不切实际的假想，即由于货币当局的决策手段是公共部门利率的调整，着眼整个经济体而非具体部门，他们的政策不会对不同群体（比如说债券持有者和失业者）产生不同影响。这一点，加上"大缓和"时代的幸运成果——自 1984 年开始的稳增长、低通胀的 25 年——让人们误以为通过运用货币政策手段就能够较为精准地控制通胀和增长状况。

近年来的经验表明，与货币政策对债券市场的影响相比，货币政策传导至整个经济的真实情况更为复杂。在欧元区，低利率和干预政府债券市场的承诺未能改善南欧国家中小企业的信贷环境。在中国内地、香港和土耳其，当局不仅尝试通过提高利率来抑制房地产信贷繁荣，还需要采取针对性措施。在美国，美联储对抵押贷款证券（MBS）的购买比对长期美国国债的购买更有效地促进了住宅市场引领的经济复苏。

与此同时，日本央行、美联储和中国人民银行相继被指责加剧了市场动荡。这表明央行对经济表现（乃至货币政策的直接效应）的调控都有欠精准。如果你要开始提高通胀预期（这是日本所需要的），那么你就必须接受短期债券收益率的波动；如果你要抑制房地产投机（这是中国所需要的），你就必须认识到这样会破坏和睦的借贷关系。

如果制定利率的美国联邦公开市场委员会（FOMC）希望使用基准利率工具来防止泡沫的产生，并因此需要考虑其职责（即通胀和失业）之外的因素，它就必须认识到总体货币状况会趋紧。这些局限和取舍不是量化宽松造成的暂时性结果，而是将持续下去的经济现实。尽管这些政策决策的最终目的是改善整体经济，但它们对社会各个利益群体的影响确实不同，货币政策总是如此——尽管不那么明显。

因此，美联储新主席将面临的主要挑战可能是设计一系列工具并将它们制度化，以便在公、私信贷市场上进行更有针对性的干预。对所有央行来说，这无论是在设计上还是在操作上都将是一道难题。我们知道需要这样的工具，但不知道具体哪些工具能够奏效。而美联储还面临另一挑战：自危机爆发以来，国会便一直极力限制美联储的权力，尤其是在其可购买的资产类别方面。美联储仍然被允许购买 MBS，以及 MBS 恰巧成为应对次贷危机的合理对策，完全是运气使然。如果下一场危机殃及货币市场共同基金或国内银行的资本金，美国经济可能就没有那么幸运了。

长久以来，我们一直纵容公共舆论对"非常规"货币政策的抹黑以及对美联储职责较为简单时期的怀念。出于对引发进一步政治干预的担忧，美联储默许了这一切的发生，这或许情有可原。但这种建立在对历史经验的误读基础之上的防守姿态和自我限制将给美国经济带来危险的脆弱性。

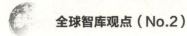

央行买卖私人部门资产的历史已有数百年之久。尽管近几十年来这一做法较为少见，但货币政策仍然产生了分配效应。下一任美联储主席必须直面而不是逃避这一事实，并且应努力赢得这一他国央行正在合理行使的权力。

本文原题名为"After Bernanke, Make Unconventional Policy the Norm"。本文作者为彼得森国际经济研究所主席。本文于2013年7月15日发表于PIIE网站。

导读 ◀◀

　　各项经济数据都表明美国经济仍然没有走出大衰退和金融危机的阴影，面对缓慢的"新常态"，美国可以选择接受也可以选择抵制。而抵制"新常态"则需要货币政策的改变，伯南克执掌的美联储是华盛顿唯一一个在认真思考增长问题的机构，但它也急需在国会中有一个伙伴，而迄今为止这个伙伴还没有出现。

抵制"新常态"

文 James Pethokoukis　编译 李想

　　假设我们乐观地估计美国第一季度实际经济增长率为3%，这将不是一个小成就。自2009年夏天复苏开始以来，美国经济连续三个月表现这么好的情况只出现过3次。再进一步假设2013年全年的增长率也为3%，这将是从2005年以来的最好表现。

　　即使这样也还没到庆功的时候。美国仍然没有走出大衰退和金融危机的阴影。虽然劳动参与率大幅下跌，但失业率还是比2007年春天高了80%。即使工作岗位像2月份那样每个月增加近25万个，要回到大衰退之前的就业水平也要花上将近6年的时间。家庭年收入的中值比低迷时期低了5.6%，比衰退开始时低了7.3%。整个经济仍然远远低于危机前的GDP增长路径。

　　那我们应该做些什么呢？接受现状是一个选择。接受增长率、收入和就业一直与危机前存在差距，接受失业率永远回不到布什和克林顿时代的水平。是时候往前看了，我们应该庆幸美国没有遭遇彻底萧条，也没有像欧洲一样再次衰退。道·琼斯和标准普尔指数都屡创新高，房价也在上升。缓慢和平稳总好过泡沫和破裂，向前看吧！

　　另一个选择是抵抗，也就是拒绝接受"新常态"的现实，拒绝降低对美国经济发展的期望。就像拉里·库德罗（Larry Kudlow）喜欢说的："增长，增长，增长！"

在货币政策方面，美联储不应该过早地抑制其当前的债券购买计划。通胀保持了低水平，失业率仍旧很高。在奥巴马加税的情况下，支持美国经济第一季度增长3%的一个原因就在于美联储的开放式债券购买计划。

考虑到美联储希望失业率尽快降到6.5%的阈值，现在它可能更加高效。就像本特利大学的经济学家斯科特·萨姆纳（Scott Sumner）和"货币幻觉"博客（Money Illusion）最近在美国企业研究所研讨会上所说的："如果要花1000年的时间达到这个目标，美联储可以说它们成功了，因为它们所有的行动只能保障在没达到目标之前不提前停止刺激政策。但是对于具体何时达到目标，它们并没有时间框架。""任何央行都不愿意设定时间框架，因为这容易让它们陷入失败，至少在名义的层面上。"

更好的情况是，美联储下一步可以通过以名义GDP为目标来进行货币政策改革。人们的期待集中在美联储的货币政策上，国会的牢骚也对它造成破坏。鉴于美联储目前在政治上如履薄冰，这样做还有助于美联储信誉的巩固和任务的完成。

国会则应该立即增加企业家和高技术工人的移民，并且削减企业税率。这些都是能在供给面明显促进增长的政策，国会几年前就应该采纳了。然而实际上因为非法移民政策和奥巴马政府的增税愿望，它们一直都陷入困境。伯南克的美联储是华盛顿唯一一个认真思考增长问题的机构，很难说国会中会出现一个央行的伙伴，也没有太多让人乐观的理由。

> 本文原题名为"Resisting the 'new normal'"。作者James Pethokoukis是美国企业研究所（AEI）的专栏作家。本文于2013年4月1日发表于AEI网站。

导读 ◀◀

美联储退出量化宽松将使全球流动性紧缩，欧洲债券难以再进行低利率融资，欧洲将面临最困难的时期，但决策者却不能制定合适的应对政策。

美联储退出量化宽松对欧洲的影响

文 Desmond Lachman 编译 孔莹晖

美联储计划逐步退出量化宽松使我想起了在华尔街学到的一条经济规律：当全球流动性充裕时，即使是经济基本面最差的国家也能够以低利率出售政府债券；同样，当全球流动性紧缩时，基本面差的国家将遭到市场惩罚。

人们不得不担心欧洲决策者是否注意到这点。因为如果注意到了，他们会认识到在过去一年，欧洲主权债券市场的显著改善在很大程度上是因为美联储和日本央行为全球金融市场注入大量流动性。是流动性而不是欧洲经济和政治基本面的改善支撑着欧洲债券市场。这使得欧洲决策者在全球流动性周期转变方向之前，没有通过大胆的政策措施来纠正欧洲货币联盟的致命缺陷。

无疑，欧洲主权债券市场也从马里奥·德拉吉 2012 年 7 月的著名声明"欧洲央行会不惜一切代价拯救欧元"及欧洲央行随后推出的直接货币交易计划（OMT）中大大受益。然而年久日深，市场参与者越来越怀疑直接货币交易计划实施的可能性。因为该计划要求实施的国家与欧洲稳定机制签署一份 IMF 式的调整协议，意大利和西班牙的政治环境使其不可能签署任何这样的调整协议。

在过去一年，不是欧洲央行，而是美联储和日本央行通过规模空前地提供流动性成为国际高风险市场真正的主导者。美联储于 2012 年 12 月推出无限期 QE3，包括每月购买 850 亿美元国债和抵押贷款证券。作为安倍经济学的一部分，日本央行从 2013 年 4 月起至 2014 年底每月购买 700 亿美元日本政府债券。

在全球流动性空前泛滥的背景下，即使是洪都拉斯和卢旺达等经济基本面最不稳固的国家也可以在国际金融市场上以较低的利率出售政府债券，美国垃圾级公司债券的利率跌至历史最低水平，而欧洲外围经济体可以通过缩窄的利差来筹资。

在过去的六个月，欧洲借助充裕的全球流动性，采取非常强硬的措施来掩盖其潜在的经济和政治问题。虽然欧洲经济进一步衰退，失业率创战后新高，爱尔兰、意大利和葡萄牙的公共债务占 GDP 比重已超过 125%，欧洲主权债券在国际资本市场中却表现良好。虽然意大利大选结果极其糟糕、希腊和葡萄牙政府进一步分裂、西班牙资金丑闻愈演愈烈、欧洲外围经济体普遍紧缩疲劳，但欧洲的债券市场依然走势良好。

遗憾的是，欧洲决策者误以为欧洲债券市场很安全，而欧债危机最糟糕的阶段将要来临。这降低了他们在欧洲外围经济体制定更多的增长导向型政策的紧迫感，也使通过大胆的政策行动来使欧洲外围经济体银行信贷再次流动，或使其流向欧洲迫切需要的银行联盟的动力几乎消失殆尽。

可悲的是，决策者不能制定更具前瞻性的政策。欧洲糟糕的经济政治前景证实了我从华尔街学到的另一个教训：欧洲不能辨别即将出现的经济和政治难题，只有在走投无路时才会制定新的政策。

本文原题名为 "Fed's taper signal revives a Wall Street memory"。Desmond Lachman 是美国企业研究所的研究员。本文于 2013 年 8 月 16 日刊于 AEI 网站。

导读 ◀◀

近期，关于美联储退出 QE 的猜测及其影响广受热议。本文列举了无须担忧美联储退出 QE 的四大理由。

无须担忧美联储退出 QE 的
四大理由

文 Alan Reynolds　编译 黄杨荔

在周三的美联储公告中，人们普遍认为，决策者开始缩减对国债和机构债券的月度购买量——从 850 亿美元缩减为 700 亿美元左右。虽然相对于国债和机构债券的巨额存量及日交易量来说，这一变化微不足道，但许多分析员担心，即便是如此微小的改变对股东而言也是不祥的，尽管美联储承诺将短期利率维持在接近 0 的水平上。正如一位财经专栏作家最近指出的那样："随着刺激开始缩减，股票的遭遇如何，这是担忧的焦点所在。"

本文认为，至少有以下四大理由能说明人们对美联储退出 QE 的担忧被过度放大了：

这是老新闻了

随着 10 年期国债收益率从 2012 年 11 月份的 1.65% 这一不可维持的低值升至近期的 3% 左右，交易者已经为美联储数月来的债券购买狂潮的截止期限打了个折扣。这不仅因为美联储官员宣称将放慢购买债券的速度，还因为明智的全球投资者们存在长期担忧，即以低于 2% 的利息持有美国债券本身就是危险的。

毕竟，美联储结束了两项重要的量化宽松（QE）计划，虽然它们并未产生令人难忘的效果。如果周三的公告对股票造成了严重的威胁，市场利率并不会刚好在这天之前如此漂亮地上涨。

更陡的收益率曲线并不代表"更紧缩"的政策

10年期国债利率与3月期国债利率间的差异，是未来经济活动最可靠的指标之一。当2000年和2006～2007年该差异几乎消失时，这预示着麻烦将至。反之，随着这一差异在2009年扩大到2.39个百分点、2010年扩大到3.08个百分点时，经济也在逐渐恢复。

银行通过短期借款和长期贷款来赚钱。所以在2010年下半年，当三轮QE政策有意使收益率曲线平坦化时，银行自然对贷款的选择更加谨慎且挑剔。

2011年，房地产与消费者的贷款规模缩减，而非金融信贷仅上升了3.7%。相比之下，随着近几个月来收益率曲线的陡峭化，金融股票跑赢了大盘，因为贷款变得更有吸引力。

更平坦的收益率曲线是"刺激"的对立面，这一不争的事实或许揭示了英勇的美联储经济学家在证明QE提振经济增长的作用时徒劳无功的原因所在。事实上，QE1前4个季度的增长比QE实行后更快。

压低收益率并不会推动债券转向股票

除非债券价格停止上涨，否则并没有令人信服的理由使人们为了买入股票而出售债券，这正是QE的辩护者通常宣称的一点。尽管这一转向仍在持续，美联储为压低收益率并推高债券价格所做的努力，为债券持有者创造了资本收益，其中包括中国和日本。

股票倍数事实上并不受 QE 影响

收益/价格比（基于过去12个月 P/E 比的倒数）总体上反映着1970至2008年10年期国债收益率的起伏。但当美联储开始干预债券市场时，情况便不再如此。

1980年的E/P比值约为12.7，而债券收益率为11.4%，这意味着较低的债券价格与较低的股票价格相联系。到1986年，E/P比值降至6.1，收益率则降到7.7%。而到2008年，E/P比值为3.66，债券收益率为3.54%。

相比之下，QE开始后，到2012年3月，E/P比值便升至6.2，即便债券收益率降至1.8%。近期，5.4的E/P比值仍然高于1988～2008年4.9的标准，相对于债券收益率而言更是不寻常的高。

由于高 E/P 比值意味着低 P/E 比值，这使得如下言论不攻自破：美联储自 2010 年起膨胀了 P/E 比值。如果 QE 对股价产生了任何积极的作用，这一定是通过更高的收益率而非更高倍数实现的。但是，低债券收益率与更平坦的收益率曲线同时创造了赢家和输家，经济增长的任何净收益都是难以捉摸的。

自 2009 年起，股价持续上升，这源于企业收益的增加，而并非因为美国或外国央行购买短期国债导致股票倍数膨胀。

股东必须对任何可能的收益冲击保持警惕，比如 2007 年 6 月至 2008 年的油价翻倍。但是，美联储平坦化收益率曲线的堂吉诃德式的努力，这一温柔的安乐死或许证明了我们的担忧。

本文原题名为"Four Reasons Not To Worry About The Fed's Taper"。本文作者为 Cato 研究所高级研究员、Hudson 经济研究所前主任。本文于 2013 年 9 月 17 日刊于 Investor's Business Daily。

全球智库观点（No.2）

导读 ◀◀

　　安倍经济学主要包括三方面内容，并且需要相互配合。但是财政改革和增长战略的实施不力，致使市场对量化和质化货币宽松政策的实施也出现担忧情绪。目前，日本的财政状况已到了不可持续的地步，而其增长战略又不太明确，安倍经济学需要做出调整。

安倍经济学：是否指向正确的方向？

文　Akio Egawa　　编译　熊爱宗

　　近几周，日本股市经历了不同寻常的波动。日经225指数在2013年5月23日达到本年度最高点之后已经下跌了20％，这可能来自股价急剧上涨之后的回调，抑或来自市场对安倍经济学第三支箭的怀疑。目前，仍需要对安倍经济学的三支箭密切关注。

　　第一支箭主要为极度的量化和质化货币宽松，这显示日本央行结束15年长期通缩的强烈愿望。这一措施的方向是对的，但是随着基准债券收益率上涨至1％以上，对于其负面效果（如资产价格泡沫、债券价格的急剧下跌以及极度货币宽松的退出困难等）的担忧情绪日渐弥漫。确实，在极大程度上，这些担忧根植于对安倍第二支箭和第三支箭的怀疑。

　　为了实现持续性的经济增长，日本政府首要任务是降低其债务规模并提高经济增长潜力。然而，以增加公共投资支出为主要内容的第二支箭却走向了错误的方向。2013年1月，日本政府通过了比以往更大的补充预算，通过提高支出规模以支持经济增长。第一季度日本经济环比增长1.0％左右，并预计2013财年增长率可达2.5％。这进一步表明财政措施在刺激日本经济方面并非必要。

　　第二支箭的目标应该是财政改革。日本当前的财政状况不可持续，根据

Hoshi 和 Ito 的模拟结果，日本债务规模将会在 2024 年超过私人部门储蓄，这意味着日本政府到 2024 年将无法在国内出售更多的政府债券。模拟结果也表明，即使利率在整个预测时期处于有利水平，日本政府每年可提高债务负担比率也不过 1 个百分点，预计 2016 年将上升至 33%，2029 年将上升至 46%，到 2070 年维持稳定。在 2000 年代早期，自民党政府曾通过设置债券发行限额——每年新发现债券为 30 万亿日元——实施财政整顿，并在 2005 年使得债务出现一定下降。但是，在雷曼冲击及民主党执政后，债务发行限额在 2010 年提高至 40 万亿日元，并最终在安倍政府中被废除。大部分发达国家目前努力收缩其赤字规模，但是日本仍保持危机时的水平。

日本别无选择，只有通过推进监管改革以及对外开放来提高其全要素生产率，确保长期可持续增长，避免大规模债务累积。6 月初，监管改革理事会向政府提交了第三支箭的方案，包括增长战略以及公共项目和投资，此外还包括未来五年内将自由贸易区下的贸易规模从现在占总贸易比重 19% 提高至 70%。增长战略中样板行业包括农业、医疗以及知识产业。这将促进这些行业的公共项目投资。

增长战略并不包括一些关键性的结构改革措施，例如削减公司税率和员工解雇的去监管化。对于一些有前途的行业，监管措施的改革有利于促进市场准入或提高竞争力，如对于私人企业的去监管化和公共保险改革。但由于政党担心失去相关利益集团的支持，这些措施往往被束之高阁。

安倍经济学的每一支箭都应该足够强大，并且所有措施应该向同一方向努力。例如，如果宽松货币政策过早退出，将会为财政带来较大负担。相互协调的财政支出并不会导致持续性的经济增长，财政改革或者增长战略的失败都将推迟货币宽松政策的退出时间。这将会出现恶性循环。正确的方向是寻找一个适度的、可持续的、生产率驱动型的经济增长。若果真如此，安倍经济学将成为一个财政和货币混合政策并基于稳健增长战略经济模式的代名词。

本文原题名为 "Abenomics：Is Shinzo aiming in the right directions?"。本文作者为 Bruegel 研究中心访问学者，本文于 2013 年 6 月 14 日刊于 Bruegel 网站。

导读 ◀◀

　　日本的高额政府债务已经令其付出代价，安倍政府新的财政刺激计划虽然不会令日本爆发明显的危机，但无法解决日本通货紧缩与汇率高估等实际问题。

日本应反思其刺激计划

文　Adam S. Posen　编译　熊爱宗

　　当一经济体财政空间消耗殆尽时会发生什么？如果公共债务超过某一限度，金融信心将会崩溃，随之会造成利率上升、货币贬值以及公众恐慌。对于拥有大量外币标价公共债务或者正处于政治动荡期的经济体来说，以上情形很可能发生。

　　就公共债务过多所引发的问题而言，日本情形有所不同。日本新任首相安倍晋三在推出财政刺激计划时应该注意到这一点。20年来，日本的公共债务不断上升，占GDP的比例已经从60%上升到220%。在这一时期，日本经历了衰退、复苏以及再次衰退，但是日本政府债券（JGBs）的利率在过去13年时间里始终处于2%以下。虽然债务不断累积，但日元兑美元汇率却从130升值到78，只是在最近几个月才回落至89。

　　在如此高的赤字之下，日本却没有发生任何明显的危机，这主要有四个原因：第一，日本银行体系定期买入大量日本政府债券；第二，日本家庭部门接受储蓄持续较低的收益率水平，后者主要是由于银行大量购买政府债券所致；第三，由于日本政府债券很少由外国人持有，且日本央行承诺将会无限制对债券进行购买，因此，债券市场面临的压力一直较为有限；第四，税收和政府支出在日本国民总收入中所占比例较低。

　　不出问题并不意味着没有成本。以上提到的四个因素也都令日本付出了代价。第一，对日本政府债券的购买使得日本银行体系的商业放贷能力受到限制，阻碍了小企业和新企业的发展；第二，日本储蓄持续的低收益进一步损害了投资机会，造成通货紧缩以及老年储蓄者风险厌恶的恶性循环；第三，外部压力的缺乏造成日元长期升值压力以及股市停滞，二者严重扭曲了日本经济；第四，由于政府支出在日本 GDP 中所占比例相对固定，债务偿还支出上升挤出了对公共投资以及医疗和灾后重建的支出。

20 世纪 90 年代中后期，我和其他人曾主张日本应实行积极的刺激政策，这主要是基于当时以下三个条件：第一，当时日本衰退的形势非常严峻，而且受不良贷款拖累日本金融体系的稳定性受到损害；第二，总体而言当时日本的财政风向趋紧；第三，当时的公共净债务水平比较低，政府短期刺激不会对公共投资或私人投资造成挤出。

但是到 2003 年中期，日本继续实行赤字性支出的理由不复存在。常为人忽视的是，日本在 2002 ~ 2003 年对于金融和宏观经济政策的修正使得日本经济恢复良好。2003 ~ 2007 年，日本人均实际收入与美国相当，即使在动荡的 2008 ~ 2011 年，日本的人均实际收入增长平均来看也与美国保持同步。同时，在经济扩张时期维持持续性赤字的成本在不断增加。

安倍新的财政刺激措施带来一些问题。这并不是因为日本政府债务占 GDP 之比再上升 2 个百分点就会达到临界点从而变得不可持续，由于以上我们提到的四个因素，日本爆发明显危机的可能性不大；也不是因为刺激计划没有效果，相反，如果能辅以货币扩张和上调消费税，我认为刺激计划产生的乘数效应以及短期效果并不低。

日本新的刺激措施之所以会适得其反，是因为其增加了长期成本而没有解决日本的实际问题，即通货紧缩与汇率高估。安倍及其经济顾问滨田宏一（Koichi Hamada）所主张的日本央行通过大规模广泛资产购买以实现更高的通胀目标，是充分和合适的。

持续的财政政策如未能适应周期性条件的变化，将会对经济造成长期损害。无论是一国政府采取过度紧缩（就像欧洲后期一样），或不合理的扩张（就像 10 年前复苏之后的日本一样），以上情形都可能发生。无论是哪一种情形，结果都是切实的。意大利、英国和美国如果不在经济复苏之后及时停止财政扩张，那么它们恐怕也会受到像日本一样的结构性损伤。当大国达到其财政上限时，经济增长虽然不会突然停止，但是其经济活力和弹性将会逐渐降低。

全球智库观点（No.2）

　　本文原题名为"Japan Should Rethink Its Stimulus"。本文作者为彼得森国际经济研究所主席。本文于 2013 年 1 月 15 日刊于彼得森国际经济研究所网站。

导读 ◄◄

　　日本新的领导人上台后，开始了解决通货紧缩的全新政策尝试。本文认为要恢复人们对于财政管理和社保体系的信心，应该赋予各种机构体系以极大的灵活性，无论是执政党还是在野党的政治领导人都应为实现这一目标献计献策。

日本经济政策的未来

文　Keiichiro Kobayashi　编译　熊爱宗

　　安倍当选日本新首相后，开始实施激进的货币宽松以对抗通货紧缩。有人断言，如果这一政策能够帮助日本成功逃离通货紧缩，那么日本经济和就业将会恢复增长。

通货紧缩的原因仍不清楚

　　然而，以上论断并不必然成立。我们必须承认这一基本事实，经济学理论并不能解释日本持续性价格下降的原因和机制，为什么？这主要是因为：

　　● 日本央行与政府想尽办法但是仍没有解决通货紧缩问题；

　　● 货币供给甚至比 20 世纪 80 年代经济泡沫时的水平还要高，但是价格仍没有上升。

　　这表明可能存在一个长期性的货币流通速度下降。

　　但是这为什么会发生呢？一个有待证实的原因可能是对退休或者是对未来的担忧，但是我们仍未在经济理论中找到任何确定性的答案。如果对退休的担忧是通货紧缩的原因，财政巩固与社保体系改革可能将会更为重要，政府应该关注这些政策而不是货币宽松。

终结通缩也许不会带来增长

　　对一旦通缩结束经济即可恢复增长的假设需要仔细审视。中长期的经济增长是由人口和生产率的变化决定的，而通货膨胀或通货紧缩即使产生影响，也不过是一些名义影响，这就是货币中性。

日本央行极端的货币政策宽松毫无疑问促进了日元贬值，推升了股票价格，并在短期内促进经济。然而，这一政策既无法在长期内促进经济增长，也无法提供足够的税收收入以解决财政问题，同时，日本也将会面临一系列严峻的挑战。

巨大的财政缺口

很多人认为日本正陷入严峻的财政危机，但是我们很少看到一个全面的成本方面的分析，例如要解决财政问题，需要消费税率最终提高几个百分点。

直到最近几年之前，日本还被认为在政府净债务状况方面要好于意大利，然而，日本目前的财政状况却处于加速恶化之中，这也说明过去几年的情况不再适用于今天。

在过去几年，一些海外研究者对日本财政状况的可持续性进行了模拟分析检验，根据相关学者研究，日本如果要想恢复财政的可持续性，其必须将消费税率提高30个百分点左右。如此大的财政缺口必须由税收增加补足，这将降低社保和其他支出，并/或创造通胀。

财政修复的政治学

以目前日本的政治现实来看，问题似乎难以解决。例如，由布劳恩（Braun）和乔因斯（Joines）建议的财政巩固计划认为，即使最终消费税率稳定在17%的水平，财政问题的解决仍需要150年的时间，并且在达到最终目标之前，消费税率需要进一步提高至32%并维持数十年，同时社保支出也会大幅削减。需要注意的是以上措施有效的前提是日本能够实现2%的通胀目标。然而，危机已经相当严峻，2%的通胀目标即使能够实现也不足以解决问题，其只不过相当于消费税率提高5个百分点的政策效果。

社保支出的急剧削减应该在政治决策领域进行讨论，政治领导人应该认识到日本已经无法对计划中的增税再进行拖延。政府应该首先提高税率，如果由此造成的经济影响过于剧烈，那么应该辅以刺激措施。考虑到目前日本的状态，如果等到经济出现好转时再提高税收那么就是本末倒置。

长期增长战略： 老龄化社会的技术创新

导向性技术变迁或者引致性技术创新理论为考虑未来经济增长战略提供了一些启示。20 世纪 70 年代，速水佑次郎（Yujiro Hayami）提出这一理论的初步构想，并在 90 年代后期由达龙·阿西莫格鲁（Daron Acemoglu）进一步发展，其主要思想是市场环境的变化与（或）资源分配决定了什么样的技术变迁将会在未来有所获益，过去技术变迁的方向大都可以由这一理论解释。

展望日本的未来，市场或资源环境最大的变化就是人口老龄化。技术必须与人口老龄化变化趋势相一致，也因此，老龄福祉技术（gerontechnology）将毫无疑问在未来数年需求巨大。人口老龄化正成为全球普遍现象，这一技术也将在海外市场形成巨大需求。因此，利用老龄福祉技术生产各种系统和设备的行业将会成为 21 世纪中期主要的出口行业，这一点也不令人吃惊。

政策前景的哲学

无论是欧洲的主权债务问题还是日本的财政问题，都可以看作市场对政府承诺维持社保体系能力的日渐怀疑。考虑到未来的经济政策，我们必须清楚以下前提：

- 无论是在能力还是在道德水准上，政府部门并不优于私人部门；
- 在维持长期承诺方面，政府与私人部门一样无能，都不能承诺政策的持续性。

结论

展望未来，伴随着政府的变化，政党政治也在发生着变化，这可能成为日本经常发生的事件。基于政府无法做出长期承诺的事实，应该赋予各种机构体系以极大的灵活性，以恢复人们对于财政管理和社保体系的信心。政治领导人无论是执政党还是在野党都应为实现这一目标献计献策。

本文原题名为"Things We must Consider in Shaping Japanese Economic Policy for the Future"。本文作者为日本一桥大学经济研究所教授。本文于 2013 年 2 月 10 日刊于 VOX 网站。

导读 ◀◀

　　日本将申请加入跨太平洋伙伴关系协议（TPP）。贸易政策可能会成为日本新经济增长战略的核心，是安倍首相振兴战略的"第三箭"。本文认为日本加入 TPP 将为日本带来巨大收益，同时也将惠及大部分其他 TPP 成员国，并对日本国内的质疑进行反驳。

日本的"第三箭"：为什么加入 TPP 是规则改变者?

文　Peter A. Petri, Michael G. Plummer and Fan Zhai　编译　孔莹晖

　　2013 年 3 月 15 日，日本首相安倍晋三宣布，日本将申请加入跨太平洋伙伴关系协议（TPP），这将使 TPP 成员国达到 12 个，GDP 总量达到世界 GDP 总量的 38%。在日本完全加入 TPP 以前，有大量的工作需要完成，包括：与 TPP 成员国进行双边谈判，用 90 天的时间效仿美国建立快速通关立法体系，当然还有建立国内的政策支持体系。

　　TPP 的扩大是彼得森国际经济研究所名誉理事弗雷德·伯格斯坦提出的"竞争性自由化"理论一个很好的例证。TPP 最初是由文莱、智利、新西兰、新加坡 4 国协议发起的，旨在为开展高质量的亚太地区合作奠定基础。随后，TPP 不断扩大，逐渐发展到 8 国、9 国、11 国，到目前的 12 国。这个过程并未结束：受日本加入的影响，韩国也有望加入，并会促使菲律宾、泰国、印度尼西亚的加入。从长远来看，TPP 甚至可以为亚太经合组织（APEC）全体成员建立自由贸易区提供途径。

　　"竞争性自由化"理论不但能解释 TPP 的发展机制，而且会促使亚洲 16 国"区域全面经济伙伴关系"（RCEP）谈判和美国-欧盟"跨大西洋贸易与投资伙伴关系协议谈判"（TTIP）的启动。这三个谈判是贸易政策里的新规则，标志着经过 20 年小规模的双边协定后，贸易协定逐渐整合。

日本有足够的理由加入TPP。日本是世界第四大出口国，但其贸易政策落后于它的竞争对手。例如，韩国于2003年就制订了自由贸易的路线图，并与欧盟、美国及许多亚洲邻国达成了协议。目前，韩国与中国的谈判也在顺利进行。

贸易政策可能会成为日本新经济增长战略的核心，是除宽松的货币政策和财政扩张外，安倍首相振兴战略的"第三箭"。这能重树投资者和消费者的信心，并能在各部门尤其是其僵化的服务业部门中全面提高生产率。该政策不需要过多的政府开支，并能强化日本与美国、东南亚的地缘政治关系。

安倍政府是在过去两年内试图加入TPP的第三届日本政府。之前的两届政府迫于政治压力，特别是在农业部门的压力下，最终未能做出承诺。在2012年12月的大选上，获胜的自民党对此保留了选择权。目前，自民党在日本企业、学者、政要及大多数民众的支持下，决定采取行动。

利用亚太贸易模型对日本加入前后的TPP进行估计，结果显示，日本的加入将使TPP到2025年，实现总收益每年增长1490亿美元。

日本将成为最大受益国，其收入将增长1060亿美元，相当于GDP的2%，出口增长12%。这些巨大的收益都反映了TPP的重要特征，包括降低日本与其他经济体的非关税壁垒和投资壁垒。这将吸引新的外商投资，扩大高端制造业产品出口，提高服务部门的生产率。

其他TPP成员国也将获益。鉴于目前美、日并未签订自由贸易协定，日本的加入将使美国获益530亿美元。其他TPP 10国总收益也将增长160亿美元，其中澳大利亚、新西兰和越南获益相对较多。由于墨西哥已经与日本签订自由贸易协定，日本的加入将会对墨西哥在日本和北美市场的优惠待遇造成冲击，使墨西哥利益受损。

由于日本在TPP市场竞争力的提高，中国因贸易转移所遭受的损失将增长150亿美元。当然，这些损失相对于中国的经济总量并不大。尽管如此，中国强化了要开辟中美合作的"第三条道路"以抵消TPP和RCEP间竞争所带来的短期负面影响的论证。

然而，日本国内反对加入TPP的声音依然存在。首先，农业游说团体多年来都反对贸易自由化。但经合组织（OECD）等机构的研究表明，目前的农业政策不利于新农业领域的专业化，并阻碍年轻农民进入这些领域。日本可能会保留一些最敏感的壁垒，日本农业将在TPP协议下慢慢衰退。日本政府必然会辅之以惠及所有人的补偿安排。

其次，许多人担心加入 TPP 会导致日本制造业"空心化"。服务业占日本经济的比重越来越大。但贸易在这个过程中的影响并不大，远不及日本人口老龄化、消费模式改变以及制造业生产率提高的作用。日本加入 TPP 会给生产力最低的服装业、鞋业和电子公司带来负面影响，但会给整个制造业带来正面影响。TPP 会促进日本制造业转型，并非使其萎缩。

再次，一些人认为 TPP 会要求日本按照美国的模式，将医疗体系私有化。但这并不可能。TPP 可能会要求在药物选择的过程中对高端药物的选择更加透明，或者要求一些医疗保险开放市场引入竞争，但不会要求改变日本的医疗体系。同时，统一的知识产权规范会保护竞争日趋激烈的日本制药公司的海外业务。

最后，一些人认为日本从 RCEP 中的获益会大于 TPP。而研究结果正好相反。更重要的是日本两者均可参与。"两条路线"会给日本带来到目前为止最大的收益增加，约占 GDP 的 4%。这还有助于未来区域协议的整合。

日本在关键时刻达成了加入 TPP 的协议。16 轮谈判结束后，各方正聚焦于 2013 年最后阶段谈判。日本可能在关键条款上仍具影响力。在国内，TPP 成员国的身份将会成为安倍政府振兴日本经济计划中的重要一环。

本文原题名为"Japan's 'Third Arrow': Why Joining the TPP is a Game Changer"。本文作者 Peter A. Petri 是彼特森国际经济研究所的访问学者，Michael G. Plummer 是约翰·霍普金斯大学教授，Fan Zhai 是中国投资有限责任公司总经理。本文于 2013 年 3 月 15 日刊于 PIIE 网站。

导读

　　安倍的"第三支箭"即结构性改革的成功关键在于重振日本企业，一方面政府要采取措施帮助企业更加有效地配置资本，另一方面企业要大力改善自身治理。

日本"第三支箭"的正确目标

文 Lawrence B. Lindsey and Daniel Loeb　**编译** 朱振鑫

　　在仅仅1/4个世纪的时间内，日本便从"二战"后的废墟中成长为全球第二大经济体。现在，日本首相安倍晋三提出了一个宏伟的计划，旨在重振日本已经停滞20多年的经济。

　　安倍的"三支箭"计划包括重启财政刺激、激进的货币宽松政策以及重大的结构性改革。我们相信他可以如愿以偿——如果他将"第三支箭"结构性改革的目标瞄准日本的资本配置和企业治理实践。

　　按照国际标准，日本的企业资产管理缺乏效率。例如，根据OECD的数据计算，2011年，日本的私人资本存量为2137万亿日元（27万亿美元），由其创造的私人部门GDP约为370万亿日元。这意味着日本私人部门的资本/产出比率为5.8∶1，而美国仅为2.9∶1。简单来说，日本每一单位私人资本创造的产出仅相当于美国的一半。

　　上市公司的资本回报率也呈现明显差异。2011年，日本金融和非金融企业的总资产为1848万亿日元，但净利润仅为32万亿日元，对应的回报率为1.7%。相比之下，美国上市公司的总资产为35.9万亿美元，净利润为1.38万亿美元，对应的回报率为3.8%——相当于日本的两倍还多。

　　股东（shareholder）没有从日本经理人那里获得高额回报，那是不是都让利益相关者（stakeholder）拿走了呢？根据两国的官方统计，日本工人的收入显著低于美国工人，日本的整体GDP（包括政府的税收收入）也相对较低，日本企业资本的管理不善不仅压缩了利润，还压缩了工资、GDP 和税收。

支持维持现状的人喜欢用"日本与众不同"来解释这种差距。我们同意。但是与众不同必然要产生这种低效吗？如果日本的经理人能将更多的精力放在资产回报和股东利益上，资本利用的效率可能会显著提升。

政府可以采取很多措施去帮助日本企业更加有效地配置资本，比如简化监管程序；允许企业和员工更加自由地签订工作合同，从而为雇用和解雇员工创造更便捷的条件；将 38% 的全球最高企业税率降至具有全球竞争力水平；为企业间股权并购免税；放松管制，允许企业关闭破产的分支机构，对独立运行效率更高的部门进行拆分。

但是，政府对企业行为的影响力毕竟有限。最终，日本必须重塑企业治理，其核心是基本的银行关系和内部董事，这直接关系到一个企业在商业交易中的透明度、责任和效率。

包括索尼在内的很多企业已经开始进行大刀阔斧的改革，比如规定大部分的董事必须由企业外部人士担任。安倍的第三支箭要想成功，日本的企业必须重新界定企业治理中的一些基本概念，尤其是管理层、董事会和股东之间的关系。

为了更好地使董事会与股东的利益相匹配，我们建议将一部分董事费以股票形式发放。其次，大股东的角色需要重新定位，在这一点上可以借鉴美国。比如，美国的"激进"大股东经常会加入董事会，帮助改善企业经营业绩，而在日本基本没有这种观念。只有在万不得已的时候，股东才会替换不合格的董事。

重塑日本企业一开始可能会很艰难。美国从 20 世纪 80 年代开始经历这一过程，当时主要是迫于并购的爆发式发展。这些变化给生产率和经济增长带来了巨大的促进，并造就了很多全球最伟大的企业。在管理技术上，日本已经证明自己既可以成为好学生，又可以成为好老师。既然如此，日本也一定可以成功实现转型。日本的企业管理和企业所有权向国际市场开放似乎势在必行，在当前资本回报率低下的情况下，这将带来巨大的收益。

日本的企业部门有机会重新站上世界之巅。如果在政府的激励下，日本企业真的能重新崛起，那么经济财富增长都将得到提振，整个日本都将从中获益，安倍首相也将可以与历史上的里根总统和撒切尔夫人相媲美。

　　本文原题名为"The right target for Japan's 'third arrow'"。本文作者 Lindsey 是 Lindsey 集团的 CEO，曾担任布什总统经济政策顾问，Loeb 是 Third Point 对冲基金的创始人和 CEO。本文于 2013 年 6 月刊于《华尔街日报》。

导读 ◀◀

安倍经济学虽然在实施初期成效明显，但目前其弊端开始显现。本文认为，非常规货币宽松政策在促使日元贬值和通货膨胀率提高的同时，也使得日本政府债券的需求明显下降，政府借贷成本上升，最终可能导致债务危机。

通向日本危机之路

文 Desmond Lachman　编译　孔莹晖

安倍经济学试图通过一系列经济刺激政策来提振日本疲软的经济。但出台仅六个月，其弊端就开始显现。虽然在早期取得了成功，但安倍经济学非但没有降低长期政府借款利率，反而有所提高。其结果导致政府借贷成本上升，并让人怀疑日本是否正走向债务危机之路。

1989 年日本房地产市场和信贷市场泡沫破裂以来，日本经济在过去的 20 年间饱受通货紧缩之苦。消费者价格下跌抑制了家庭的消费支出。这反过来阻滞经济复苏，并导致消费者价格进一步下跌。

安倍经济学的措施

安倍晋三于 2012 年 12 月推出的刺激措施的本质是通过超宽松的货币政策使日本经济摆脱通缩。日本央行承诺将致力于在未来 18 个月实现 2% 的通胀目标。

为提高通胀目标的可信度，日本央行在 2014 年底前，每月将购买相当于 700 亿美元的日本政府债券和私人部门资产。考虑到日本经济总量约为美国的 1/3，日本央行的政策措施比美联储 2012 年 9 月实施的每月购买 850 亿美元债券的第三轮量化宽松货币政策要激进得多。

安倍经济学最初的成效是激动人心的，并为日本央行预测 2013 年日本经济复苏提供了依据。在日本央行规模空前的印钞措施刺激下，日本股票价格涨幅超过 50%，日元汇率贬值超过 20%。这使消费者信心明显改善，并使长期通货膨胀显著上升。但是在 2013 年初，五年期的经通胀调整和未经通胀调整债券的利差显示，市场预期日本不会出现通胀。2013 年 5 月，市场预期未来 5 年日本年通货膨胀率为 0.75% ~1%。

安倍经济学的弊端

如果没有引起市场对日本公共财政的关注，安倍经济学最初的成效是值得庆祝的。但是市场开始质疑，在明知日本政府正通过规模空前的印钞措施来贬值日元和提高通货膨胀率的情况下，人们仍愿意持有收益率极低的日本政府债券的可能性。十年期政府债券利率从 4 月的 0.4% 上升到目前的 0.9% 以上，这表明市场信心出现下挫。

如果日本公共财政状况良好，日本政府债券未来需求下降不会如此严重。事实上，日本公共财政状况已经相当糟糕了。日本政府仍需要为约占 GDP10% 的预算赤字筹资，而其公共债务总额将近 GDP 的 240%，几乎是美国公共债务占比的 2.5 倍。

日本是工业化国家中人口老龄化最快的国家，这加重了日本公共财政问题。人口老龄化导致日本储蓄率迅速下降，使政府通过低利率融资越来越困难。

很快日本央行将面临一个可怕的两难境地。一方面，如果日本央行不采取行动，放任长期政府债券利率继续攀升，政府财政将更加难以持续，日本的商业银行将蒙受大量持有政府债券带来的惨重损失；另一方面，如果日本央行通过加强购债政策来使政府借贷成本维持在低水平，则很可能会加快日元贬值的速度，提高通胀预期，使投资者更不愿意持有政府债券，导致日本央行必须启动新一轮购债方案。

本文原题名为"On the road to a Japanese debt crisis"。作者 Desmond Lachman 是美国企业研究所的常驻研究员。本文于 2013 年 5 月 30 日刊于 AEI 网站。

导读 ◀◀

　　1997 年，弗里德曼指出日本的货币政策过紧，建议日本实施量化宽松政策。本文认为，弗里德曼的判断是正确的。由于没有采纳弗里德曼的建议，日本经济长期停滞不前。如今，日本再通过推出大规模量化宽松政策来刺激经济将比以前困难得多。

弗里德曼对日本的判断是正确的

文 Stephen Kirchner　编译 孔莹晖

　　1997 年底，米尔顿·弗里德曼（Milton Friedman）对日本进行考察后，对日本的状况表示担忧。弗里德曼在《华尔街日报》中指出，日本在小规模地重演美国 20 世纪 30 年代的大萧条。

　　弗里德曼是有先见之明的。在 1997 年底，日本仍在处理 20 世纪 90 年代初资产价格泡沫破灭带来的后果的同时，亚洲金融危机还在蔓延。但是，日本仍被认为正处于正常的商业周期。

　　弗里德曼指出，日本的货币政策过紧。他的证据是低通货膨胀率、低名义 GDP 增长率和低利率。日本央行的隔夜拆借利率还没有降至零，但零利率问题已经显现。弗里德曼指出，日本央行可以用货币或央行的存款在公开市场上购买政府债券，即推出量化宽松政策。

　　日本央行的确在 2001～2006 年实施了量化宽松政策，但只是为了适应困境中的金融机构对超额准备金需求的增加。随着 2008 年全球金融危机的到来，日本央行重启量化宽松政策，但对此不够重视。如今，日本的名义 GDP 水平几乎与 1992 年相同。

　　上周，日本央行推出大规模量化宽松政策，以期在两年内把通货膨胀率提高到 2%。理论上，该目标是可以实现的，但实践起来则要困难得多，原因是日本央行经过多次失败的尝试后缺乏可信度。日本的问题远远不只是货币政策，只有持久彻底的体制改革才能使人均实际 GDP 实现长期的增长。但由于日本央行没有采纳弗里德曼 15 年前的建议，因此，日本的问题变得更为严重。体制改革在经济缺乏长期名义锚的情况下难以实现。

本文原题名为 "Milton Friedman was right about Japan"。本文作者 Stephen Kirchner 是独立研究中心（CIS）的研究员。本文于 2013 年 4 月 12 日刊于 CIS 网站。

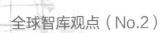

全球智库观点（No.2）

世界热点·国际贸易

导读 ◀◀

　　金融危机之前，全球需求的强劲增长支撑了贸易的快速扩张。未来全球经济放缓将如何影响贸易？本文认为进口市场份额上升是全球贸易增长的主要来源，同时由于发展中国家的出口市场份额还比较低，全球贸易有望进一步增长。中国在其中的影响不容忽视。

需求增长还是市场份额上升：世界制造品进口增长的分解

文 M. Ataman Aksoy and Francis Ng　**编译** 吴海英

　　在过去的 20 多年里，全球制造品贸易取得了飞速发展。动力来自区域贸易自由化带来的进口品市场份额上升，以及需求的快速增长。最近的研究表明未来全球需求将放缓，很难达到 2000 年以来快速增长的水平，那么进口市场份额能否进一步提高以支撑全球贸易的增长？这需要分析市场份额和需求各自对进口增长的贡献。

实证方法和样本国家

　　本文选取了 5 个发达国家（加拿大、法国、德国、日本和美国）和 8 个发展中国家（中国、巴西、印度、韩国、马来西亚、墨西哥、南非和土耳其）作为样本，分解它们在 1991～2002 年（第一个时期）、2001～2008 年（第二个时期）制造品进口增长的来源。来源之一的需求定义为国内吸收，是制造业产出减出口加进口；来源之二的进口市场份额为进口占国内吸收的比重。

进口市场份额增长是全球贸易增长的主要来源

　　我们的数据分析表明，对大部分国家和制造品而言，进口增长的主要贡献来自市场份额的增长，虽然 2000 年以来需求增长的贡献相对有所提高。在 2001～2008 年，发达国家进口市场份额年平均增速为 3.8%，较第一个时期有所下降（4.8%），但对进口增长的贡献依然非常显著（贡献率为40%）；发展中国家同期进口市场份额增速为负，主要受到中国（作用最大）、马来西亚和墨西哥大量进口替代导致进口减少的影响。除去这三个国家，发展中国家进口市场份额年平均增速为 2.6%。因此，对大部分国家而言，即使需求不再增长，进口市场份额也将会有 3%～5% 的年度增长，全球贸易有望进一步扩大。

发展中国家贸易仍有增长潜力

发展中国家制造品出口的市场份额还比较低，未来发展中国家的贸易有望继续保持快速增长。发达国家制造品进口市场份额在样本期内稳步上升，2007～2008 年达到 27%，其中来自发展中国家的进口市场份额虽然增速快，但也只有 12%；如果除去中国，该比例将降至 6.8%。这说明即使发达国家需求放缓，发展中国家对其出口仍有较大的增长空间。类似的，发展中国家来自内部的进口市场份额在 2007～2008 年只有 9%（中国为 7.7%），说明发展中国家内部的"南南贸易"还有显著的增长潜力。

中国的影响

中国在样本国家中是一个例外。其一，中国的需求增速最高，第二个时期高达 31%，甚至超过自身贸易的增长。需求高速增长和大量进口替代促使中国的进口份额增速下降。其二，中国的贸易规模大且增长显著，已经是制造品第一大出口国和第三大进口国。2007～2008 年，中国占发展中国家出口的 31%，占发展中国家对发达国家出口的 44%。

发展中国家对发达国家出口市场的扩张主要来自中国。2001～2008 年，72% 的贡献来自中国。发达国家来自中国的进口市场份额年均增速高达14.2%，而来自中国以外其他发展中国家的增速只有 3%。

中国同样是"南南贸易"增长的主要来源。2001～2008 年，其他 7 个发展中国家来自中国的进口市场份额占据了总市场份额的 82%。这 7 个国家来自中国的进口市场份额平均增速高达 20.5%，而来自中国以外其他发展中国家的增速只有 2.4%。因此在分析"南南贸易"时，有必要将中国加以区别对待。

　　未来全球贸易的发展很大一部分取决于中国的贸易格局。如果中国继续减少进口份额和增加出口份额，那么将会对所有国家带来负面影响。

　　本文原题名为"Demand growth versus market share gains：decomposing world manufacturing import growth"，于2013年2月发布于世界银行网站。作者M. Ataman Aksoy是世界银行国际贸易部的顾问；Francis Ng是世界银行贸易和国际一体化小组的高级经济学家。

导读 ◀◀

1980～2010年的30年间，世界贸易发展迅速，发展中国家在后10年的表现尤为突出，但不同时期和不同类型的发展中国家的表现有所不同。Constantine等的工作论文详细分析了这些趋势，探讨了发展中国家强劲的贸易增长对其可持续性、贸易政策和全球贸易体系带来的挑战。

发展中国家的贸易发展趋势（1980 ～2010年）

文 Constantine Michalopoulos and Francis Ng　编译 吴海英

货物贸易趋势

1980～2010年，发展中国家的货物出口实现了年均8.2%的增长速度，高于发达国家6.6%的表现。但在20世纪80年代，前者的增速只有3.4%，后者增速超过了7%，主要原因是当时世界经济增速低迷，许多发展中国家尤其是拉丁美洲和非洲国家债务缠身。1990～2010年，情况发生了变化，发展中国家的货物出口增速超过了10%，而发达国家只有6%。发展中国家的货物进口类似于出口，只是进口增速更快。

经过30年的发展，2010年发展中国家的货物贸易（包括出口和进口）占全球贸易的比重达到39%，较1980年上升8个百分点。货物贸易增长的一个显著特征是发展中国家内部的贸易增长较快，表现为"南南贸易"（发展中国家内部的贸易往来）占全球贸易的份额在30年间增长了4倍。主要原因是区域性优惠贸易增长迅速，同时自20世纪90年代开始大部分发展中国家的经济增长速度开始超过发达国家。

从地区分类看，1980～2010年，亚洲的货物出口增长最快（以中国和印度最为明显），其次是拉丁美洲。但就后 10 年而言，发展最快的地区当属撒哈拉以南非洲地区、中东和北非的发展中国家，这两个地区的平均增速分别为 13.7% 和 13.4%（亚洲为 12%）。

从国家收入水平的分类来看，20 世纪 80 年代和 90 年代，除中国以外的中等和高收入发展中国家的货物出口增长快于低收入国家和其中的最不发达国家。但在 2000~2010 年，最不发达国家的出口增长非常快（年平均增速为 16.2%），超过了其他国家。中国是这些国家贸易增长的主要贡献者，最不发达国家对中国的出口份额从 2000 年的 9% 上升到 2011 年的 22%，相当于同期这些国家对发达国家出口份额的减少量。

从产品分类看，20 世纪 90 年代和 2000~2010 年，不同分类的发展中国家的制造业出口和进口增长都要快于发达国家。非制造业的出口也类似，例外的情形是 90 年代最不发达国家的原材料和矿产品出口低于发达国家。但在 2000~2010 年，对原材料需求的增加和不断上涨的原材料价格促使最不发达国家的非制造业出口快速增长，年均增速达到 14.6%。许多研究表明，不同类型的发展中国家的贸易表现大多依赖出口的商品构成和贸易方向。

发展中国家的机械、交通和化工制品出口增长最为迅猛。这一特征适用于各种按地区或收入分类的发展中国家，尤其是"金砖五国"、拉丁美洲和中高收入国家（即使除去中国也如此）。

发展中国家制造业出口的增长部分得益于参与了全球价值链的发展，在其中利用了劳动成本的优势。发展中国家受益于跨国公司和本地企业的大规模投资，修建工厂，进口中间产品，加工和生产最终消费品。包含 SITC 分类的 75 种零部件的近似代表中间投入品的指标分析表明，20 世纪 90 年代以来，发展中国家制造业进口中的零部件份额增长超过了发达国家，发展中国家更多地参与了全球生产链。但并不是所有的发展中国家都如此，事实上，2010 年撒哈拉以南非洲、中东和北非发展中国家、最不发达国家的这一比例甚至低于 1980 年。相反，"金砖五国"制造业进口中的零部件比例一直在不间断地上升，2010 年达到 34.3%，是 1980 年的 2.6 倍。

服务贸易趋势

虽然发展中国家的服务贸易数据不如货物贸易那样完整，但总体趋势毋庸置疑：服务贸易比货物贸易的增长更为强劲，发展中国家的服务贸易占比有了明显提升。

1980～2010 年，发展中国家的服务贸易出口平均增速为 9.7%，高于发达国家 7.7% 的增长表现。2000～2010 年，这一趋势更为明显，前者增速为 12.7%，后者仅有 8.4%。服务贸易的地区增长格局和货物贸易类似。亚洲最快，撒哈拉以南非洲地区最慢，拉丁美洲、中东和北非的发展中国家居中。此外，不同收入分组的服务贸易发展情况也类似于货物贸易。研究表明，服务贸易的增长和不同分组国家的人均收入水平相关，尤其是将印度从中低收入国家中剔除以后，相关关系更为明显。

与全球贸易的融合

一国货物和服务贸易额（出口加进口）占 GDP 的比重显示了该国受国际贸易直接影响的程度，是刻画一国融入全球贸易程度的关键指标，在比较一国在不同时期的表现时尤其有用。但进行国别比较时要小心，一个原因是大国通常比小国有更低的比例。

就发展中国家而言，其贸易/GDP 占比经历了 20 世纪 80 年代停滞不前，90 年代开始快速上升，2000 年以来进一步上升，各种分组的发展中国家的贸易/GDP 占比都超过了发达国家。发展中国家在全球贸易中的参与程度明显提升。

与贸易相关的问题

发展中国家贸易整体表现出来的强劲增长给我们提出了许多问题。其一，这一增长多大程度上来自这些国家自己的政策？多大程度上来自多边贸易自由协定和众多的区域性优惠贸易协定？其二，发展中国家的贸易增长多大程度上反映其出口能力的增强？对贫困和收入不平等的影响如何？其三，近年来发展中国家在 WTO 谈判中更加自信和坚持，这对 WTO 的未来意味着什么？

最后，发展中国家强劲的贸易增长多大程度上还可以持续？中国和印度经济的下滑，持续发酵的欧债危机和美国经济的缓慢复苏是明显的不利因素；大宗商品贸易的繁荣过后经常是萧条；贸易保护的累积效应也不容忽视。

但是，我们不应该让这些风险抹去发展中国家在过去 30 年里已经取得的成绩。未来和 20 世纪 80 年代完全不同，发展中国家将在未来的贸易体系中发挥更加重要的作用。包括低收入国家在内的许多发展中国家的成功经历表明，一国可以通过融入世界经济获得增长和降低贫困程度。关键问题是国内政策和制度安排、国际贸易环境的支持和 WTO 作用的发挥。

本文原题名为 "Trends in developing country trade 1980 – 2010"，于 2013 年 1 月刊于世界银行网站。作者 Constantine Michalopoulos 曾是世界银行的主管，现为美国约翰·霍普金斯大学高级国际研究院的访问学者；Francis Ng 是世界银行发展研究部贸易组的高级经济学家。

导读 ◀◀

　　西班牙加入欧元区后，尽管实际汇率显著升值，但出口市场份额仅微幅下降。如何解释这一"出口之谜"？Cardoso 等经济学家认为在解释出口市场份额变动时，非价格因素比价格更为重要。特别地，西班牙的"出口之谜"可能是由企业旨在提高国际化程度的战略决策造成的。

西班牙"出口之谜"

文 Miguel Cardoso，Mónica Correa – López and
Rafael Doménech **编译** 吴海英

　　自从欧元诞生后，西班牙出口企业成功遏制了欧元大幅升值导致的出口市场份额下降。这和其他几个重要发达经济体的情形正好相反：由于全球化和众多新兴经济体出口份额的上升，这些发达经济体的出口份额遭受了巨大损失。1999～2011 年，法国出口市场份额损失 40.5%，英国损失 39.2%，意大利损失 32.1%，美国损失 31.9%，德国损失 12.2%，而西班牙只损失 8.9%，下降程度相对最小。

　　在 2008 年金融危机之前，西班牙的价格竞争力一直显著恶化。出口市场份额相对轻微的下降与实际汇率的大幅升值成为西班牙"出口之谜"。一些文献试图从企业层面数据来解释这一现象。事实上，和其他国家相比，西班牙大型企业同时经历了单位劳动成本的低增长和出口的高增长。由于加总偏误，这一现象并没有反映到总价格指标中。考虑到出口企业的规模远大于非出口企业，一定程度上可以解释出口价格的上升幅度为什么小于单位劳动成本上升的幅度。

　　通过对 36 个发达经济体 1999～2011 年出口价格变动和出口市场份额变动的分析，可以得出二者并没有明显的关系。事实上，数据显示价格竞争力的上升与出口市场份额的下降呈正相关关系，虽然相关系数比较低（0.22）

并且在统计上不显著。这一结论并不意味着相对价格和出口份额没有关系，只是非价格因素在这一时期更为重要，抵消了出口价格对出口份额的影响。

一国出口市场份额的变动 Δ $(ex-ex^w)$ 可以分解成国际相对价格的变动 Δ $(p_t^x-p_t^w)$ 和非价格因素变动 Δs^x 两部分，具体表达式为：

$$\Delta(ex_t - ex_t^w) = \Delta s_t^x - \sigma\Delta(p_t^x - p_t^w)$$

式中的 σ 为出口价格弹性，代表了当非价格因素 $\Delta s^x = 0$ 时，出口份额变动完全由相对价格变动决定的程度。根据相关文献的估计，假设出口价格弹性为 -1.25。

从各国出口市场份额变动的分解表（见表1）可看出，只有希腊完全由价格竞争力来决定，而对其他发达经济体而言，非价格因素对出口份额的影响更为重要。德国、法国、英国和美国经历了类似幅度的贬值，但出口市场份额的表现却相差甚远：德国市场份额变化 -12.2%，法国则为 -40.5%，原因就在于非价格因素的影响程度各不相同。此外，给定所列经济体价格变动的情形下，西班牙非价格因素对出口份额的影响最为有利（约 6 个百分点）。如果西班牙经历了德国那样的实际有效汇率贬值，那么西班牙的出口市场份额将会上升 20 个百分点，相当于 GDP 的 6%。

表 1　出口市场份额变动的分解 （1999 ~ 2011 年）

单位：%

国　　家	出口份额变动	相对价格变动	非价格因素变动
荷　兰	-6.4	-9.8	3.4
西班牙	-8.9	-14.9	6.0
德　国	-12.2	10.9	-23.1
爱尔兰	-13.6	1.6	-15.2
奥地利	-15.0	1.2	-16.2
葡萄牙	-19.5	-9.1	-10.4
丹　麦	-19.6	-11.3	-8.3
希　腊	-19.6	-19.6	0.0
瑞　典	-20.6	9.8	-30.4
芬　兰	-30.8	11.8	-42.6
美　国	-31.9	14.9	-46.8
意大利	-32.1	-19.4	-12.7

续表

国　家	出口份额变动	相对价格变动	非价格因素变动
日　本	- 36.1	26.1	- 62.2
加拿大	- 38.9	- 31.5	- 7.4
英　国	- 39.2	14.1	- 53.3
法　国	- 40.5	6.3	- 46.8

非价格因素背后的企业因素——解释西班牙"出口之谜"

众多因素塑造了西班牙近 20 年来的国际化进程，这些因素大多属于企业的战略决策领域。一方面，这些因素与企业规模、资本投资、熟练劳动力程度、研发开支、创新过程中的技术采用和改进相关；另一方面，我们发现与市场战略和融资相关的决策也是重要的决定出口份额的非价格因素，这些因素有产品差异和多样性、产品创新、包括外国所有权在内的长期融资的多渠道等。综合起来，所有这些因素的良性组合产生了重要的反馈效应，支撑了西班牙出口份额相对较好的表现，保证了金融危机期间出口的强劲恢复以及多样化新产品顺利进入新兴市场。最终，这些非价格因素解释了所谓的西班牙"出口之谜"。

本文原题名为"Export Shares, Price Competitiveness and the 'Spanish Paradox'"，于 2012 年 11 月 24 日刊于经济政策研究中心（CEPR）的门户网站 VOXEU。作者均为 BBVA 研究中心的高级经济学家。

导读

　　UNCTAD 全球价值链数据库为许多研究提供了新的视角，其研究报告发现：全球贸易的80%来自跨国公司，全球出口增加值近一半来自服务部门。发展中国家参与全球价值链的最佳发展路径是在增加参与度的同时升级自身价值链。全球价值链可以成为发展中国家提高生产效率的重要途径，但需要政策的支持。

全球价值链和发展：全球经济中的投资和增加值贸易

文 UNCTAD 编译 吴海英

　　联合国贸易和发展组织（UNCTAD）的投资和企业司致力于全球贸易价值链的分布研究，开发了一个包含187个国家、25～100个行业、覆盖1990～2010年的全球价值链数据库（UNCTAD – Eora GVC Database）。该数据库为许多方面的研究提供了新的视角。这些方面包括：经济体间的贸易联系、增加值分布、贸易的收入和就业效应、投资与贸易的关系以及跨国公司如何通过所有权和合同模式塑造不同类型的增加值贸易。基于新数据库的初步报告有如下结论。

　　● 全球投资和贸易通过企业的国际生产网络错综复杂地交织在一起。这些企业在全球范围内投资生产性资产，同时在不同国家之间进口和出口投入及产出品，形成了复杂程度各异的全球价值链（Global Value Chains，GVCs）。这种跨国公司的贸易既发生在企业内，也发生在企业之间；既有区域内贸易，也有全球范围内的贸易。就总额来说，约占全球贸易的80%。

　　● 全球贸易中规模日益扩大的"重复计算"问题主要源自全球价值链。新数据显示，大约28%的全球出口是中间产品，进口国用这些中间产品来生产其他用于出口的商品或服务。因此2010年全球19万亿美元的出口中，约有 5 万亿美元被重复计算。

- 全球价值链大量来源于服务业。虽然全球出口中服务的比例只有大约 20%，但是全球出口增加值近一半（46%）来自服务部门，例如绝大部分的制造业出口生产中需要服务业的参与。事实上，跨国公司国际生产网络的一个重要部分就是提供服务投入，全球超过 60% 的 FDI 存量来自服务部门（制造业为 26%，第一产业为 7%）。这一现象同时存在于发达国家和发展中国家。

- 绝大部分的发展中国家，包括最贫穷的国家都日益参与到全球价值链中。全球增加值贸易中发展中国家的占比由 1990 年的 20% 上升到 2000 年的 30%，如今已经超过 40%。同样，跨国公司在其中的作用至关重要。那些 FDI 相对经济规模比较大的国家拥有更高的全球价值链参与程度，相比其全球出口占比，这些国家也拥有更高的全球增加值贸易占比。

- 全球价值链对发展中国家的经济增长发挥着重要作用。发展中国家的国内生产总值（GDP）中来自增加值贸易的贡献平均达 28%，而发达国家的这一比例仅为 18%。此外，一国对全球价值链的参与程度与其人均 GDP 增长率之间似乎存在正相关关系。参与全球价值链增长最快的经济体，其人均 GDP 增长率大约比平均水平高 2 个百分点。

- 发展中国家参与全球价值链的发展路径有四类：嵌入型、升级型、蛙跳型和竞争型。最佳的发展路径可能是在增加全球价值链参与度的同时升级自身价值链。在过去的 20 年，那些努力参与全球价值链，同时提高国内增加值比例的国家，其人均 GDP 的增长率平均为 3.4%。相比而言，那些只提高全球价值链参与度，而没有升级国内增加值的国家只有 2.2% 的人均 GDP 增长率。

以上结论有着重要的政策含义。例如，全球价值链可以成为发展中国家提高生产效率的重要途径，包括通过技术扩散、技能培训和为长期的产业升级提供外来的机会。然而，全球价值链带来的这些潜在的好处并不会自动生成，需要政策的支持，包括一整套连贯一致的加强投资和贸易的政策，以及正确的总体发展战略。

UNCTAD 将在 2013 年的全球投资报告中，利用新的数据，分析全球价值链对发展的贡献（如市场准入、就业增加和生产力提升），以及全球价值链给发展中国家带来的风险（如对社会和环境可持续发展带来的影响、陷入价值链低端的风险等）。

本文原题名为 "Global Value Chains and Development: Investment and Value Added Trade in the Global Economy"。本文于 2013 年 2 月 27 日刊于 UNCTAD 网站。

> **导读** ◀◀
>
> 作为全球价值链中的关键一环，中国有什么经验？本文从金融约束的视角对上述问题进行了分析。如果融资困难，那么一国很难在价值链上处于较高的位置。因此，进一步发展本国金融市场可能是提升产业链的一个重要举措。中国的经验还告诉我们，受到流动性约束的企业更有可能从自由贸易和生产过程细分中获益。

全球价值链中的企业与信贷约束：基于中国加工贸易的分析

文 Kalina Manova and Zhihong Yu　**编译** 杨盼盼

过去 20 年的全球化带来了生产在各国间进一步的细分。今天的企业不仅进行最终产品贸易，还更多地进行中间环节的生产，包括进口国外投入品、加工组装后将商品再出口到国外。尽管对于欧盟国家而言，上述中间环节的贸易占总贸易的比重不过 10%，但是对于中国而言，上述比例已经超过 50%。

全球价值链吸引着学术界和政策界的眼球。它的福利效应和分配效应是什么？它会改变最优贸易政策吗？在多哈回合陷入僵局之后，它能带来各国之间的再度协作吗？它将如何影响汇率的传递效应以及国际供给和需求冲击的传导呢？

对这些问题的回答并非一篇文章可以阐明，但是一个有趣的问题是：企业在全球价值链中的位置以及这一位置对企业利润的影响。本文通过分析中国海关数据和国际收支数据，对这一问题进行了探讨。

贸易机制很重要：中国的贸易形态

中国贸易的两个特性：

第一，自 20 世纪 80 年代开始，中国正式推动加工贸易的发展，减免用于加工和转口贸易中进口品的关税。

为了得到关税减免，在进口时，企业需要出示同外方签署的合约。作为出口导向型贸易政策的重要部分，这一政策非常成功：2005 年，32.7% 的出口商进行加工贸易，对贸易规模扩张的贡献度为 54.6%。中国成为全球产业链的重要一环。

第二，中国企业一般在两种加工模式中进行选择。在纯粹组装贸易中，中国企业只提供国内投入和要素成本，外国需求方提供所有国外的投入品，并负责海外经营和销售。在进口－组装贸易中，中国企业需要自己寻找和购买进口原材料，但是其他流程与纯粹组装贸易是相同的。

图 1 将中国的出口机制按照企业数量和出口价值进行分解，企业选择了不同贸易机制，有近 25% 的企业选择了多重机制。这是为什么呢？

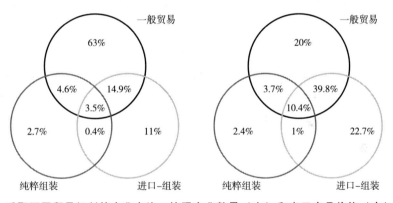

图 1　采取不同贸易机制的企业占比：按照企业数量（左）和出口产品价值（右）划分

加工贸易的优缺点

本文的研究表明，企业对贸易机制的选择会对其利润、利润率和增加值产生很大的影响。对于从事一般贸易的企业，这三项数据高于从事进口－组装贸易的企业，而后者又高于从事纯粹组装贸易的企业。再出口收入中，一般贸易的比重每上升 40%（一单位标准差），利润将增加 6%，而增加值将提高 4.3%；而如果纯粹组装贸易下降 40%，则将带来利润增加 10%，增加值提高 8.5%。

上述研究结果表明，抢占更多的全球产业链比局限于少数、低端的产业链能够获得更高的收益。但中国的出口商在向更高产业链升级时存在着一定的阻碍。

本文认为，外部融资约束是制约企业在全球产业链中升级的重要原因。纯粹组装贸易与进口－组装贸易相比需要的营运资本较少，因为投入品都是由外国进口商提供的。而一般贸易则最需要流动性，因为出口商需要对产品制造的每一个环节负责。企业之所以难以完成从加工贸易到一般贸易的转型，与国内金融市场的发展和融资约束有着非常密切的联系。

金融约束和企业在全球价值链中的地位

与其他制造业厂商相比，出口商更加依赖外源融资。他们的生产面临着更多与跨国贸易相关的资金投入以及更高的交易风险。因此，贸易融资是非常必要的。据估计，90%的国际贸易都有赖于贸易融资。

信贷约束严重影响了企业出口的积极性，进而影响一国的对外贸易水平，危机期间，贸易体系的崩溃就是一个很明显的例子。

对于中国而言，这一情况是否存在呢？本文的研究发现，确实如此。金融约束迫使企业从事利润较少的加工贸易，特别是最没有吸引力的纯粹组装贸易（见图2）。

本文的第一个研究结果表明，拥有更多流动资产和更少短期债务的出口商会更多地选择从事一般贸易。

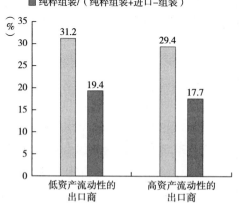

图2 贸易机制和企业的金融发展水平

本文的第二个研究结果是，不同产业的企业会选择不同的贸易类型。金融越脆弱的行业，企业就越多地选择加工贸易，特别是纯粹的加工贸易；在金融越是不发达的省份，企业越有可能选择低增加值的贸易手段。

结论

本文的研究结果表明，金融约束会影响生产环节在不同企业和国家之间的运行。受到信贷约束的企业和金融欠发达的国家都可能陷入低增加值产业链的泥潭，并难以找到更好的投资机会。因此，大力发展金融市场应当是寻求更高增加值贸易发展的先决条件。

本文原题名为"Firms and credit constraints along the global value chain: Processing trade in China"。本文作者 Kalina Manova 为斯坦福大学经济学助理教授，Zhihong Yu 为诺丁汉大学经济学院研究员。本文于 2013 年 5 月 13 日刊于 Vox 网站。

导读 ◀◀

　　传统观点认为，"强势欧元"会对欧洲企业出口竞争力造成负面影响。然而一些证据表明，汇率变动和企业利润之间并不存在明显统计关系。这可能是因为全球生产链的存在以及欧洲出口企业的"欧元区导向"。

增加值贸易对汇率及
竞争力的影响

文　Calto Altomonte　编译　王雅琦

　　自美联储 2013 年 7 月中旬表明继续量宽政策的意向后，欧元对美元迅速升值。至 10 月末已经累计升值 8%（从 1 欧元兑 1.28 美元上涨到 1.38 美元）。尽管欧央行降息政策可以部分抵消欧元升值的影响，但欧洲跨国企业仍然蒙受较大损失。在当前欧洲内需低迷的情形下，依赖出口的欧洲跨国企业在欧元升值的影响下业绩开始下滑。大部分欧洲跨国企业将业绩宣布期的负面结果（成果）归咎于"强势欧元"。

　　企业的负面反馈引发一场争论：欧央行是否应该采取汇率管制，以避免汇率完全由市场决定或者汇率被其他央行操作。支持汇率管制的一方声称欧央行应该采取行动阻止欧元对其他货币大幅升值，以保护欧洲经济的微弱复苏，而欧央行主席则重申"汇率并不是货币政策的目标"。

　　争论的潜在假设是：汇率和出口竞争力之间有明显的因果关系。然而，考虑到当前国际经济复杂的环境，这个假设也许需要小心对待。

　　巴克莱资本最近的一份研究报告指出，欧洲公司的利润和汇率水平之间不存在很强的统计关系。有悖逻辑的一点是，在贸易部门（例如制造业）和传统的非贸易部门（例如个人服务）里，这种统计关系并没有明显的不同。

可是，欧元对美元升值如何能不阻碍欧洲出口呢？

一种可能的原因是：在当前的国际市场分工下，企业的生产范围被放大到了全球，使其能部分抵消国内汇率变动的影响。

我们以一家有名的生产电子牙刷的欧洲跨国企业为例来解释。追踪它的国际生产链，你可以发现组成电子牙刷的零部件来自三个大陆十多个国家的工厂，而这些国家所使用的货币一共有七种。这在工业品生产中并不是个例，而且越复杂的产品（例如，汽车），其国际分工链将越复杂。

欧元汇率对产品出口竞争力的影响如何？对于为靠近消费市场而在欧洲境外组装生产的产品影响又如何（例如针对亚洲市场的德国车）？欧元汇率对这些企业的利润率影响又如何？

在这些情况下，强势欧元只会带来会计意义上的影响：国外子公司带来的利润是以当地货币计价的，但是在母公司的报表里以欧元计价，欧元突然升值会使国外子公司的利润减少（即使外国子公司销量不变）。并不是所有参与全球跨国链的企业都是大跨国企业：中小企业会直接出口本国货物，而并非通过欧洲境外的子公司生产；而且欧洲跨国企业也并非都从事境外生产业务。从这些情形中可以看到，货币升值的影响对于各企业的影响非常不同。

Amiti 等（2012）的最近研究表明，在具有贸易高度开放的经济体中，如比利时，汇率升值会表现为出口竞争力的降低。而这份研究也同样指出，大跨国企业能够承受汇率将近 50% 的变动。原因是最大出口商也往往是最大进口商：当其出口国的汇率变动时，它们进口原材料的一个反向的汇率变动会中和总汇率影响。

最近，Bruegel 一份分析企业参与全球跨国链程度的报告指出，每个国家的大跨国企业出口占据一国出口的 70%～80%。基于 Amiti 等（2012）对比利时的研究，我们可以推测大部分的欧洲出口会部分免受汇率变动的影响。

表 1.a 表明同时从事进出口业务的企业占据了整个国家进出口量的绝大部分。而这些企业也可能同时从事一些国外生产活动，例如 FDI 和外包服务。这使得汇率的变化对企业的影响将变得更加复杂。

另外，从表 1.b 中可以看到，同时从事出口、进口以及国外生产的企业

的出口和进口也占据了一国出口和进口的很高份额。

表 1. a　同时从事进口和出口业务的企业的进出口份额

单位：%

国　家	出口份额	进口份额
奥地利	80	81
法　国	95	83
德　国	51	78
意大利	90	91
西班牙	79	72
匈牙利（非欧元区）	81	91
英国（非欧元区）	94	94

资料来源：根据 EFIGE 数据计算的 Bruegel 报告。

表 1. b　同时从事进口、出口以及国外生产的企业的进出口份额

单位：%

国　家	出口份额	进口份额
奥地利	64	14
法　国	48	39
德　国	23	17
意大利	33	15
西班牙	15	9
匈牙利	1	2
英　国	10	9

资料来源：根据 EFIGE 数据计算的 Bruegel 报告。

　　EFIGE 数据的另一个发现是中小企业更倾向于在欧元区内部出口。这也是欧元汇率对出口竞争力影响被削弱的另一个理由。

　　中小企业是纯出口企业的主体。纯出口企业是不从事其他国际生产活动的企业（见表 2. a）。同时它们的出口份额比大企业要低。每个国家的情形有所不同（见表 2. b）。

　　如果看它们出口的主要目的国，我们可以看出中小企业和大企业出口的欧元区主导性（见表 2. c）。

表 2. a　按国家和规模分类的纯出口企业

单位：%

规模分类	奥地利	法 国	德 国	意大利	西班牙
中小企业	74	83	64	89	87
大 企 业	26	17	36	11	13
总　计	100	100	100	100	100

资料来源：根据 EFIGE 数据计算的 Bruegel 报告。

表 2. b　按国家和规模分类的纯出口企业出口量

单位：%

规模分类	奥地利	法 国	德 国	意大利	西班牙
中小企业	3	37	16	48	20
大 企 业	97	63	84	52	80

资料来源：根据 EFIGE 数据计算的 Bruegel 报告。

表 2. c　按国家和规模分类的纯出口企业出口量：将欧元区作为第一出口国的企业样本

单位：%

规模分类	奥地利	法 国	德 国	意大利	西班牙
中小企业	75	55	50	57	74
大 企 业	84	52	56	69	78

资料来源：根据 EFIGE 数据计算的 Bruegel 报告。

基于这些证据，我们知道：尽管中小企业参与全球生产链和 FDI 等活动的程度较低，但它们相对较低的出口强度以及欧元区占其出口份额超过 50% 的特征使得"强势欧元"对于一国出口的负面影响得到缓解。

总之，在全球化的今天，汇率和出口竞争力之间的关系变得相当复杂。欧洲企业跨国活动数据（EFIGE）为我们质疑汇率升值对企业出口是否具有负面影响提供了证据。相对于单纯关注汇率水平来说，如何提高欧洲企业的效率、创新能力以及在全球价值链中的融合程度也许是更重要的问题。

本文原题名为"Exchange Rates and GVCs – beyond the conventional wisdom on competitiveness"，为欧洲智库 Bruegel 的研究员 Calto Altomonte 的一篇博文，于 2013 年 11 月刊于 Brugel 网站。

导读 ◄◄

　　全球化背景下服务的可贸易性在增强，服务贸易对发达国家经济增长的贡献也越来越显著。本文计算了 29 个主要国家和地区分行业的增加值服务出口，发现按增加值方法计算，全球服务贸易大约占贸易总额的 1/3，各国的增加值服务出口占比较跨境方法衡量的占比均有显著提高。

服务联系与贸易增加值

文　Joseph Francois，Miriam Manchin and Patrick Tomberger　编译　吴海英

　　传统的国际经济学教材倾向于假设大部分的服务是不可贸易的。这一情形在 20 世纪 80 年代开始有所改变，这在某种程度上是美国推行服务贸易和投资多边贸易协定的结果。虽然现有文献还没有充分重视服务贸易对经济增长和发展的贡献，但已有的文献表明服务业的生产率是 OECD 国家经济增长的一个关键和基本的决定因素。因此，在全球生产价值链的背景下，对国际服务贸易的准确核算就显得非常重要。

全球增加值服务贸易占比提高

　　WTO 的数据显示，2007 年全球跨境服务贸易出口额为 3 万亿美元，大约占货物和服务贸易总额的 20%。然而，如果按照出口所含的增加值来计算，服务贸易大约占贸易总额的 1/3，集中于与货物贸易有关的交通、物流等领域。此外，生产性的服务业也是一国增加值的重要组成部分，尤其是在高收入国家，GDP 中约 70% 来自服务业。

　　运用全球贸易分析均衡模型（GTAP）数据库中 1992～2007 年的全球社会核算矩阵，本文计算了按增加值方法，主要国家分行业的服务占贸易的比

重（29 个国家和地区的 24 个行业）。增加值服务出口包括的范围不仅有某个国家出口中包含的服务对增加值直接和间接的贡献，还包括该国进口的货物和服务中来自第三国的服务增加值。这一计算有助于强调贸易中非贸易部门的重要性，同时强调各国的生产率、外国附属机构销售、服务中的贸易和投资之间通过国界都是互相依赖的。

全球增加值出口和跨境出口总额的比较

将世界作为一个整体，增加值出口占跨境出口总额的比例有明显下降的趋势，从 1992 年的 83% 下降到 2007 年的 71%。这是由于全球生产网络扩大，跨境出口中更多地重复计算出口增加值。从行业看，2007 年机械制造、设备运输以及服装各自的增加值出口占其出口总额的比例均低于 41%；但对于服务业，该比例均大于 1，这意味着以增加值核算的服务出口包含在货物的出口中。相对于隐含在货物出口中的间接服务出口，直接的服务出口是很小的。另外值得注意的是，该比例自 1990 年以来基本没有变化。

全球各行业增加值出口占比

从全球各行业增加值出口占增加值总出口的比例来看，2007 年，行业出口占比最高的是机械与设备制造业（19.4%），该行业同交通运输、金属和化工一起，占增加值总出口的比例为 45%。服务业中的贸易和交通服务出口占比为 10.1%，其他商业服务的占比为 11.1%。

重要国家和地区的增加值服务出口占比

美国、中国香港、新加坡和欧洲国家是典型的服务出口国（地区），服务出口具有比较优势。2007 年，按增加值计算，扣除贸易和运输服务，这些国家（地区）的服务出口占总出口的比例大约为 30%。如果按跨境出口来计算，美国和新加坡的这一服务出口占比均只有 14.7%。

印度是发展中国家的一个例外。其服务贸易占比在发展中国家最高，甚至超过高收入国家的水平。2007 年，扣除贸易和运输服务，印度的其他服务出口占总出口的比例为 22.7%，增加值衡量的占比则高达 36.4%。扣除贸易和运输服务，中国的服务出口占比仅为 2.8%，按增加值计的占比也仅有 16%。

1992～2007年，无论按跨境出口或增加值计的美国服务贸易占比均有所上升。按跨境方法衡量的服务出口低估了其对美国经济的重要影响，因为按增加值计的服务出口占比较跨境出口占比高出约15个百分点。2007年，美国增加值服务出口占比为34.6%，跨境衡量的服务出口占比仅有19.3%。

与美国相反，同一时期中国服务出口占比却在下降，从1992年的12.8%下降到2007年的3.3%。如果按增加值计，该比例也由1992年的19.4%下降到2007年的17.3%。中国服务出口占比下降的主要原因是，1992年以来，中国制造业出口规模增长太快。1992年，几乎一半的出口是纺织和服装，服务出口面对的是一个比较小的总出口额。在之后的年份，虽然服务出口有所增长，但制造业出口的增长更为迅速，成为出口的主体。但我们也应该看到，随着中国制造业出口的进一步升级，机械制造取代纺织和服装成为主要的出口产品，中国出口中服务的占比开始回升，如增加值服务出口占比由1997年的8.7%上升到2007年的17.3%。

本文原题名为"Services Linkages and the Value Added Content of Trade"。本文作者为Joseph Francois、Miriam Manchin和Patrick Tomberger，分别来自奥地利林茨大学和英国经济政策研究中心CEPR、伦敦大学学院。本文于2013年5月刊于世界银行网站，是世界银行国际贸易部的政策研究工作论文。

导读 ◀◀

随着各国收入的增长，服务贸易日益兴起，其重要性日益显著。它与货物贸易有何本质区别？本文基于比利时1995～2005年的企业数据，认为服务贸易和货物贸易的不同点在于：企业参与度、贸易规模和频率、企业进出海外市场的比例以及企业发展战略。

服务贸易为什么不一样？

文 Andrea Ariu 编译 吴海英

国际贸易通常被认为是货物通过国界的交易，但对高收入国家而言，服务贸易正变得越来越重要。货物贸易和服务贸易在以下几个关键领域存在明显不同。

• 货物本身必须穿越国界，因此运输方式很重要。而服务是无形的，在实物形态上无须穿越国界。

• 货物的特征通常在购买前可观测，货物可以在不同的时间和地点生产、移动、储存和消费。而服务通常不可存储，其特征在购买前不可观测，服务的生产和消费在空间和时间上同时发生。

• 各国对货物贸易征收不同的关税，对服务贸易则不征关税。各国限制服务贸易的技术壁垒很少不同。

货物和服务贸易如此不同，为何二者的贸易类型如此相似？

虽然货物和服务贸易存在以上不同，但最近基于企业数据的研究却惊人地发现二者在定性方面有诸多类似之处，如果有不同，差异也很小。在最新的研究中，我运用1995～2005年比利时企业的详尽数据，对货物和服务贸易进行深入的比较，主要结论如下。

服务贸易的企业参与率低于货物贸易

文献中一个广为人知的现象是所有企业中，只有极少数的企业（4%左右）参与国际货物贸易。这一很低的比例表明了国际贸易非常复杂，只有很少的企业有能力考虑进入国外市场。我的研究发现所有企业中，只有1%的企业开展国际服务贸易。这表明服务贸易比货物贸易更难进入。服务贸易需要更高的固定成本是其参与率低的原因。只有更少，但规模更大和更具有生产效率的企业才能进入国外服务市场。原因可能是服务贸易面临相对更高的限制，如签证许可、特殊的国民资质或专业团体资质。

贸易参与率方面的另一个现象是5%的出口商和8%的进口商同时开展货物和服务贸易。尽管他们只代表了一小部分企业，但其贸易量占总贸易的份额超过30%。因此，即使企业需要支付更高的固定成本来同时开始货物和服务贸易，但由此获得的收益高于只单独开展一项贸易，具体的例子是车辆和保险、机械产品和维修保养等技术服务一同出口。

服务贸易交易次数少、规模大

开展货物贸易的企业在一年中会有许多次交易，每一次的交易额相对较小；相反，从事服务贸易的企业一年中的交易次数很少，但每次交易规模相对较大。这一差异即使在同时从事货物和服务贸易的企业中也存在。差异存在的原因可能是因为货物更容易被分批运输，而服务是一个整体，不容易被分割。因此，服务出口商倾向于一次性的出口服务，而货物出口商根据客户的需求分批出口货物。

服务贸易企业进入和退出国外市场的比例更高

在每年从事出口服务贸易的企业中，43%的企业都是新企业，即这些企业之前没有从事出口服务的业务。这一市场进入比例是很高的。对货物出口企业而言，这一比例是31%。然而，36%的服务出口企业在下一年退出市场，高于货物出口企业27%的水平。对服务贸易企业，国外市场显得更有吸引力，但也伴随着更多的不确定性，表现为服务贸易企业退出市场的比例高于货物贸易企业。研究结果还表明在1995～2005年这一时期，进入和退出市场对货物和服务贸易企业产生的营业额净效应均为正。

大型服务贸易企业匮乏，但服务贸易企业成长率更高

虽然货物贸易的主流是众多的出口企业在不同国家出口不同的商品，我们的研究发现这一现象在服务贸易领域并不那么明显。不同服务商出口或进口金额之间的差异不如货物商那么显著。大型服务出口商和进口商的匮乏可能是由于服务贸易领域仍然存在比较高的贸易壁垒，进而阻碍服务贸易商变得和货物贸易商那样强大。然而，出口和进口服务企业的成长路径显示，服务企业在国外市场第一年的规模小于货物出口企业，但其成长率更高也更持久，10 年后的规模就可以超过货物出口企业。因此，大型服务出口或进口商缺乏的原因有可能更多来自服务贸易企业相对年轻，而不是服务贸易有高的贸易壁垒。一项有关服务贸易更为成熟且贸易壁垒减少的情景模拟显示，服务和货物贸易份额将会趋于一致，最终服务贸易也将在未来成为全球贸易的主要组成部分。

结论和政策含义

相比货物贸易，更少的服务企业参与国际贸易。这表明服务贸易还受到高贸易壁垒的限制，只有规模最大和最具有生产效率的企业才能进入国外服务市场。因此，减少服务贸易壁垒将促使更多的企业参与国际服务贸易，有更多的机会开拓国外新市场。

- 服务经常和产品捆绑在一起销售，因此，服务贸易开放将会对货物贸易产生正效应，反之亦然。因此，政府在削减贸易壁垒的谈判中，应考虑这些正面效应。

- 我们发现服务贸易对许多企业很有吸引力，但风险很高，只有少数企业生存下来。因此，对服务贸易企业进出市场的决定因素的更为详细的分析，将更好地理解这一现象背后的原因，最终为政策制定者提供更可行的建议。

- 服务贸易增长速度快于货物贸易，并且更具有持续性。这就意味着货物和服务需求遵循不同的路径，服务贸易将变得越来越重要。在不久的将来，服务贸易有可能变成全球贸易的主要部分。因此，政府应为企业提供适当的环境去开拓这一新的成长机会。

本文原题名为"Are services traded differently?"。作者为鲁汶大学（Universite Catholique de Louvain）博士生。本文于 2012 年 12 月 23 日刊于经济政策研究中心（CEPR）的门户网站 VOXEU。

导读 ◀◀

　　全球价值链已经成为当前全球经济的主要特征。国际分工改变了全球贸易格局，改变了人们看待贸易及其政策的传统观点。传统贸易测量方法对货物和服务每跨境一次都按总流量记录，有可能给贸易分析与政策的制定带来误导。为此，OECD 和 WTO 历时四年，于 2013 年 1 月 16 日联合推出了增加值测算法及全球增加值贸易初版数据库。

OECD – WTO 增加值贸易数据库初版报告

文 OECD – WTO 编译 吴海英

什么是增加值贸易？

　　增加值贸易（Trade in Value – Added）测量一国出口的货物和服务中，各国对其增加值（劳动力报酬、税收及利润）的贡献流量，避免了传统方法对贸易的重复计算。一个简单的例子是 A 国完全生产价值 100 美元的产品，出口到 B 国进一步加工，B 国增加了 10 美元的价值，以 110 美元的价格出口到 C 国消费。传统的贸易统计是全球总出口和进口均为 210 美元，而整个生产过程产生的价值只有 110 美元。传统贸易统计认为，C 国对 B 国的贸易逆差是 110 美元，对 A 国没有贸易逆差，而实际上 A 国是 C 国消费的主要受益者。如果按增加值方法来统计，那么 C 国对 B 国的贸易逆差将由 110 美元减少到 10 美元，而对 A 国有 100 美元的逆差。

如何测量增加值贸易？

　　增加值贸易的数据基于 OECD 开发的全球投入产出表。它测量了 58 个国家（地区）不同产业与消费者之间的相互关联，反映了全球95%以上的产出。

增加值贸易数据库能告诉我们什么？

该数据库旨在为若干领域的贸易政策提供支持，以更好地反映：

- 服务在全球价值链中的显著贡献；
- 中间投入品进口（包括货物和服务）对一国出口的贡献；
- 经济体之间相互依存关系的真相；
- 新兴经济体在全球价值链中的地位；
- 供给和需求冲击如何影响全球生产链的下游和上游企业。

开放和有效的服务贸易市场对各国均有利

服务业占大部分发达国家GDP的2/3。按传统贸易方法，服务贸易通常不到总贸易的1/4。但按增加值计算，2009年，美国、英国、法国、德国和意大利的服务占出口的比重达到50%以上，中国接近30%；从行业看，在所有的制造业出口中，服务的贡献通常也高达1/3。

出口需要进口，中间投入品进口的增加有利于出口竞争力的提升

在全球价值链占主导的世界经济中，一国为了提高生产效率和保持竞争力，必须高效地进口包括货物和服务在内的中间投入品。2009年，对运输设备和零件的主要出口国而言，出口中来自国外增加值的部分占1/3~1/2。美国和日本的该比例只有1/5，反映了其绝大部分的中间投入品来自国内。对中国和韩国而言，大量的进口帮助其成为世界上最大的电子产品出口国。2009年，中国和韩国的电子产品出口中，国外增加值比重均占40%左右，同时中间投入品的进口中，用于出口的份额高达3/4。此外，中国纺织业的中间品进口中接近85%的部分用于出口；日本运输设备业40%的中间投入品进口最终也用于出口。

一国中间投入品进口中通常也包含了再次返回的该国国内创造的增加值。2009年，美国该比例为5%，中国接近7%。对电子产品，中国的比例为12%，韩国接近5%。

双边贸易失衡需要重新评估

虽然增加值贸易并不改变一国整体的对外贸易差额，但双边贸易差额将会有显著改变。典型的例子是中美增加值贸易顺差大幅减少。2009 年，按增加值测算，中国对美国的贸易顺差减少了 400 亿美元（25%），2005 年减少了 30%。原因之一是中国出口商品中来自美国增加值的进口占较大比重，同时中国作为"亚洲工厂"的枢纽，出口中的国外增加值比例较高。另一个例子是，韩国和日本出口中的一大部分增加值通过中国传递给了最终的消费者。按增加值计，中国对日、韩的贸易逆差将明显减少，相应，日、韩对其他国家的贸易顺差将显著增加（见图 1）。

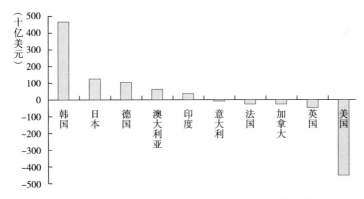

图 1 2009 年中国对各国的贸易差额在增加值调整后的变化

数据库的内容

目前发布的数据库包括经合组织以及俄罗斯、巴西、中国、印度、印度尼西亚和南非在内的 40 个国家（地区）18 个产业在 2005 年、2008 年、2009 年的增加值贸易数据。指标包括：

 • 出口分行业的国内增加值和国外增加值（其中，国内增加值分为三部分：直接、间接和再进口，国外增加值按来源国提供数据）；

 • 服务分行业的国内增加值和国外增加值；

 • 增加值计的双边贸易差额；

 • 中间投入品进口中用于出口的比例。

OECD 和 WTO 未来将进一步完善贸易增加值数据库。内容包括涵盖更

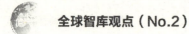
多的国家和行业，数据补充至 1995 年，公布更多的指标等。需要特别注意的是，增加值贸易数据是估计值，建立在一些假设之上，还需要进一步完善。增加值贸易数据库及其相关信息可通过下列地址访问：http：//stats. oecd. org/，www. oecd. org/trade/valueadded 以及 www. wto. org/miwi。

　　本文原题名为 "OECD – WTO Database on Trade in Value – Added Preliminary results"。本文由 OECD 和 WTO 两大组织联合发布，于 2013 年 1 月 16 日刊于 WTO 网站。

导读 ◀◀

　　在一个日益全球化的世界，贸易成本对于双边贸易和投资而言，是一个十分重要的变量，它还影响着国际生产链的格局。尽管以目前的水平来看，关税在许多国家已经下降至史无前例的水平，本文的研究仍然表明，贸易成本还是相当高的。

贸易成本的真相

文　Jean – François Arvis, Yann Duval, Ben Shepherd and Chorthip Utoktham　编译　杨盼盼

　　世界银行最近公布了 178 个国家（地区）1995～2010 年农产品和工业制成品的贸易成本数据，数据反映了近年来贸易成本的三个变动趋势。

贸易成本在发展中国家依然很高

　　包括区域内贸易在内，发展中国家的贸易成本仍然非常高。图 1 反映的是工业制成品的贸易成本。按照国家人均收入划分，2009 年和 1996 年相比，所有收入组国家的贸易成本都出现了下降，但是低收入国家的下降幅度较

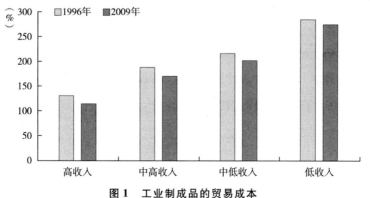

图 1　工业制成品的贸易成本

小。总体而言，贸易成本随着国家收入的下降而上升的趋势没有改变。发展中国家仍然承担着相对较高的贸易成本，旨在帮助发展中国家更快融入全球贸易体系的措施应当不遗余力地继续推行。

农产品的贸易成本在不同收入国家之间差距相对较小，但是变化趋势不容乐观（见图2）。1996～2009年，高收入和中高收入国家的贸易成本略有下降，但是中低收入和低收入国家的贸易成本却出现了上升。

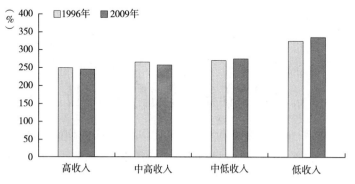

图2 农产品的贸易成本

"东亚奇迹"

东亚国家无论制造品还是农产品，贸易成本均在世界范围内最低（图3仅给出制造业的成本），这一方面表明东亚的出口导向型政策可能是低成本的一个重要原因；另一方面，贸易成本在过去10年中并未发生显著变化。这一现象，值得相关研究做出进一步的解释。

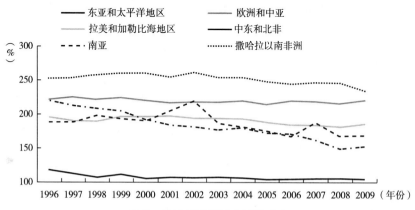

图3 分区域的制造业贸易成本

贸易成本的变化从何而来？

世行的数据库为理解过去十多年全球贸易成本的变化提供了一个非常好的数据平台，究竟是什么原因造成了贸易成本的变化？直观上来说，距离和关税往往是人们最先想到的，除此之外，我们还考虑了以下因素：创业成本、物流发展、航空规模、海运规模、汇率、区域贸易协定、曾同属一国、曾同属一殖民地、共同官方语言、历史传承的共同语言以及国土接壤等。令人惊讶的是，全球化的发展仍然没能"消除"距离。到目前为止（2005年），距离仍然是导致贸易成本的最重要因素，海运能力和物流水平分列影响因素的二、三位（如图4所示，计算的是制造业的贸易成本）。

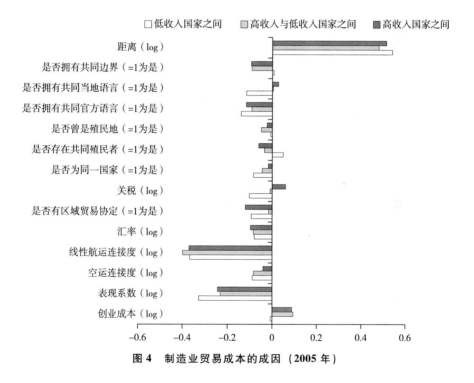

图4 制造业贸易成本的成因（2005年）

本文原题名为"Trade Cost in the Decleoping World：1995 – 2010"。本文作者是世界银行减贫和经济管理网络（Poverty Reduction and Economic Management Network）的研究人员。本文于2013年1月刊于世界银行网站。

导读 ◄◄

　　贸易融资对国际贸易有何影响？Auboin 等经济学家运用新数据论证了无论是在危机期间还是非危机期间，贸易融资对国际贸易都有着十分重要的作用。他们主要的政策建议是，市场必须要具备一定的刺激手段来为贸易提供充足的信贷。这在金融系统处于去杠杆化期间尤其重要。此外，为了继续对国际贸易金融交易和贸易关系进行研究，还需要大力完善贸易信贷统计。

为什么金融会影响贸易？

——来自新数据的证据

文 Marc Auboin and Martina Engemann　编译 吴海英

　　在金融危机和随后的经济衰退背景下，学术界对贸易金融的研究兴趣日益浓厚。这和亚洲金融危机期间政策制定者表现出的兴趣如出一辙。

　　在 2008～2009 年贸易大萧条的研究中，贸易融资假说在一些经济学家中十分流行。在此期间，全球贸易下降程度是实际 GDP 下降程度的 12 倍，其幅度远远超过标准模型的预期。一些研究对贸易融资假说进行了检验。大多数学者认同需求下降是导致贸易下降的主要原因。他们集中研究了贸易限制、贸易融资匮乏、垂直专业化分工以及贸易结构等潜在因素对贸易的影响程度。

澄清金融和贸易的关系

　　贸易融资假说基于以下直觉：银行间市场的大部分波动来自短期贸易信贷供给的传染性冲击，而这一冲击将影响贸易。贸易对短期融资的依赖基于如下事实：只有极少数的国际贸易用现金支付，并且货物出口和货款支付之间通常存在 90～100 天的平均滞后期，这就需要信贷或者某种担保。进一步，企业之间的信贷如果没有银行作为中介，通常都会有保险的支持。因此，大部分的金融部门通过信贷、担保或者信用保险和国际贸易紧密相连。

从相关关系到因果关系

尽管市场调查可以提供市场趋势和结构方面高质量的信息，但有关贸易金融的实证研究仍然受限于大量数据的缺乏。学术界对企业层面的金融状况、贸易信贷和贸易之间的关系取得了一些研究进展。我们已经建立了企业出口、企业融资能力和银行健康状况之间的因果关系。Bricongne 等论证了行业内更多依赖外部融资的出口导向型企业最容易受到危机的冲击。另外，一些研究表明外部融资成本有可能使原本可以出口的企业最终不能出口。在宏观层面，OECD 的研究发现，在 2008 年中期至 2009 年 1 季度的金融危机期间，短期贸易信贷保额作为总贸易融资额的一个代理变量，与贸易流之间存在显著的统计关系。当我们把同样的数据扩展到一个完整的经济周期时（2005～2012 年），同样的结论依然成立。

实证方法

我们的论文试图在宏观层面明确贸易信贷保额对贸易的影响，从而实现从"相关关系"到"因果关系"的转变。数据来自目前可用的贸易信贷方面最全的 Berne Union 数据库。宏观层面研究的重要性在于，该数据库记录的 100 个国家的贸易信贷总额每年接近 1.5 万亿美元，某种程度上和全球每年 15 万亿美元的货物贸易相对应，同时也和这些国家的总信贷额成比例。为了避免贸易信贷与贸易有可能存在反向因果关系，进而引起内生性问题，我们运用两阶段方法来研究贸易信贷对贸易的影响。在第一阶段，我们将以 GDP 表示的全球经济状况和以流动性表示的金融状况与贸易信贷进行回归；在第二阶段，我们将贸易信贷与贸易流进行回归。由于贸易信贷数据按货物目的地分类，这里的贸易流用进口表示。Berne Union 数据库除了提供贸易信贷保额，还包含未偿付的贸易信贷索赔信息。我们可以用它来测量贸易信贷保险的真实风险。

危机如何影响贸易信贷？

在第一阶段，我们发现在整个经济周期（2005～2011 年）中，可获得的贸易信贷保额受到全球经济和金融状况的影响，即经济中的流动性和代表国民收入的 GDP 共同决定了贸易信贷。用违约索赔额表示的贸易信贷保额风险对可获得的贸易信贷存在小幅但显著的影响。这可以解释为什么出口信贷保险公司可以根据风险变动情况调整贸易信贷保额，同时还能保证贸易信贷的平稳供应。

在第二阶段，我们试图将贸易信贷作为一个决定变量，引入标准的进口方程。根据经济学理论，标准进口方程的解释变量是 GDP（或国民收入）和实际有效汇率。我们发现贸易信贷确实是解释进口的一个显著且稳健的决定因素。具体来说，贸易信贷对进口的影响弹性大致在 0.4 ~ 0.5。实际 GDP 和国内外商品的相对价格这两个传统的解释变量，依然是决定进口的最有力变量。

结论

虽然我们需要谨慎对待所有实证研究中的结果，但上述结论强调了贸易融资对危机期间或非危机期间国际贸易的重要性。我们认为，这些结论在整个经济周期内是经得起考验的。相关的政策建议是，针对贸易信贷供给的市场刺激必须维持在一个很高的水平。这在当前金融系统处于去杠杆化时期时尤其如此。同时，需要强调的是，为了能够检验全球贸易金融交易同全球贸易之间的关系，还需要大大完善贸易信贷统计。

本文原题名为 "Why does finance matter for trade? Evidence from new data"。于 2012 年 12 月 3 日刊于经济政策研究中心（CEPR）的门户网站 VOXEU。Marc Auboin 现任 WTO 经济研究和统计部顾问，Martina Engemann 为慕尼黑大学博士生。

导读 ◀◀

　　货币战频繁出现，究竟透露出什么本源？本文总结了货币战的"不可避免"之论，解析了货币战是否"有理"，并指出其他的替代政策。

货币战的本源

文　Simon J. Evenett　编译　茅锐

　　曾在 2010 年因"哗众取宠"之嫌而被巴西财长批评的"货币战"最近又出现了。这次的直接诱因是日本新政府公开宣布旨在摆脱经济数十年来萎靡不振的货币宽松政策。但是，货币战的爆发到底是被这一导火索随机引发的，还是由其他更深的原因驱动的呢？本文认为，货币战的一再出现表明，这不是一系列的随机现象。在世界主要经济体复苏和国家政策组合发生重大改变之前，货币战还将频繁出现。

"不可避免"之论

　　货币战往往被认为是不可避免的。许多人相信，1930 年大萧条的教训之一就是在危机期间，政府必须采取积极的货币政策。向银行系统注入流动性甚至被认为是中央银行的合法职能之一。鉴于资本在国家间的流动性较高，并且大多数发达和发展中国家已放弃了固定和有管理的汇率制度，因此一国的货币政策很可能会影响其货币价值。由于利率差和汇率波动将对贸易伙伴造成不利影响，货币战便随之而来。主要的发达国家现在都还远未复苏，因此各国不同的宽松政策和不同的推出时点将可能导致与邻为壑的指责反复出现。对于货币战的不可避免性，存在以下五种辩解。

货币战"有理"？

"随大流"

　　中央银行显然不会对贸易伙伴"宣战"，但它们会充分利用其一切合法授权振兴本国经济。但这一理由并不能使中央银行避免指责。首先，货币宽松政策对其他国家的打击不容忽视。其次，合法授权并不意味着其行为必然正确。最后，中央银行的做法正说明法律授权的范围有局限性。

"无恶意"

G7 集团认为，只要货币政策不以汇率为直接目标，他国就不应对其加以指责。既然对其他国家的损害并不是蓄意为之的，为什么货币战仍有问题？批评家指出，善意并不能保证货币宽松政策不会给贸易伙伴造成损害。

"煎蛋理论"

"煎蛋理论"认为，既然"煎蛋之下，焉有完卵"，而人们又想得到煎蛋，那就只能平心接受鸡蛋破碎的宿命。但发展中国家的政策制定者担心，他们的商业利益和经济复苏将成为这场货币战中的"鸡蛋"。

"头条式反击"

攻击有时是最好的防卫。发动货币战或许是使国内政策免受指责的好方法。通过与邻为壑的政策，政府可以为失败的国内政策制造"烟幕弹"。但理所当然，"烟幕弹"并不能遮蔽对国内政策的所有指责。

"康纳利辩护"

美国财政部长康纳利曾在 1971 年就欧洲对美国政策的批评做出如下回应："美元是我们的货币，但是你们的问题。"许多采取货币宽松甚至直接干预的国家都认为，其贸易伙伴最终不敢或不至于采取政策回击。即使它们想要回击，也可能缺乏有效的手段，而只能作罢。不过，这些贸易伙伴是否真的会忍气吞声，又是否这样认为却并不清楚。

货币战是不可避免的吗？

有没有可能在最大限度地以史为鉴的同时，又在最低程度地造成伤害的前提下实现经济复苏呢？有人并不喜欢这个问题。他们认为，货币宽松将带来经济复苏，从而增加企业和个人支出，因此最后对所有国家都是有利的。但如果存在货币战以外的替代策略，则起码能说明货币战并非不可避免，而各国不采取这些替代措施便是货币战频繁发生的原因。

鉴于货币宽松对汇率的影响将起码在短期内损害贸易伙伴，还有其他什么方法能使国际关系不那么紧张呢？首先，可以考虑将货币宽松与财政扩张结合起来。鉴于财政扩张将通过供给链、商品需求和私有部门资本形成等渠道直接或间接地刺激进口，这将部分甚至全部抵消货币宽松给贸易伙伴造成的打击。而在现实中，贸易伙伴也的确最担心在货币宽松的同时，采取紧缩的财政政策。

还有其他方式能刺激对国外商品和服务的需求。方法之一是近年来被弃之不用的贸易和投资改革。这些改革将对遭受货币宽松打击的贸易伙伴产生刺激。本文在此并不想评论多哈谈判，但各国不愿进一步融合国际市场，的确加剧了货币战的危害。

一个关键问题是，如果发达国家在货币宽松政策中能融入些许缓解负面效应的政策，新兴市场的政府还会如此批评量化宽松吗？答案也许是否定的。当今货币战的本源不仅仅是货币政策选择余地不大，更在于发达国家政府对财政刺激和贸易改革心存敌意。我们也许不该批评日本，因为货币战的本源更深。

　　本文原题名为"Root causes of currency wars"。本文作者 Simon J. Evenett 是 University of St. Gallen 的国际贸易学教授。本文于 2013 年 2 月 14 日刊于 VOX 网站。

导读 ◄◄

在欧洲，紧缩的财政政策降低了总需求，阻碍了国内经济增长。G20国家大部分实行量化宽松政策刺激增长，导致多数国家货币贬值。同时，日本所采取的政策也许会引发和中国以及其他国家的货币战争。G20国家要调节政府未来在退休和医疗项目的支出，同时避免竞争性的货币贬值。

货币战争与全球节俭悖论

文 John H. Makin 编译 孙瑜

自全球经济危机爆发以来，G20国家就采用了财政紧缩、货币扩张的政策，财政紧缩使得量化宽松成为唯一促进经济增长的方式。唯一可以减缓财政紧缩带来的低速增长是通过中央银行实行扩张的货币政策，在美国、英国、欧洲、日本，事实上已实行零利率。货币的贬值可能会引发一场货币战争。2013年2月中旬的G20峰会，货币战争问题浮出水面。

全球节俭悖论

宽松货币、紧缩财政的政策在2012～2013年被广泛使用。如果小国实行这种结合政策的话，货币贬值会促进出口而降低进口，能够减轻财政紧缩对总需求的伤害。但是如果所有大国也这样做，则没有一个国家会成功，结果是所有国家的净出口都没有增加，财政紧缩的负面影响不能被降低。因此，全球节俭的悖论就此产生。

那些增加税收、降低支出的政府往往发现所做的努力是白费的，因为几乎所有国家都在使用缩减开支、印发货币的混合政策。欧元对除德国以外的欧洲国家都被高估，在2012年第四季度，欧元区进入衰退，它是全球节俭悖论的最大受害者。

对货币战争的注意越来越高

在连续四年的财政刺激之后，美国开始财政紧缩，同时使用多发货币、缩减开支的政策，在 2013 年缩减约为 2% GDP 的债务，并且执行第三轮量化宽松。英国在 2012 年中旬也开始使用这样的混合政策，英格兰银行通过购买政府债券进行货币宽松。即将出任英格兰银行行长的马克·卡尼（Mark Carney）表明，英国应该实行更加激进的货币政策。

与其他国家相反，日本的新政府采取的是宽松货币、宽松财政的混合政策。日本的这种行为招惹了 G20 其他国家对货币战争的警惕。这种压力在 2013 年 2 月在莫斯科举行的 G20 会议前非常明显。

日本宽松货币、宽松财政的混合政策意味着其他国家更加痛苦

日本通过宽松货币、宽松财政的政策为自己创造了美好的经济前景，因为这消除了日元自金融危机后的大幅升值。日本在 2009 ~ 2012 年比较被动，日元升值，经济上也显现停滞。现在，当其他 G7 国家开始紧缩财政时，日本开始实行宽松货币、宽松财政的政策。在三个月中，日元对美元下降了 14%，同期日本股市上涨了 25%。这意味着在这场零和游戏中，那些采取紧缩政策的国家受损了。

中国的问题

日本贬值的策略使得中国和其他亚洲的出口国家和地区，尤其是韩国和中国台湾，处于不利的境地。

从 2012 年年中开始，人民币开始缓慢升值，外部盈余消失，增长率下降。因此，未来人民币贬值的压力会很快显现。中国股市的低迷也许反映了全球投资者对于中国新领导人的顺利交接和能否摆脱 2008 年政府刺激计划影响的怀疑。韩国也是如此，韩国的股票指数在 2012 年下降了 2%，强势货币也损害了出口的增长。

全球版量化宽松能否成功？

量化宽松政策能否将全球经济从节俭中拯救出来？如果通过印发货币可

以刺激出比财政紧缩更多的总需求，那么答案是可以。但是这里存在两个风险。第一，如果全球财政紧缩过于严重，像欧洲那样，那么量化宽松政策并不能抵消财政紧缩对总需求的负面影响。第二，如果量化宽松政策没有配合稳定和渐进的财政紧缩政策，就会出现过高的通货膨胀，表现为更高的总需求。量化宽松对于增加总供给没有任何好处，一旦社会达到充分就业，量化宽松政策只能带来通货膨胀。

G20国家

欧洲和英国在衰退，美国 2012 年第四季度的增长率为 - 0.1%，日本的增长率更低。中国的复苏还不确定，其他经济体，由于货币升值也在失去动力。

在 2013 年 2 月中旬召开的 G20 会议上，财政部长和央行行长们承诺，会避免货币竞争性贬值，并且不会实行任何形式的贸易保护主义。然而这些还只是空头支票，财政部长和央行行长们需要思考如何促进经济增长。他们需要改革税收系统，实行量化宽松政策，并进行新的政府预算。只有减缓政府在退休和医疗项目中的支出增长，才能降低政府支出，否则的话，财政部长和央行行长们必须为货币战争做准备。

G20 的国家没有联合对付日本，至少日本的货币宽松政策旨在本国的通货膨胀。而比起具有强势日元的弱势日本经济而言，具有弱势日元的强势日本经济对于全球经济更为有利。

危机后的挑战

尽管 2008 年后宽松货币、宽松财政的政策曾给予世界经济一丝喘息的机会，然而由于预算赤字和债务数量巨大，最终必然走向宽松货币、紧缩财政的政策。而现在，全球第三大经济体——日本，刚开始进入到宽松货币、宽松财政的政策阶段，使得此时其他国家实行紧缩政策的难度加大。但是政策制定者要谨记，不能因为现在所面临的挑战，就实行会延迟全球经济复苏的相反措施。

本文原题名为 "Currency Wars And The Paradox Of Global Thrift"。本文作者是 American Enterprise Institute 的常驻研究学者。本文于 2013 年 2 月刊于 AEI 网站。

导读 ◀◀

　　自 2010 年巴西财长曼特加提出"货币战争"以来，货币战争成为争论热点。本文认为，通过故意操纵汇率来改善贸易状况并不会有效，各国对此并不感兴趣。货币战争只是虚假的战争。

虚假的货币战争

文 Pierre Siklos　编译 孔莹晖

　　2010 年，巴西财长吉多·曼特加指出，一些国家依靠货币贬值来改善贸易平衡、重振经济。经济学家称之为"以邻为壑"的政策。关于货币战争的争论有许多有趣的特征。首先，尽管政治家和媒体时常煽情地鼓吹货币战争即将来临的观点，头条新闻的热度却几乎在登出的同时就下降了。人们要么难以相信国家会故意将汇率作为政策工具，要么发现识别汇率操纵国和它们操纵汇率的动机比想象中困难得多，因此，往往对故意操纵汇率以获得国内经济优势的说法心存质疑。

　　与表象相反，国家可能对故意贬值并不感兴趣。例如，当欧洲央行无法改善汇率基本面时，控诉欧元区采取了贬值欧元的政策听上去就很奇怪。汇率基本面在很大程度上仍取决于欧盟成员国的国内政策。此外，鉴于欧盟财长确实无法帮助欧元区走出主权债务危机，他们已经通过自身最大的努力推动了汇率的大幅变动。

　　即使对外汇市场的直接干预被认为是恰当的，欧洲央行还必须解释，为什么通过改变欧元的对外价值来获得虚假的经济优势的同时，还要坚持让部分成员国一方面维系名义汇率不变（实际汇率当然仍可能改变），另一方面实行"内部"贬值。加上一些欧元区的政治家坚称只有以高强度的财政紧缩为基础的体制改革才能拯救经济，我们可以想象在欧洲央行试图替压低欧元相对于主要贸易伙伴的价值的观点辩护后所产生的骚动。

如果人民币必须再次遭受更多的联合干预来改善贸易平衡，中国也必须应对不采用更灵活的汇率制度造成的后果。鉴于中国政府也开始意识到中国经济的前景有赖于更开放的资本账户和内需的扩大，加入货币战争不符合中国的自身利益。事实上，加入货币战争会激起世界各国的政治家指责中国政府没有立场。

至于美国，财政政策陷入了以奥巴马政府和国会中的民主党为一方与共和党为另一方之间的僵局。共和党继续阻止一切可能消除财政政策方向的不确定性行动。与此同时，美联储关注通过应用多个工具和政策来保障国内经济复苏。与最近的情况一样，让利率回升到经济阈值而不是历史水平并不意味着故意贬值美元，而是认识到美国经济的许多部门需要货币政策的支持。不管汇率朝哪个方向变动，它都是美联储计算结果的"残差"项。

最后，激起人们对故意操纵汇率的愤怒情绪的做法肯定会遭遇世界经济在过去的20年中另外两个重要的变化。而在最近的争论中，这两个变化都没有被提及。一是有明显的证据表明，汇率变动和国内物价之间的转嫁效应大幅减弱。因此，教科书中所说的货币贬值会导致国内物价上升，或货币升值会导致物价下降的关联不再紧密。二是商品市场和金融市场的整合，加上全球的供应链，也降低了货币贬值带来的出口增加。由于大部分发达经济体正经历去杠杆化的过程，且总需求仍然疲软，货币贬值不一定能像过去那样拯救经济，这使困难增加。例如，英国政府和英格兰银行曾主张弱势英镑，但近来二者都改变了态度，在某种程度上是为了阻止国际反应，但也是因为出口的增加不能抵消其他可能的衰退。

无论如何，通过货币贬值来刺激出口的做法不如过去有效。即使一个经济体能免受名义汇率波动的影响，全球金融危机表明，当国外冲击对国内经济基本面的冲击很小时，传染效应仍可以通过商品与服务贸易和资本流动产生。基于上述理由，对货币战争会马上爆发的周期性担忧是不必要的。货币战争是虚假的战争。

本文原题名为"Phoney Currency Wars"。本文作者 Pierre Siklos 是国际治理创新中心（CIGI）的高级研究员。本文于 2013 年 3 月 19 日刊于 CIGI 网站。

导读 ◀◀

在当前的全球货币战争中，欧元是最大的输家。美国、英国、日本等国纷纷实行货币宽松政策，而欧元区由于惧怕通货膨胀的风险，未能采取类似措施，使得欧元持续升值。欧洲外围国家的经济增长将面临更多困境，强势欧元给它们的出口带来影响，并且德国经济增长率的下降也对这些国家的经济增长不利。此外，强势欧元所隐含的风险也未能被国际货币基金组织所重视，短期内不会开展货币协调措施。

欧洲：全球货币战争最大的输家

文 Desmond Lachman　编译　孙瑜

欧元是货币战争中最大的输家

在当前的全球货币战争中，欧元是最大的输家。从 2012 年年中开始，欧元已对日元升值 25%，对美元升值 10%。而升值是欧元区最不愿意看到的事实。

促使最近汇率变动的最主要原因是各国的央行政策。美联储、英格兰银行、日本银行都维持了极低的利率，并且实行了大量的货币宽松政策。而欧洲央行则坚决抵制货币宽松政策，害怕引起通货膨胀。因此，大量印发货币的国家相对于欧元贬值并不奇怪。

美联储将持续每月购债 850 亿美元，直到失业率下降到 6.5%。由于预测美国 2013 的经济增长率将表现平平，失业率估计也不会下降太多，因此美联储可能全年都在大量印发货币。同时，日本央行和英国银行也有可能采取比现在更为激进的货币宽松政策。

欧洲央行可以选择加入这场货币战争，降低利率，实施货币宽松政策。然而，在 2013 年 9 月德国大选前这看起来不太可能发生，因为欧洲央行不愿意在竞选期间再次激怒德国央行。欧洲央行在 2012 年 9 月推出了直接货币交易（Outright Monetary Transaction，OMT），使得欧洲央行可以无限量购买意大利和西班牙的债券来维持它们的利息率，而这已激怒德国央行。

强势欧元不利于欧洲外围区的经济复苏

欧洲外围国家被强迫使用紧缩的预算政策来改善公共财政状况；同时欧洲的银行资本不足，它们也必须紧缩信贷。这些都加重了国内的需求不足。

欧洲外围国家的最后希望是促进出口。然而，强势欧元使得这一希望破灭，它完全抵消了这些国家降低工资和通货膨胀的努力。而德国明显下降的经济增长率也给这些国家的出口蒙上了更多的阴影。

国际货币基金组织对欧元风险并未警觉

欧洲糟糕的经济增长状况给欧元带来了某些风险。欧元的失败并不利于美国、日本和英国。应该通过加强汇率政策的多边协调来阻止欧元在短期内过度升值的状况。但是，本应促进此项协调的国际货币基金组织，对此并不警觉。因此短期内不会有任何协调措施，人们只有期待政策制定者们能早点认识强势欧元所带来的风险。

本文原题名为"The Biggest Loser：Europe and the Global Currency War"。本文作者是 American Enterprise Institute 的常驻研究学者。本文于 2013 年 2 月刊于 AEI 网站。

导读◀◀

　　资本自由流动是全球化进程中的主旋律，但诺贝尔经济学奖得主克鲁格曼认为从 20 世纪 80 年代的南美金融危机到现在的欧债危机，资本的大进大出是罪魁祸首，因此未来资本跨境流动可能会受到干预。

热钱堪忧

文 Paul Krugman　**编译** 黄懿杰

　　不管塞浦路斯危机的结局如何，有一件事很确定：在一段时间内，可能未来几年内，这个岛国将不得不保持对资本流入和流出的严厉管制。另外，塞浦路斯的资本管制可能还会得到 IMF 的支持，后者刚刚支持爱尔兰的类似政策。

　　这是一个值得注意的动向，其标志着塞浦路斯一个时代的结束。塞浦路斯在过去 10 年一直标榜自己是想要逃避税收和审查的富人的安全港。但是，这同样意味着一个更重要的时代开始衰落——一个资本自由流动被认为是好事的时代。

　　资本自由流动并不一直被认为是好事。在"二战"结束后的几十年中，限制跨境资本流动被广泛认为是不错的政策。在发展中国家这一政策相当普遍，大部分发达国家也采取管制措施。例如英国直到 1979 年才放开居民的境外投资；其他发达国家则直到 20 世纪 80 年代才放开限制。即使是美国，在 20 世纪 60 年代还对资本外流有所限制。

　　然而，管制措施后来逐渐落伍。在某种程度上，这反映出资本管制有隐性成本：对文案工作强加了额外负担，使得商业操作更加复杂，同时有经济学家称对增长有负面影响（虽然在数据中难以找到证据）。但这同样反映出自由市场思想的崛起，即资本的流动总有其正当理由，管制者不应该阻挡潮流。

因此，还对资本流动进行限制的国家（例如马来西亚，其在 1998 年对资本流动实施严厉管制）几乎被当成贱民来对待。

虽然空想家们难以接受，但真相是不加限制的资本流动越来越像是一次失败的实验。

"二战"结束后的 30 多年中，类似最近这样的金融危机几乎从没发生过。但 1980 年之后，危机的名单令人印象深刻：1982 年的墨西哥、巴西、阿根廷和智利，1991 年的瑞典和芬兰，1995 年墨西哥的再一次危机，1998 年的泰国、马来西亚、印度尼西亚和韩国，2002 年的阿根廷再次爆发危机，以及最近冰岛、爱尔兰、希腊、葡萄牙、西班牙、意大利和塞浦路斯的灾难。

上述危机的共同之处是什么？传统看法认为罪魁祸首是财政上的挥霍，但在上述受害者中，只有希腊符合这一特点。银行家逃离是一个更好的解释，这一因素在某些危机中起到作用，例如智利、瑞典和塞浦路斯。但危机最好的指示器是外国资本的大量涌入：几乎在所有我提到的危机中，危机的病根都是外国投资者资金的大量涌入，以及之后的突然撤出。

哈佛大学的丹尼·罗德里克（Dani Rodrik）在 20 世纪 90 年代就开始敲响警钟，但直到最近人们才能反驳为什么危机仅仅在发展中国家爆发，而发达国家却免遭变幻无常的投资者们的攻击。事实证明，这只是一种令人欣慰的想法，但欧洲的危机证明这只是一种良好的祝愿罢了。

不仅仅欧洲如此。在过去的 10 年中，美国的外国资本先是吹起巨大的房地产泡沫，然后在泡沫破裂后快速逃离。由于美国自己借入美元，危机的损害有所减轻，但其仍然是 1930 年以来的最大危机。

现在该怎么办？我不希望短时间内完全否定资本自由流动的观点，但政府在对资本流入和流出速度的干预过程中，上述观点会逐渐改变。可以论证，全球资本主义正在显著地去全球化。

这没什么问题。站在现在的角度上，不能轻易让资本跨国流动的日子看起来非常不错。

本文原题名为"Hot Money Blues"。作者 Paul Krugman 是普林斯顿大学经济学教授，《纽约时报》专栏作家以及诺贝尔经济学奖得主。本文于 2013 年 3 月 24 日发表于《纽约时报》专栏。

全球智库观点（No.2）

世界经济治理

导读 ◄◄

　　自 2008 年全球金融危机以来，全球经济治理就成为学界和政策界普遍关注的议题。然而，人们关注的焦点主要集中于全球金融治理，但是对于全球贸易治理却讨论得相对较少。由于产业链贸易的兴起，全球贸易环境在过去的年份中发生了突飞猛进的变化。本文认为，国际贸易组织（WTO）的治理结构，并未跟上这一变化，因此需要改革设立WTO 2.0。

WTO 2.0:思考全球贸易治理

文　Richard Baldwin　编译　杨盼盼

　　供应链贸易（Supply‑chain Trade）反映了货物、投资、服务、技术和劳动力的跨境流动与国际生产网络的紧密联系，这一贸易形式正在改变全球贸易格局。但是，WTO 发展并没有跟上这一变化的步伐，因此，现在是时候做出改变了。

世界贸易格局已经变化

　　20 世纪 90 年代以来全球化进程的一个显著特点是，发达国家在世界收入、制造业和出口中所占的份额一直在下降（见图 1）。这一进程的大赢家则是发展中国家，它们通过参与——而不是创造供应链——实现了发展（见图 2）。赢家们都是以下几个国家供应链的一部分：美国、德国（主要是波兰和土耳其）和日本（主要是中国、韩国、印度尼西亚和泰国），印度是一个例外。快速的工业化同样带动了大宗商品出口国的高速发展，如巴西、俄罗斯、澳大利亚和南非。

　　贸易理念和贸易治理结构同样发生了改变。如果一家高科技企业计划在一个发展中国家设厂，那么该国政府必须保证国内相对自由的货物、服务与

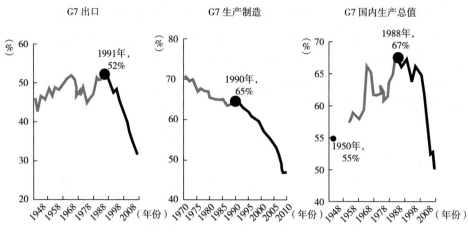

图1　七国集团①占世界出口、制造业和 GDP 的比重变动

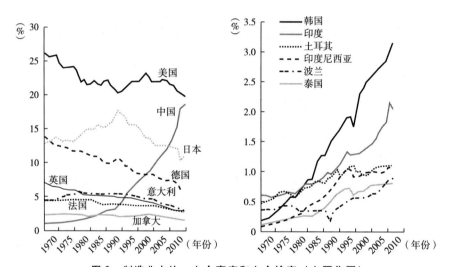

图2　制造业占比：七个赢家和七个输家（七国集团）

信息流动，并提供完善的产权保护。老套的保护主义、仇视 FDI 的政策或缺乏产权保护几乎可以确定使得一国的魅力丧失，投资流向别处。持有更加开放态度的发展中国家远远领先于那些实施进口替代战略的发展中国家。在以发展供应链为工业化导向的时代，保护主义意味着破坏主义。

有了上述经验，上进的发展中国家无一例外地选择降低关税，积极地促成区域贸易协定（RTAs）和双边投资协定（BITs）的达成（见图3）。但由

---

① 七国集团（G7）包括美国、英国、法国、德国、日本、意大利和加拿大。

于全球主要供应链是区域化的，这一变动主要出现在区域内，而未能扩展至全球。WTO 仍然深陷探讨 20 世纪贸易问题的泥潭（关税和农业），多哈回合似无终结，使得 WTO 在区域和全球贸易事务中的地位被架空。跨太平洋伙伴关系协议（TPP）等更大范围内贸易协定的扩展，势必使得现行 WTO 的影响力受到更大程度的削弱。

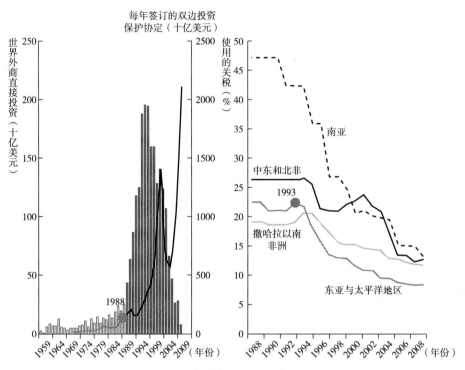

图3　贸易理念的变化：更开放，更低关税

全球贸易治理前瞻：呼唤 WTO 2.0

伴随着供应链贸易的发展，越来越多新的规则以 RTAs 和 BITs 等方式绕过 WTO 框架得以实现。围绕着这些新规则展开协调的机制也主要根植于超大型的区域协议（跨太平洋伙伴关系协议、跨大西洋伙伴关系协议等）和超大型双边协议之中（如欧盟－日本）。多哈回合在 2020 年前似难结束，WTO 在此之前很难涉足供应链贸易领域，全球贸易治理面临着分崩离析的危险。按照现有的超大型区域协议和双边协议发展轨道，中国和其他大型发展中经济体将被排除在供应链贸易规则之外。

　　为了避免这种分崩离析的风险，应当将供应链贸易的特征作为最重要的变革核心引入 WTO，建立一个全新的组织——WTO 2.0。

GATT（关贸总协定，WTO 的前身）/WTO 的成功来自构建了各国之间双赢的格局，这与传统贸易的本质密切相关。在传统贸易下，关税保护了本国利益，却对别国的利益造成损害，各国独自行动的结果就是集体愚行。GATT/WTO 的脱颖而出，主要是通过约束与邻为壑的政策，解决了集体协调的问题。GATT/WTO 背后蕴含的最为深刻的准则是"我的市场也是你的市场"（my market for your market）。第三方市场的负面效应是全球的，因此在WTO 中，全球各国成员的共同参与是自然结果。由于各国发展存在显著性差异，WTO 将很大的精力用在"特殊与差别待遇条款"（Special and Differential Treatment，SDT）的制定上。

供应链贸易带来的却是不同的集体协调问题，因此与之对应的协调机构的组织结构也大不相同。供应链贸易流一般是单向的：高科技企业将有形与无形资产在海外发展中国家与低成本的劳动力相结合，企业获得更高的回报，发展中国家获得更快速的工业化。

这背后的逻辑不再是 WTO1.0 时期的"你开放我也开放"，而是"你保障我的产权，我来到你这里设厂"，第三国的负面效应有限。因此，在 WTO2.0 时期，过于强调全面参与已不合时宜。SDT 也没有存在的必要，WTO2.0 应当帮助发展中国家更好地履行产权保护政策以及其他有益于发展产业链贸易的政策。

结论

也许我的上述见解颇具争议性，但是一个不容置疑的事实是：WTO 作为全球贸易治理的中心地位已经受到侵蚀，未来也将如此。多边主义仍将适合传统贸易领域，但是产业链贸易带来的新规则正悄然形成。

新的贸易格局也许是这样的：中国和其他大型发展中国家能够对抗上述新规则，它们仍能通过"我用市场换你的工厂"吸引投资，但是对于绝大多数其他发展中国家而言，"我用改革换你的工厂"才是明智之举。

然而，这一新格局称不上世界最好，如果期待一个更好的全球贸易治理格局，就需要 WTO1.0 向 WTO2.0 转变。

本文原题名为"WTO 2.0：Thinking ahead on global trade governance"。本文作者是日内瓦国际研究所教授、经济政策研究中心（CEPR）主任、VoxEU 网站主编。本文于 2012 年 12 月刊于 Vox 网站。

导读 ◄◄

　　世界经济形势的变化是促使美欧启动跨大西洋贸易区的重要原因，欧洲正陷入衰退之中，日内瓦多边谈判陷入停滞，美欧双方都在极力促进经济和就业增长，自由贸易区被看作对美欧商贸关系的补充和强化，同时自贸区的建立将为全球多边贸易谈判提供新的动力。

为什么美欧钟情跨大西洋自由贸易区？

文 Jeanne Park　**编译** 熊爱宗

　　奥巴马在其国情咨文中对与欧盟27个成员建立自由贸易区表示极大支持。然而，美欧自由贸易区并不是一个新概念，美国为何此时"旧事重提"？本文是就美欧自由贸易区对彼得森国际经济研究所高级研究员 Jeffrey J. Schott 的专访。

美欧自贸区重要性几何？

　　美国和欧盟拥有世界上最重要的双边贸易关系，每年两个地区的双边商品和服务总额可达到1万亿美元，双边外商直接投资存量约在2.7万亿美元，这使得其他地区相形见绌。两地已经高度一体化且商贸关系不断深入，并不断夯实两地的全面安全联盟关系。自由贸易区可以被看作对以上关系的补充和强化。

为什么是现在？

　　之所以现在提出建立跨大西洋自贸区，主要是目前世界经济情况已经与过去大不相同。欧洲正陷入衰退之中，日内瓦多边谈判陷入停滞，美欧双方都在极力促进经济和就业增长，美欧希望能通过自贸区的建立开启新一轮多边贸易谈判。

美欧可从自贸区中获得的收益有哪些？

自贸区建立的目的是通过清除贸易和投资障碍，促进美欧生产力增长，此举将促进资源流向更富创新和更具竞争力的部门。这也会加剧两个市场的竞争，但是由于双方市场已经相当开放，所以并不会像高度封闭发展中国家那样带来特别大的挑战。

对于这两个高度工业化的发达经济体，关键是清除阻碍贸易和投资的障碍，鼓励竞争、创新并最终促进两个经济体生产力和经济增长，这些好处将广泛存在于商品和服务贸易的各项经济活动中。

两年时间能够完成谈判吗？

目前双边达成的协议是进行一个多阶段的谈判过程，在未来 18 个月内，双方预计在第一阶段就基本的贸易自由化建立一个框架性协议是可行的。但是这并不能解决困扰大西洋两岸贸易和投资的所有问题，双方同意继续就相关问题进行谈判和协商，从而在贸易和投资重要性问题上取得进展。

农业仍然是一个主要障碍吗？

农业为贸易自由化带来挑战，但是也为当地经济的农业政策带来困难。美欧都在竭尽全力合理安排本国农业政策，当前大宗商品价格高企使得对于农业的补贴急剧减少，从而为我们提供了一个窗口机遇期。

如果大宗商品价格走弱，对于补贴使用的管制将会变得更加困难，这是因为在目前政策下提高补贴水平的压力将会非常大。以历史标准来看，目前补贴的水平相当低，因此现在的目标就是尝试锁定补贴水平或者在目前低水平上设置一个上限，这样我们就可以在全球市场变化的情况下控制扭曲。

自贸区会是否会强化"意大利面条碗"效应？

这 10 年前的分析已经变得过时。目前我们所看到是一些少量的超区域贸易协定，例如跨太平洋伙伴关系（TPP）和东盟 +6 ［之前被称为区域全面经济伙伴关系（RCEP）］。现在即将产生跨大西洋贸易和投资伙伴关系。这些都是非常巨大的协议，它们不是只有少数国家参与并对其他国家歧视的小型双边协议，而是参与国家众多，且可能相互重叠，它们在全面贸易议程上遵循相似的模式，尽管它们具有不同的区域视角。

各国将会有动力参与这些超区域贸易协定，上述提到的协定既包括发达国家也包括发展中国家，这些协定表明"让我们确信不会伤害我们贸易体系中最为脆弱的国家，因为还有非洲国家、一些亚洲和拉美国家被超区域协定排除在外"，"让我们试图通过日内瓦达成的相关协议以及区域主义多边化就广泛的规则制定倡议达到一致"。终会有一天，我们会将区域主义多边化的概念付诸实施。

美欧自贸区是否会为全球贸易带来障碍？或它是否会激励各国容许多边贸易协定？

二者都有可能。

多哈回合最初并不成功，但是多哈回合却可通过重构谈判议程而取得进展，并通过发起新的协议完成最初的工作。多边贸易谈判的历史就是一个不断在谈判进程中增加新议题的历史，但是如果问题一旦脱离议程，就很难将其拉回来。目前仍有希望，各国也在努力争取在 WTO 巴厘岛部长级会议上重启多边回合谈判进程。无论是将其称作多哈回合的终结还是 WTO 复苏计划，未来多边谈判的进展将取得圆满结果。我们可能在 2013 年的多边贸易谈判方面看到积极的进展。

本文原题名为 "Why Transatlantic Trade Winds Are Blowing?"。本文作者为外交关系协会网络部副主任。本文于 2013 年 2 月 25 日刊于 CFR 网站。

导读 ◀◀

　　本文详细解读了"美欧就业和增长高级工作小组"的最终报告，指出了美欧跨大西洋贸易和投资伙伴关系谈判的优点和挑战。

跨大西洋贸易和投资伙伴
关系谈判的挑战

文　Simon Lester　编译　李想

　　奥巴马在国情咨文中宣布，美国将与欧盟就跨大西洋贸易和投资伙伴关系展开一系列谈判，这可能为实现贸易自由化极大地推波助澜。近年来，世贸组织和其他论坛的贸易谈判都进展缓慢，这次跨大西洋谈判的双方是相对支持自由贸易并且发达程度相近的两大经济体，因此协商有望得到推进。但仍然存在一些障碍，如果美国和欧盟求成之心过切，将条款订得过于宽泛，那就与其他贸易谈判无异了。因此，要想获得成功，谈判的目标需要符合现实，路线图必须清晰完整。

　　从目前来讲，谈判的具体细节仍不确定，但其框架可在"美欧就业和增长高级工作小组"的最终报告中窥见一二。该报告指出，多种保护主义都将得到讨论，同时表达了此次谈判能比其他现有的贸易协定更加深入地探讨国内监管问题的希望。尽管国际贸易规则的扩展确实能够带来显著的经济利益，但这也是对贸易协定在全球贸易治理上到底能走多远的检验。

　　"美欧就业和增长高级工作小组的"报告（以下简称为报告）把谈判双方将会讨论的问题分为三类：

　　● 市场准入问题。主要是指传统的保护主义形式，如关税、服务贸易壁垒、歧视性政府采购政策、对外资的保护措施。

　　● 监管制度和非关税壁垒问题。包括监管贸易壁垒、各国监管的差异和国内监管程序的协调。

• 共担全球贸易的挑战与机会的规则制定问题。这是各种问题的大杂烩，包括知识产权、劳力、环境问题等。

报告的分类方法模糊了不同政策的边界，因此为了更好地理解谈判所要涉及的问题，本文将分成保护主义、外国投资、监管问题以及其他社会和经济政策四个方面对跨大西洋贸易和投资伙伴关系谈判进行分析和解读。

保护主义

于货品贸易而言，报告认为谈判的目标应为消除双边贸易所有关税，绝大部分关税应于协议生效后立即削减；少部分敏感性产品关税则逐步削减。削减关税是贸易自由化的核心目标，尽管美欧直接的关税已经是相对较低的水平，但考虑到现有的贸易规模，关税削减也会带来很大的益处。

对于服务市场部分，目标则应为维持双边最高的自由化程度、寻找长期固有的市场障碍解决方法，以及承认某些产业的敏感性质。

对于政府采购部分，谈判目标应是在国民待遇基础之上改善各层级政府的采购渠道，以提高商业机会。在本质上这意味着在采购实践中，政府不能对外国公司进行歧视。

最后，报告还提到了"本地化贸易壁垒"问题。"本地化贸易壁垒"是指以进口商品、服务或外国拥有或开发的知识产权为代价来保护或扶持国内的产业、服务提供方和知识产权的措施。

虽然这些旨在促进自由贸易的努力值得认可，但不幸的是，其中仍有不少缺陷。首先，就关税而言，报告对所谓的"贸易救济"（反倾销政策、反补贴税和保护措施）只字不提。其次，也没有讨论到补贴问题，而这攸关美欧贸易关系。美欧已就各自的航天产业补贴问题在 WTO 论战多年，而且双方均因为对国内农业生产商的大力补贴而备受指责，但这样的问题似乎没被摆上台面。

外国投资

几十年来，各国政府签署了许多关于外国投资的全球协定，一开始这些协定采取的是双边投资条款的形式，然而近几年这一领域的责任被纳入贸易协定当中。这些规则颇具争议性，因为责任很广泛，并且还容许外国投资者在国际法庭中起诉政府。

就外国投资问题而言，报告建议美欧贸易协定应包含双方至今谈判最高标准的投资自由化和保护条款。这种说法意味着当前美国和欧盟贸易中现存的国际投资规则将在所有的美欧协定中起作用。

需要注意的是，要区分两种投资政策：一种是与投资自由化相关的政策，其核心是对国内和国外公司同等对待；另一种是投资保护，其概念更为宽泛，对在国外进行投资的国内公司的保护很容易就超出非歧视的范围。美欧之间的跨境资本流动规模相当大，而且在经济意义上对双方都大有裨益，但也有些团体会担心这些规则干涉了国内政策自治，也很容易引起诉讼。

监管问题

当世贸组织还是关税总协定的时候，就有通过监管措施处理保护主义的历史，美国和欧盟很可能在这一问题上继续依赖世贸组织。但问题是，即使监管并非保护主义，也可能成为贸易壁垒。世贸组织对非保护主义的监管问题也有相应的规则，但美国和欧盟似乎想将这些规则继续往前推进。具体来讲，报告建议谈判食品安全检验与动植物防疫检疫措施（Sanitary and Phytosanitary Measures，SPS）与技术性贸易障碍（Technical Barriers to Trade，TBT）时，应超越 WTO 待遇，即达成所谓的 SPS – plus、TBT – plus，在 SPS 和 TBT 的基础上建立持续改进的机制对话和合作。此外，报告还提到谈判应注意监管制度的兼容性、连续性、透明度及执行，并建构未来监管合作的架构。

其他社会和经济政策

对于知识产权而言，美国和欧盟都有较高的保护水平，但仍有一些差别。报告称美欧双方应维持并加强知识产权的保护、执法及合作，就部分双方关注的重大知识产权问题寻求合作解决的方法。

类似地，对于环境、劳动力和可持续发展问题，由于美国和欧盟对环境及劳动力的保护程度高，报告建议贸易谈判时应考虑设置欧盟贸易协议的可持续发展专门章节，及美国贸易协议的环境与劳动力专门章节。

其他还包括竞争政策、国有企业和原材料的出口限制问题等，除了具体的规则之外，报告称这些规则"将对全球规则的发展做出贡献"，这非常值得注意，因为这意味着美国和欧盟很有可能利用谈判的机会将它们对贸易协定的意见推向全球贸易治理的舞台。

本文原题名为"The Challenges of Negotiating a Transatlantic Trade and Investment Partnership"。本文作者 Simon Lester 是 CATO（加图研究所）的贸易政策分析师。本文于 2013 年 2 月 26 日刊于 CATO 网站。

导读◀◀

在奥巴马的第二任期，大西洋两岸的美国和欧洲开始重启双方合作，其中跨大西洋贸易和投资伙伴关系（TTIP）是重头戏。这被认为是大西洋版本的TPP，需要以双方分别跟韩国达成的自由贸易区为蓝本，并在知识产权、卫生和动植物检疫措施和环境议题中有所突破。

构建跨大西洋贸易和投资伙伴关系

文 Jeffrey Schott and Cathleen Cimino　**编译** 黄懿杰

2013 年 2 月 13 日，美国总统奥巴马和欧盟领导人承诺开始启动跨大西洋贸易和投资伙伴关系（TTIP）。在 2012 年美欧高级工作组（HLWG）对就业和增长所作研究的基础上，谈判预计将在 2013 年下半年展开。美欧贸易（包括服务贸易和商品贸易）总额每年约 1 万亿美元；双方也在对方开展了大量直接投资，总量约 3.7 万亿美元。有观点认为，双边的贸易谈判不利于建立世界性的贸易协定。而本文的观点是，TTIP 将促使美欧双方打破 WTO 框架下多哈回合的僵局；大西洋两岸解决纷争的行动将成为世界范围内的模板，不论是农业，还是服务业、投资或者管制。

需要澄清的是，双方官员在这些分歧上已经僵持了 20 余年。一个原因是，谈判者们似乎试图"零碎"地解决每一个壁垒，在某个特定的领域取得有限的"共识"。而如果能够达成一个更广泛的协定，其所获得的政治支持也许能够抵消具体议题中的阻力。避免重蹈覆辙和克服历史偏见的方法是，双方从已经取得成功的双边自由贸易区（FTAs）中吸取经验，特别是双方分别同韩国达成的协定。两份协定均成功释放了贸易和投资的潜力，为 TTIP 指明了道路。其核心内容也正是 HLWG 所力荐的。

HLWG 报告

在 2011 年 11 月的美欧峰会上，双方成立了 HLWG，为潜在的跨大西洋合作出谋划策。2012 年 6 月，HLWG 发布的中期报告为双方的谈判列出了七大部分：①减少或消除敏感产业的关税条款；②管制和非关税壁垒；③服务业；④投资；⑤政府采购；⑥知识产权；⑦21 世纪的规则制定，例如贸易促进、竞争政策、劳动力及环境问题。

2013 年 2 月 11 日，HLWG 发布其最终报告，进一步确认并扩展了其中期建议，比较值得关注的方面有：① 建议达成一份"覆盖双边贸易、投资和管制措施的全面协议"；②倡议突破之前的成果，进行大胆的市场准入改革；③在贸易相关的领域采取相应措施，例如提高海关效率，改善竞争政策等，与 TPP 类似；④建议发展不限于双边，还能够加强多边贸易系统的贸易规则；⑤报告没有提到环境议题中是否包含气候变化政策，例如欧盟对航空排放收费，同时对农业补贴和波音－空客补贴等争端也缺少大胆改革。

应该做什么？

在本质上，美国和欧盟领导人是在寻求大西洋版本的 TPP，双方都同意先从已有的 FTA 做起。对美国而言，最好的 FTA 是与韩国构建的 KORUS 自由贸易区，对欧盟而言同样是与韩国构建的 KOREU 自由贸易区。除去少数可以弥合的差异之外，KORUS 和 KOREU 非常相似，因此将两份协议进行整合能够在数月之内提出一个新的框架。

美欧领导人所做的第一步应该是给予对方和韩国一样的待遇。随后则应该深化落实其在市场准入问题上的承诺，降低农产品、货物和服务贸易中传统或非传统的壁垒。为了达到 HLWG 所呼吁的结果，双方首先应该从降低关税做起：大部分关税应该马上降低，部分进口敏感的产品关税应该在 5～10 年的期限内逐渐移除。在农业问题上，降低关税应该与减少非关税措施相配合。同时，TTIP 应该覆盖农场补贴（farm subsidy）。在服务业贸易中，关键问题是改进各个部门管制政策，这可以在国际服务协定（International Services Agreement）的基础上进行。

关键挑战

在 KORUS 和 KOREU 自由贸易区框架的基础上，还有以下几个问题需要补充和调整，分别是知识产权、卫生与动植物检疫措施（SPSs）以及环境议题。

知识产权。建立一个包括地理标志（GI）条款的知识产权保护体系，这在三方面有改进空间：①为 GI 保护建立一个复合条款清单；②为特殊的通用条款协商例外情况；③列出在未来谈判中需要讨论的 GI 问题清单。

卫生与动植物检疫措施。建立一个咨询机制，保障透明度以及 SPS 管制型条款的通告。

环境和劳工条款。在这些领域中的问题应该从属于条约的争端解决机制，同时应该覆盖贸易相关的气候变化政策，包括现有的飞机排放争端。

为了建立 TTIP，还需要在其他领域中做一些细微的调整。

服务业。协调落实服务业承诺的进程，重点在于建立在国际服务条约中商议的"混合框架"。同时寻求扩展新的市场准入机会，并在各个部门中协调管制政策。

投资。以 KORUS 框架为基础建立"最高层次的自由化和保障措施"。

政府采购。在联邦和次联邦层次的政府采购中，学习 KORUS 和 KO-REU，同意超 WTO（WTO plus）承诺。TTIP 还应该在解决"美国买美国货"偏好中做一些改革。

竞争政策。在超 WTO 的政府采购准则中做出突破，在国有企业和私营企业中"创造平等竞争环境"（level the play field）。

航空补贴。通过限制双方获得的补贴，解决波音和空客提起的 WTO 诉讼。

本文原题名为"Crafting a Transatlantic Tradeand Investment Partnership: What Can Be Done"。作者 Jeffrey Schott 及 Cathleen Cimino 供职于彼得森国际经济研究所（PIIE）。本文于 2013 年 3 月发表于 PIIE 网站。

导读 ◀◀

在全球金融危机的背景下，拉美各国成功地挺过了艰难时刻，引发大量关注。本文认为，这跟太平洋联盟的成功不无关系，本文特别梳理了太平洋联盟的现状、未来以及详细论述了和TPP的关系，并认为太平洋联盟以其更为高效的方式，因而会更有希望。

太平洋联盟的现状、未来及与 TPP 的关系

文 Carlo Dade and Carl Meacham 编译 刘畅

即使关于欧洲一体化前景的怀疑度增加，但是近期拉美首倡了一种全新的、更为务实的经济一体化路子。在拉美新兴经济体中的这种全新的贸易联盟将会为未来的地区一体化努力提供指导，同时也给那些它们曾经的美国和欧洲"老师们"上了一课。

2012 年 6 月，智利、哥伦比亚、秘鲁和墨西哥的总统在一份史无前例的协议上签字，批准建立一个新的贸易和经济一体化联盟的框架：太平洋联盟（Pacific Alliance，简称 AP）。这一联盟可以将成员国的经济无缝连接以更好地进行相互之间以及与亚洲国家间的贸易。

这一新的集团包括拉美增长最快的经济体，成员国的贸易额合计占该地区外贸额的 50% 和 GDP 的 35%。该联盟拥有拉美 1/3 的人口，是世界第九大经济体。智利和墨西哥是经合组织成员国，哥伦比亚很快就要加入。欧盟、南共市以及北美自由贸易协定都失去了它们的势头，而太平洋联盟则极速崛起，这得益于其务实地将注意力放在竞争力，而非政治方面。这一联盟施行一套"白金标准"来进行改革和经济自由化，这会使其成为全球范围内最具竞争力的贸易区域。

这一途径很快得到了东盟和中国的注意，这两个行为体都对这一联盟表

示出了兴趣。太平洋联盟比其他的一体化组织（比如 TPP）具有明显优势。相应的，这将会成为跨太平洋和环太平洋贸易的规则制定者和发展平台。

联盟现状

联盟的成功源于其务实的作风和"早期收获"的途径。在"早期收获"模式中，最简单的议题将首先被处理，以建立势头和信任。正是这个战略使得联盟发展迅猛，让反对者和支持者都感到惊讶。

"早期收获"途径还具有另外两个优势。它很快就建立了一整套可循惯例，并可以让大部分细节的讨论摆脱单个国家议会的干扰；将议题分拆处理还可以让反对者处于孤立之中，防止其形成反对同盟——目前还没有议题受到广泛的指责。或许，太平洋联盟最大的成功就是其无模型的模型。

制衡 TPP？

太平洋联盟与 TPP 的关系是演进中的全球贸易议事日程中最具吸引力的要素之一。参与国家存在重叠并且两个集团具有类似的雄心壮志就会抵消太平洋联盟的重要性吗？这个说法是错误的，理由有四。

首先，总的来说，TPP 受到更广泛的关注，因为它是一个更大规模的一体化倡议。包括美国在内的 10 个太平洋国家具有创建世界最大地区贸易联盟的潜力——但是它还有更多的困难，美国众议院会使筋疲力尽的谈判无法生效。关于 TPP 的分析大多关注潜在的规模，但是很少有评论者注意到围绕着生效展开的政治活动。

其次，即使 TPP 标榜自己是"下个世纪"的关于服务、知识产权和政府采购协议，但仍有很多传统的免税贸易措施留在了砧板上。很显然，在早期协议缺少的那些措施没有了，因为它们并不重要。相反，那些能引发最为活跃和有成效的保护主义政治运动的措施还在。

再次，TPP 将美国国内的情绪转移到了贸易问题上。2010 年，皮尤研究中心进行的一项令人吃惊的调查发现，支持类似于北美自由贸易协定和世界贸易组织这样的自由贸易协定的人数在最近几年中持续下降。支持贸易协定的人甚至比支持茶党的人还少。其中 54% 自认为支持共和党的人认为自由贸易协定对美国有害（比前年增加 15%），自认为是茶党支持者的人数跃升到 63%。这一调查同时发现与中国和韩国签订贸易协定将会招致极强的反对，而与加拿大（76%）、日本（60%）、巴西（53%）和墨西哥（42%）签订贸易协会，反对声音也不弱。

最后，在战略层次，美国政府不将太平洋联盟视为TPP的威胁。在2012年卡塔赫纳峰会上，时任国务卿希拉里·克林顿与太平洋联盟成员国首脑会晤后达成了此点共识。行政当局对于TPP谈判和通过持乐观态度，或许会寻找一种对冲方式。一个与中国或者东盟建立关系的联盟或许会是能让TPP在美国参议院过关生效的强力助推。

未来的美国和亚洲

2013年5月，在卡利太平洋联盟峰会上，哥斯达黎加成为完全会员国。联盟正在受理危地马拉和西班牙的加入请求。巴拿马仍保留观察员和候选人的地位，期待着在与哥伦比亚和墨西哥签署贸易协定后成为完全会员国。2012年，在东盟－拉美企业论坛上，印度尼西亚呼吁东盟开始和联盟进行谈判。另外，中国已经正式要求取得观察员地位，中、日、韩三国都已经和联盟的半数成员国签署了扩展的贸易协定。

有理由相信，有关国家会签署一项太平洋联盟－东盟协议。时至今日，联盟的记录和成员国之间的凝聚力是有前途的。另外，太平洋联盟和东盟都有中立的、拥有处置权的第三方机制（东盟秘书处与美洲开发银行贸易和一体化局），这使得客观的议题分析和妥协的可行性分析成为可能。

值得一提的是，思想实验要多过对未来发展的预测。一方面，这能给对TPP过于乐观的人泼一盆冷水；另一方面，这能激发起更多有创造力的思考，以探索太平洋联盟的崛起和潜在的对跨太平洋贸易的影响。

结论

这一积极的倡议带来了创新、团结和基于地缘的力量，成为拉丁美洲的"支柱"，区域内的许多国家将开始全球性的竞争。

本文原题名为"The Pacific Alliance: An Example of Lessons Learned"。本文作者均为战略和国际研究中心研究人员。本文于2013年6月刊于CSIS网站。

导读 ◀◀

　　美国在重新制订全球贸易规则领域雄心勃勃，引起了多方关注。本文从另一个视角探讨了这一问题：太过激进也许不好。本文认为，TPP和美欧自贸区都不是朝夕可以成就的，美国应当分清主次，从 TPP 开始，避免分散精力。

TPP v.s. 美欧自贸区：
美国需要有所取舍

文 Claude Barfield 编译 杨盼盼

　　奥巴马总统在他的第二任期突然开始了雄心勃勃却又问题重重的对外贸易政策：一方面他决定在年内完成 11 个成员的 TPP 谈判，另一方面又决定在 2014 年末之前达成与欧盟的自贸协定。当局头绪太多，需要取舍。欧盟的麻烦不断，应当重点攻下 TPP。

TPP 面临的挑战

　　TPP 反映了美国重返亚太的决心，总统强调"美国将全身心投入 21 世纪的亚太事务"。对于美国而言，实施 TPP 有重新在亚太地区洗牌和制订规则之意。

　　TPP 旨在建立的是 21 世纪的贸易新标准。它将要开拓的新领地仍是自由贸易的处女地，包括降低或消除国内服务业的壁垒、与国企竞争（"竞争中性"）、医疗与保险、政府保护等。TPP 成员国计划于 2013 年秋达成新的贸易协定，因此未来的九个月至关重要。

　　美国要考虑其能妥协的部分：能否应澳大利亚、越南、新西兰的要求降低糖、棉花和乳制品的关税壁垒？能否放松原产地规则，避免其对产业链贸易的不利影响？会接受从越南和秘鲁进口更多服装和鞋吗？会强迫 TPP 成员国接受繁杂的劳工和环保条款吗？能否得到国内政治势力的支持？

TPP 的谈判不容易，而与欧盟的自贸区谈判会分散 TPP 的谈判精力，为 TPP 的成功蒙上阴影。

美欧自贸区面临的挑战

我对美欧自贸区短期成功持保留意见。欧元区仍在衰退，在这个背景下谈自由贸易不太妙。欧盟想抓住与美国建立自贸区的机会重整旗鼓，那纯粹是产生了幻觉。它们总是宣扬美欧自贸区可以提振 0.5% ~ 1% 的增长，不过在我看来应当是 15 年以后发生的事情。

美欧之间的平均关税只有 3%，因此能谈的事情主要是非关税壁垒，包括医疗与安全、数据安全、文化多样性、竞争战略、服务监管、基因改造、农产品补贴与保护、航空补贴、劳工和环保规则、原产地规则等。这些都是硬骨头，任选两例说明：

首先，服务贸易的开放是美欧自贸区的核心领域，不过问题很大。欧盟内部尚未就服务贸易监管达成一致，更何况美欧自贸区。例如，德国作为制造业大国，许多行业仍要求考取本国执业资格，意大利也是如此。反过来想想美国，奥巴马政府会支持打开本国口岸，欢迎别国参与海运吗？

其次，美国激进，欧洲保守，风险偏好差异极大。对于生命医药、转基因等领域的分歧估计不会缓和。

所以，全神贯注 TPP 才是上策。

本文原题名为 "Not so fast: Conflicting deadlines for the TPP and US – EU FTA"。本文作者是美国企业研究所的研究员。本文于 2013 年 3 月刊于美国人网站（The American）。

导读 ◀◀

美国国内有些利益集团以日本的汇率操纵为由反对日本加入 TPP，本文指出，目前没有充分的证据表明日本操纵汇率；而且，日本加入 TPP 谈判将为包括美国在内的全球经济带来大量好处。因此，美国应该支持日本加入 TPP 谈判。

美国应支持日本加入 TPP 谈判

文 Adam S. Posen 编译 李想

安倍晋三在日本参议院选举中的胜利可被视为全球贸易的转折点。这位首相在国内外各种场合做出承诺，如条件允许，日本将加入跨太平洋伙伴关系协议（TPP），并愿成为公平、完全的参与者而进行结构性改革。

开放日本农业和保险等行业的承诺，比起批评者们认为日本选民会给予支持的举措更加超前。安倍晋三走出了往届日本领导人的"外压"风格。所谓"外压"是指在公开场合勉强利用外界压力推动改革。他正追随中国的朱镕基和墨西哥的埃内斯托·赛迪略，通过融入全球经济一体化来带动国内的重大改革。

这不仅对于日本事关重大，对于全球也是如此。日本加入 TPP 将会极大地推动达成一项高质量协议。这项协议给予服务贸易和商品贸易同等的重视，对知识产权保护和环境保护有着较高的标准，超越了老套的关税而重点关注投资流动和非关税壁垒（比如政府采购）。

最为重要的是，日本加入 TPP 协议可以为许多欠发达经济体带去机遇，同时消除发达经济体对标准的疑虑。这种交换将使各国享受贸易带来的最大好处。据彼得·佩特里（布兰迪斯大学教授）和迈克尔·普朗默（霍普金斯大学教授）分析，日本开放农业和其他行业的 TPP 协议，到 2025 年，可使智利 GDP 每年增长 1%，马来西亚和越南每年增长 5% 和 10%，日本自身每年增长 2%，而美国通过跨境投资的增加和服务贸易需求的上升可以实现约 0.5% 的 GDP 年度增长率。

遗憾的是，尽管美国公司和消费者将从日本加入 TPP 协议中获得很多益处，美国内部的利益群体对此却持反对态度。底特律三大汽车公司和全美汽车工人联合会的抵触情绪最为强烈。抛开狭隘的涉及日本汽车市场准入和轻型货车关税问题（一项美日汽车补充协议正在讨论这个问题）不说，它们提出了一个重大要求：奥巴马政府应在协议当中采取某种保护措施以应对日本的汇率低估或操纵问题。

在缺乏系统性改革以应对全球失衡问题的情况下，贸易协定是否应该加入单边汇率条款是一个相当棘手的问题。由于关于汇率低估目前还没有被广泛接受的定义，因此现有法律只能使用"操纵"的字眼。然而，上述担忧的讽刺性在于，任何关于汇率操纵的实际定义都不能说明日本目前存在这样的状况，反而可能导致对中国和韩国采取对抗性措施，而且还会放过汇率低估最严重的、最具重商主义色彩的经济体——德国。

自 2004 年 4 月 1 日之后，日本就没有在汇率市场进行持续性的单边干预，除了应对 2011 年海啸和核灾难之后日元币值的飙升（在 G20 就过度干预发表意见之后，日本就停止了这种做法）。安倍政府遵循了 2012 年 G20 国家达成的协议：不通过口头干预或实际单边干预以降低汇率。

其结果是，日元汇率从 5 月中旬的 1 美元兑 102 日元升至 6 月中旬的 1 美元兑 93 日元，而日本当局没有做出直接回应。诚然，日本仅次于中国的外汇储备规模是长期汇率操纵的体现，但那已经是历史了。

尽管有些无根据的说法，但数量宽松和其他形式的货币扩张政策并不是汇率操纵的表现。真正的操纵包括故意造成明确贸易转向的跨境政策和以他国利益为代价实现本国增长的政策。数量宽松的目标在于国内，而且对其他经济体的净溢出效应并不明确。对于大规模和相对封闭的经济体而言，比如日本或美国，贸易伙伴国从对这些国家出口增长当中的获利，将大于这些国家货币贬值造成的竞争力下降所带来的损失。

一些美国企业对日本汇率操纵的疑虑基于越来越久远和个别的事件。在任何情况下，监控良好的 G20 协议都可以成功阻止压低日元汇率的单边企图。有些人希望这些原则能被运用到亚洲和其他地区汇率操纵情况比日本更严重的国家，但他们需要强大的承受能力来接受因此造成的其他贸易和外交

政策目标的失败。然而，因为害怕日元汇率操纵（更别说数量宽松），就阻止 TPP 谈判以及日本参与其中能够带给全球经济的好处，则毫无道理。

　　本文原题名为 "US Should Support a Trade Deal with Japan"。本文作者为彼得森国际经济研究所（PIIE）所长。本文于 2013 年 7 月发表在金融时报网站和 PIIE 网站。

导读 ◀◀

TPP 谈判已经进入冲刺阶段，一旦形成则将对亚太地区经贸规则产生深远的影响。印度和中国一样，并未在 TPP 成员国之中，印度学者如何看待印度与 TPP 之间的关系值得我们深入了解。本文即是一名印度对外经济事务官员的文章。

印度对于加入 TPP 的态度

文 V. S. Seshadri 编译 杨盼盼

印度短期不会加入 TPP

印度短期内没有加入类似 TPP 这样的贸易协定的必要。我们根本无法达到协议中所要求的许多条款，例如供应链管理、监管协调或投资者－东道国争端解决机制。现有的 TPP 成员国也没有就印度加入 TPP 发出明确的信号。2011 年 11 月的声明虽然说明 TPP 对亚太地区的国家开放，但是却没有明确地表述该国是否必须是 APEC 成员国，还是其他任何亚太国家都可以。我们并未获得明确的信息。

TPP 对印度的不利影响

如果 TPP 谈判成功，我们可能会失去 TPP 国家中的部分市场份额，这是贸易转移的自然后果，但没有什么特别值得忧虑的。因为我们已经与许多 TPP 成员国签订了自由贸易协定，例如日本、马来西亚、新加坡及东盟，我们还在与澳大利亚、加拿大和新西兰进行自由贸易区的谈判。我们同样寄希望于 RCEP 发挥更大作用。我们主要的损失是美国市场，而越南和马来西亚能从中得益。我们的 IT 和电信业在全球范围内竞争力很强，因此 TPP 在企业领域给我们造成的影响也不会太大。

国际投资者会更加倾向于投资 TPP 国家而不是印度，因为他们提供更加富有竞争力的供应链体系和更加完善的贸易与投资环境。但是印度本身在基础设施建设上就有很长的路要走，吸引外资的能力并不能依赖规则拉动。

TPP 对于印度的潜在好处

TPP 的重点是规则重建。这些规则同样会使得非 TPP 国家受益。例如，如果 TPP 使得商品通关变得更加便捷，或者倡导竞争中性降低对国有企业的补助，那么这些举措都将有助于印度在 TPP 国家开展海外竞争。

TPP 对农产品贸易自由化的强调同样重要。如果 TPP 能够解除发达国家在大米、糖、乳制品等领域的严格限制，那么对于全球农产品贸易的格局将是颠覆性的，甚至对于多哈回合的谈判都将大有好处。更有可能的情形是，如果 TPP 谈成了，美国将同其他 TPP 国家一道，将 TPP 的内容引入多哈回合之中，RCEP 框架下也可能引入更多 TPP 框架的内容。

印度的应对之策

上述分析要求印度在 RCEP 谈判中应当更加注重策略。目前，RCEP 的指导原则已经确立，它充分认可各参与国不同的国情，并强调东盟国家在新型市场区域经济国家中的中心地位。由于 RCEP 并没有添加劳工和环保标准，印度应当研究如何更好地利用 RCEP 这一平台。我们同样应当思考改善投资和竞争规则，与此同时保证国内竞争力。我们在这一领域与中国、菲律宾、泰国有相同利益。

印度应当考虑成为 APEC 的成员。APEC 已经成为亚洲地区贸易与投资自由化的一个良好平台，印度应当加入以促进自身在亚太地区经贸一体化进程中发挥更加重要的作用。

本文原题名为 "The Trans Pacific Partnership（TPP）"。本文作者 V. S. Seshadri 为印度驻缅甸大使，本文于 2013 年 7 月刊于 RIS 网站。

导读 ◄◄

　　目前对于 TPP 的讨论正酣。本文以新鲜的角度一一解释了当下对于 TPP 的五大误区：①经济是美国重返亚洲的短板；②TPP 在分裂亚洲；③TPP 旨在遏制中国；④对亚洲来说，美国希望推行的标准太高了；⑤谈判陷入了困境，达成协议可能需要数年。

关于 TPP 的五大误区

文 Matthew P. Goodman　编译 孙东

　　欢迎日本加入 TPP 的决定看起来非常具有冲击力，这种冲击力不仅仅是施加于作为世界第三大经济体的日本（2013 年 3 月《世界经济月刊》），同时也是对 TPP 自身有影响。随着日本的加入，TPP 将会涵盖世界上 40% 的经济总量，21 世纪新的规则也会随之变得更加复杂。考虑到这么高的风险，以及离 2013 年 10 月达成协议的最后期限只剩下短短不到六个月的时间，现在我们有必要来消除一些对于 TPP 和美国在亚洲经济策略的常见误区。

经济是美国重返亚洲的短板

　　很多评论员认为奥巴马政府在亚太地区的再平衡战略，即被广泛称为"重返亚洲"的政策，应该更多强调军事领域比如在军队问题上的态度、海事担保和防止核扩散。毫无疑问，美军军舰在西太平洋地区的部署对于美国亚太战略的意义重要且显而易见。但是随着日本加入 TPP，"重返亚洲"中经济战略并不重要的言论得到否证。

　　事实上，经济从一开始就已经是再平衡战略的核心工具。前美国国务卿希拉里·克林顿在她的《开创性外国政策》一文中，指出了重返亚洲的基本原理，并提出驾驭亚洲的增长与动力是美国经济和战略利益的核心。国家安全顾问 Tom Donilon 上个月在亚洲协会的讲话中更清楚地指出 TPP 是"美国经济再平衡的中心"，是"美国在亚太地区长远政策的绝对表态"。我们经常会忽视 2011 年 11 月奥巴马总统在澳大利亚调动 2500 名美军的军事行为其实与火奴鲁鲁成功召开的包括 TPP 领导人参加的亚太经济峰会，以及印度尼西亚最大的波音飞机订单这些经济行为密不可分。

实际上，美国的枢纽地位没有 TPP 是无法持续的。从民意调查和政治领导人的声明可以清晰地看出，尽管大部分亚洲国家希望美军在此作为维护和平和稳定的力量驻扎，但它们同样想要得到美国的市场和创新，并且参与地区性的经济事务。美国公众也同样认为，除非美国参与当地事务能够在出口、增长和就业上带来看得见的经济利益，否则他们并不支持美国的军事部署行为。

贸易谈判的困境在于谈判总是耗费大量时间，谈判过程曲折，但是谈判的结果直到协议达成前却不是很清晰。与此相比，军事演习的战略价值会很明显，甚至不成功的外交也能收到相应的回报。但是一个成功的 TPP 协议将会很辩证地大大地长期支持美国在亚太地区的地位。

TPP 在分裂亚洲

争议主要来自两方面。首先，评论家指出，东盟的 10 个成员国中目前只有 4 个参与 TPP，3 个较小的东盟成员国（柬埔寨、老挝和缅甸）甚至没有获得 TPP 成员资格，而印度的缺席同样令人侧目。另外，亚洲国家被迫在以美国为首的 TPP 与备受中国青睐的贸易组织尤其是区域全面经济伙伴关系（RCEP）之间做出选择。

第一，TPP 被故意设置在一小群来自亚太经济合作组织（APEC）且具有相同目的的经济体中，它们都旨在向着高标准的 21 世纪贸易规则努力。设置 TPP 的初衷是，随着时间的推移，激励具有相同目的的经济体加入进来，共同实现亚太经济区自由贸易的愿景。该战略也逐步得到实现，TPP 已经从 2008 年的最初 5 个成员国发展到今天的 11 个，日本则很快成为第 12 个。当 TPP 最终扩展到欧盟其他国家、印度甚至超越于此时，APEC 其他的 21 世纪经济体签署 TPP 理论上已没有障碍。第二，在 TPP 与 RCEP 之间有不可调和矛盾的断言也不成立。首先，有 6 个亚洲国家已同时参与了两个组织，而日本将成为第 7 个。此外，TPP 与 RCEP 之间的健康竞争关系不仅可能存在并且是应该存在的。正如彼得森国际经济研究所的 Peter Petri 的研究报告表明，TPP 与 RCEP 最终由唯一的 FTAAP 连接在一起，不仅为本地区，甚至为全世界都会带来可观的利益。

TPP 旨在遏制中国

中国方面普遍持有的一种观点是，TPP 是美国遏制中国发展的众多努力中的一部分。奥巴马政府的高级官员包括总统本身，多次重复强调他们没有这个意图，并且明确表示欢迎中国的崛起。何况一个贸易协定根本无法遏制中国，即使能够，别的亚洲参加国也不会参与这种计划，因为它们都希望能够和中国加强经济联系。

不过 TPP 努力提高地区性贸易协同的标准，很多确实是针对中国而设计的。但是对于国有企业设立新的规定以及加强对知识产权管理的动机是为了能够为别的国家提供一个公平的竞争环境，让大家更好地与中国竞争，而不是控制中国的增长或整合。不可否认的是，贸易规则确实可以被认定为一种"限制"，妨碍一国实现其国内经济政策，无论是在美国的糖补贴问题上还是在中国的投资限制问题上。但这和在中国盛行的阴谋论还是相差甚远。实际上在 1990 年中国决定加入 WTO 时，中国就应该欢迎一些来自外部的限制，这样会促使其更好地转变为一个靠市场驱动、消费引导的经济模式。

对亚洲来说，美国希望推行的标准太高了

很多批评者认为 TPP 是按美国的状态来设定的，大多数的亚洲国家根本没有准备好应对如此高的标准。这是事实，既要减少关税或其他壁垒，并且也想建立关于政府如何通过管理、竞争政策、政府采购业务和其他跨境贸易政策调控其经济的相关规则的贸易协定，的确雄心勃勃。每一个 TPP 的参加国都有其不愿放弃的领域：越南在国有企业方面，澳大利亚在投资者与政府的纠纷解决方面，美国在农业和纺织业方面。但是至少有一点我们可以清楚的是，并不是美国一方在为谋求高标准规则担当请愿人，每一个参加国都意识到其可以从高标准的协议中获得大量的收益，该协议可以打开新市场的机遇，帮助每一个成员互相解决其经济体中的结构性障碍。事实上，大多数亚洲国家私底下都希望美国能够成为在亚太地区保持高标准规则的拥护者。这就是为什么日本能够参加 TPP，泰国、菲律宾、中国台湾等其他亚洲经济体想要参加 TPP 的原因。

谈判陷入了困境，达成协议可能需要数年

经历了三年 16 轮的谈判后，外界似乎认为 TPP 没有实质性的进展。在如此多样化的国家中达成这样一个高标准的协议并不是一个简单的事情。何况加上日本这样一个复杂庞大的经济体又要进一步推迟这个协议。但是这也给这项协议提供了重要的动力，比如整个组织的经济体量上升到世界的 1/3，并且还会有其他更重要的潜在利益。本文中的几章已经表明这个组织的潜在重要性。特别需要指出的是，美国在 2013 年完成 TPP 协议的决心不能被忽视，这体现为奥巴马政府在 2 月份国情咨文中重申这个目标，以及愿意承担吸纳日本进入 TPP 所带来的巨大政治风险。

贸易协商似乎总是黎明前最黑的时刻，政治上的讨价还价总是到最后才会结束，并很快达成一个协议。我们对于达成 TPP 的核心内容的一致仍有良好预期。

对于 TPP 的一些忧虑是有依据的。政府应该更加努力使 TPA 通过议会。美国如果想和其他 TPP 国家达成其想谋求的 21 世纪新规则，应该做好准备尽快做出一些市场准入方面的让步。TPP 的失败将危及美国在亚太地区的整体战略。就算没有在关于战略目标、形势、地区观念这几个重要的话题上持续的误解，谈判的挑战也已经非常多了。

本文原题名为 "Global Economics Monthly：Five Myths about TPP"。本文作者为 Matthew P. Goodman，在国际政策研究中心（CSIC）任威廉·E. 西蒙政治经济学主席。本文于 2013 年 4 月刊于《世界经济月刊》（*Global Economics Monthly*）。

导读 ◄◄

　　奥巴马第二任期的贸易议程雄心勃勃、一改平淡。本文认为新议程堪称是过去 20 年以来最复杂和潜在问题最多的议程。目标与现实的距离较大，以及时间的紧迫是主要问题。本文给出的建议是加强具体领域的领导，不拖延谈判时间，关注产业内部而非产业间的替代谈判。

美国贸易议程：雄心勃勃
但问题多多

文 Scott Miller **编译** 吴海英

　　奥巴马政府最近的行动让贸易政策观察家们既兴奋又怀疑，这不无道理。在奥巴马的第一任期，贸易议程可以说是相当平淡。贸易政策聚焦于执行环节（13 例 WTO 争端）以及偶尔的国内贸易保护（如对中国轮胎实施的 421 特保条款）。于 2007 年告一段落的 3 个自由贸易协定（Free Trade Agreements，FTA）一直悬而未决，直到 2010 年大选开始，在获得授权的共和党推动下，才取得了进展。

　　但在奥巴马第二任期开始不到三个月的时间里，其贸易议程突然变得难以置信的雄心勃勃。日本的有意加入使跨太平洋伙伴关系协议（Trans – Pacific Partnership，TPP）快速赢得了大众的关注。在 2013 年 2 月 21 日发布的国情咨文中，奥巴马承诺开启跨大西洋贸易和投资伙伴关系（TTIP），随后 3 月发布的年度贸易政策议程中又提及，政府有意在年内敦促国会启动贸易促进授权（Trade Promotion Authority，TPA），这将加快整个贸易协定的进程。

　　对推崇自由经济的人来说，新贸易议程确实令人兴奋。但实际上，新议程称得上是过去 20 年以来最复杂和潜在问题最多的议程。

目标要符合实际

华盛顿的观察家随即总结了新贸易议程存在的问题。大多数认同 TPP 的高目标和成员国的多样性使得 TPP 的达成需要克服极大的困难。与文莱和加拿大不同，美国需要处理众多充满政治挑战的议题，才能达成一个令国内选民满意的成果。此外，如果日本加入，那么 TPP 很有可能不能在 2013 年 10 月完成既定的谈判，造成第三次的年度延期。

TTIP 带来的是另外一些挑战。首先，欧洲经济继续衰退，2012 年 GDP 增速收缩 0.6%，预计 2013 年将进一步下滑。在经济困难时期，贸易自由化并不受选民的喜爱，而欧盟领导人却要在失业率超过 10% 的情况下推行贸易自由化。其次，虽然美国和欧盟的经济联系很深也很重要，但许多应该在自由贸易协定范围内解决的议题已经被证明很难解决。

和预期相比，TPP 和 TTIP 同时还面临时间紧迫的压力。美国还有其他选择，如亚洲的区域全面经济伙伴关系（Regional Comprehensive Economic Partnership，RCEP）和 WTO 的国际服务贸易协定。TPP 和 TTIP 都将对国内规则进行大的改动，并且即使边界意义上的壁垒削减了，但各方存在的分歧根深蒂固，争议也在不断增加。此外，在美国国内自动减赤预算紧缩的背景下，这两个大且复杂的贸易协定同时进行谈判，无疑将带来巨大的挑战和时间压力。

存在成功的路径吗？

我们都希望 TPP 和 TTIP 成功，这将给各方带来好处。我个人确信政府将利用 TPA 推动贸易议程。但如何克服上述障碍呢？我给出初步的两点建议：

加强具体领域的领导以及时间是关键

TPP 和 TTIP 都被期望是全面并具有开创性的协定，特别是成为"21 世纪"的规则。但恕我直言，白宫称想让 TTIP 的实现如"一架装满汽油的坦克"那样快速，但美国同哥伦比亚的自由贸易协定从启动到实现却用了 8 年的时间。奥巴马要实现诺言，他需要明确 TPP 和 TTIP 所涉及的谈判范围，并对各项目标的实现拥有始终如一的领导力。这样的领导力要表现在如下领域：和国会的大量合作、众多执行机构资源的调动以及不同行政机构之间和内部不可避免的争议的解决。许多 TPP 议题，类似美国和欧盟之间的难题都是长期存在和众所周知的。这当中没有一项议题是有可能随着时间的推移就会改善的。事实上，基于跨大西洋商务对话（TABD）和其他持续数年的论坛的经验，议题的解决通常不会在持久的争论中实现。

产业内部而非产业间的"替代"

每一项贸易协议的达成都伴随着某种政治层面的妥协，它将对协议涉及的各方造成重大的影响。不管是美国同澳大利亚 FTA 中糖与投资保护的替代交易，还是美国同韩国 FTA 中汽车与猪肉的替代，绝大部分的交易都是产业间的。但事实上，产业间的让步通常是对产业本身的一种错误理解。以服装这一敏感的产业为例，美国的服装产业存在众多不同商业模式的诸多企业。其中一些服装企业成功融入现代的全球供应网络，而另外一些企业仍追随着那种会让它们面临外国竞争的商业模式。贸易协议从来都不应该简单地强化现状，最终阻碍产业的现代化进程。相反，贸易谈判者应该精心地设计协议条款，激励产业的现代化进程，最终使单个企业不再需要贸易保护的支撑。

奥巴马政府贸易议程的美好愿景和大胆魄力值得称赞。其实现过程需要未来数月来自政府内外部各党派的不懈努力。其中，来自上层的有原则的领导是不可替代的重要元素。

本文原题名为"The US Trade Agenda – Ambitious，But Problematic"。本文作者 Scott Miller 为美国战略与国际研究中心（CSIS）高级顾问。本文于 2013 年 4 月 19 日刊于 CSIS 网站。

图书在版编目（CIP）数据

全球智库观点.2／张宇燕主编.—北京：社会科学文献出版社，2014.8
（中国外部经济环境研究丛书）
ISBN 978 - 7 - 5097 - 6187 - 8

Ⅰ.①全…　Ⅱ.①张…　Ⅲ.①国际政治 - 文集 ②世界经济 - 文集　Ⅳ.①D5 - 53 ②F11 - 53

中国版本图书馆 CIP 数据核字（2014）第 133669 号

CEEM

·中国外部经济环境研究丛书·

全球智库观点（No.2）

主　　编／张宇燕
副 主 编／何　帆　张　斌

出 版 人／谢寿光
出 版 者／社会科学文献出版社
地　　址／北京市西城区北三环中路甲 29 号院 3 号楼华龙大厦
邮政编码／100029

责任部门／经济与管理出版中心　（010）59367226　　责任编辑／张景增　王莉莉
电子信箱／caijingbu@ ssap. cn　　责任校对／李佳佳
项目统筹／周　丽　　责任印制／岳　阳
经　　销／社会科学文献出版社市场营销中心　（010）59367081　59367089
读者服务／读者服务中心　（010）59367028

印　　装／北京季蜂印刷有限公司
开　　本／787mm × 1092mm　1/16　　印　　张／23
版　　次／2014 年 8 月第 1 版　　字　　数／380 千字
印　　次／2014 年 8 月第 1 次印刷
书　　号／ISBN 978 - 7 - 5097 - 6187 - 8
定　　价／89.00 元